U0114719

圖說中國 05

主編 龔書鐸 劉德麟

隋・唐・五代

第二版

智能教育

圖說天下

以史為鑑，可以思接千載，視通萬里，可以把握中國社會治亂興替的內在規律，可以洞悉修齊治平的永恆智慧。然而，讓人們全面深入地瞭解中國歷史，掌握中國歷史中所蘊含的深層價值，並不是一件容易的事。

上下五千年之中，人物多，事件多，神話與傳說並存，正史與野史交錯，頭緒繁多，內容龐雜。政治、經濟、軍事、中外交往、思想、文學、藝術等各方面的內容，如果未經梳理就雜亂無章地堆積在一起，那麼往往會使讀者一頭霧水。除了典籍史料所承載的歷史之外，文物、遺址、古蹟、藝術作品等等，也同樣反映著歷史的真實性。如何把這些組織在一起，讓讀者能夠清晰明白地去瞭解歷史，感受歷史的真實，無疑成為了編輯出版《圖說天下》的緣起。

《圖說天下》，按照不同的歷史分期，通過新的體例、模式來整合講述中國歷史，涵蓋政治、經濟、軍事、中外交往、藝術、思想、科技、社會生活等方面，以時間為經，以人物和事件為緯，經緯交織，全面反映每一朝代治亂興衰的全部過程。每一個故事都蘊含了或高亢激昂或哀婉悲痛的場景，讓人們重溫那一段歷史，不斷喚起人們內心塵封已久的記憶，與中國歷史再次進行親密接觸，深入地尋繹歷史中所蘊藏的民族智慧，感悟民族精神。隨機穿插的知識花絮、專題和附錄，緊密結合內文，讓知識訊息更為密集，從而營造出一種接近真實的歷史鏡像。

通過文字，可以感受歷史鏡像，而通過圖片，則可以閱讀圖片中的歷史。圖片與文字相互映襯，可以立體反映中國歷史，展示中國歷史文化的源遠流長、博大精深。通過這種結合，使得文字訊息更為生動，更為多彩，使讀者深刻感受中國文化的底蘊，從而產生一種閱讀上的震撼。

在中華民族偉大復興的時刻，在討論榮與辱的時候，閱讀歷史，瞭解歷史，把握歷史，其意義是顯而易見的：歷史是民族復興的內在動力之所在，是榮與恥的感性事例的集中呈現，和理性判斷的一個標準。在不遠的將來，閱讀歷史，瞭解歷史，會成為一種時尚，人們透過歷史，可以感受到真正實現自我價值，尋找到寄托心靈的精神殿堂。

隋唐五代

目次

隋朝·6

唐朝·38

五代·192

隋朝

西元五八一～六一八年

原中華書局古代編輯室主任 ■謝方編審

南北朝末年，中國經歷了二百七十年長期的南北分裂後，人民普遍渴望安定，但北周和南陳的皇帝都沒有統一南北的能力。到了楊堅奪取了北周的政權，建立隋朝，這一任務才由隋文帝楊堅予以完成。

楊堅出身北周貴族，周宣帝時拜上柱國、大司馬。後來周靜帝年幼即位，楊堅為大丞相，總攬軍政大權，在平定了河南、湖北、四川的割據勢力後，又翦除了宇文氏諸王室，於大定元年（五八一年）代周稱帝，建國號隋，是為隋文帝。接著，開始了統一的軍事部署，先與突厥和親，使東突厥來歸，解除了後顧之憂，然後便安排南下伐陳。文帝以晉王楊廣為行軍元帥，在安徽前線集結兵力，準備渡江。

開皇九年（五八九年）正月，先鋒韓擒虎、賀若弼分別從采石、廣陵渡江，直取建康，陳軍崩潰，陳後主投降，南方各地紛紛歸附。文帝出兵後不到四個月，便實現了南北統一。

隋文帝實行了一系列發展經濟、恢復生產、鞏固統一成果的措施。加強中央行政機構的領導，設立三省六部。又改地方州郡縣三級制為郡縣二級制，改革府兵制，重頒均田令，制定新刑律，新鑄五銖錢，統一度量衡等。使用得力的大臣高熲、楊素、牛弘、蘇威等，堅持以農為本，興修水利，使手工業和商業得到恢復發展。文帝又開通廣通渠，以便漕運交通，在長安建大興城，並完善科舉制，通過考試選拔人才。仁壽年間，全國戶口增到七百萬戶，倉廩充實，社會安定，出現欣欣向榮的景象。

開皇二十年（六〇〇年），文帝廢太子楊勇，另立次子楊廣。楊廣素與宇文述、楊素勾

結，建立黨羽，陰謀奪位。

仁壽四年（六〇四年），文帝突然病死，楊廣即位，是為隋煬帝。煬帝得志後驕恣無忌，濫用人力財力，揮霍無度。大規模徵發民工，修建南北大運河及長城。大規模興建東都，窮極華麗，一年間每月役使民工達兩百萬人。又大規模徵調軍隊，三次出征高麗（今朝鮮半島），死傷無數。巡遊全國，三下江都，浪費大量錢財，使人民苦不堪言，國力大耗。農村中逃避軍役和勞役的人越來越多，流民遍地。

大業七年（六一一年），在山東首先爆發了王薄領導的亂事，接著各地人民軍風起雲湧，貴族出身的楊玄感也起兵反隋，統治內部出現大分裂。民軍在與隋軍不斷的戰鬥中，分併離合，形成了三支較強大的力量，即中部李密領導的瓦崗軍，北部竇建德領導的夏軍和南部杜伏威領導的吳軍。

大業十三年（六一七年），瓦崗軍進逼東都。這時煬帝已南下江都，以越王侗留守東都。山西太原留守李淵乘機舉兵進入長安，立代王侑為帝，自為大丞相。

大業十四年（六一八年）三月，宇文化及在江都發動兵變，縊殺煬帝。李淵聞訊，當即在長安自立為帝，建立唐朝。這時各地豪強也紛紛獨立，形成群雄並起的局面。此後三四年間，人民軍和地方割據武裝都紛紛被唐朝消滅，唐朝繼承隋朝，統一了中國。

隋代在文帝統治時期和煬帝統治初期，社會經濟得到了較快的恢復和發展。在文化方面，也取得了可觀的成就，經學和佛學都有發展。對外文化交流也有不少成就，如隋與東亞的新羅、百濟、日本的使者來往頻繁，特別是日本有不少的僧人、學生到中國學習。隋煬帝派裴矩到西域，招引各地商人前來參觀，從事貿易活動，並且派使者出訪，遠至東南亞真臘、赤土等國，使隋代中國在亞洲的地位和影響力都得到增強。

國文登基

●時間：西元五八一年
●人物：楊堅

楊堅之所以能奪取北周政權，建立隋朝，和楊氏當時的士族地位有著直接的關係，也正是士族門閥政治活動的一個縮影。

隋文帝楊堅（五四一～六〇四年），弘農華陰（今屬陝西）人，北周時襲爵隨國公，女兒為周宣帝皇后。宣帝死後，靜帝幼年即位，任丞相，加封隨王。大定元年（五八一年），廢周靜帝，建立隋朝。開皇九年（五八九年），滅陳，統一全國。

楊堅建立隋朝後，經濟上繼續推行均田制，同時整頓戶籍，搜檢隱匿戶口，使國家掌管的納稅人丁數量大增。政治上確立三省制，簡化地方行政機構，並廢九品官人法，創立科舉制，加強中央集權。仁壽四年（六〇四年），為太子楊廣（煬帝）所弒。

楊堅所創立的大隋帝國，結束了中國自五胡遷徙進入中原以來所形成的混亂局面，奠定了李唐王朝逐步邁向帝國的全盛時期的堅實基礎。

凡是軍人，可悉屬州縣，墾田籍帳，一與民同，軍府統領，宜依舊式。

隋書

《隋書·高祖紀》有關隋文帝改進府兵制的詔令

⊙名門之後

楊氏家族是自漢朝以來的名門望族。楊堅祖輩曾歷仕前燕、北魏諸朝，或為將軍，或為郡守。楊堅之父名忠，北魏末年追隨宇文泰起兵，屢立戰功，宇文氏的北周王朝建立後，楊忠即賜姓普六茹氏，官至柱國、大司空，封隨國公。

由於父親的關係，十四歲起楊堅即被當時的京兆尹薛善辟為功曹，此後年年擢升，十六歲時已經做到了車騎大將軍的高位。實際上，楊堅並非那種蔭襲父輩爵位卻無所作為的紈褲子弟，一方面得益於父親的言傳身教，另一方面則來自於自己的刻苦辛勤。當時的柱國大將軍獨孤信預見到這位年輕人前程遠大，便把十四歲的女兒許配給他，也就是後來著名的獨孤皇后。

⊙權傾天下

由於北周王朝在開創過程中得到了以楊氏和獨孤氏為首的士族門閥支持，為了在政治上加強與這些開國功臣的往來，繼位大統的周武帝宇文邕禮聘楊堅的長女為皇太子妃，希望藉此鞏固北周政權。楊氏由此得以日漸強大，同時也捲入了相互傾軋的權力之爭。但是，憑藉著皇親國戚的特殊身分，加之另一強大士族獨孤氏的鼎力支持，儘管危機四伏，卻都未能對楊堅產生較大的威脅。

隨著宇文邕亡故，子宣帝宇文贇登基，楊堅一躍成為北周王朝的國丈，權傾天下，而小皇帝庸碌荒淫，毫無威信，楊堅便悄然邁出了取而代之的步伐。

⊙禪讓登基

大象二年（五八〇年），北周決意南征，楊堅的好友，深受宣帝信任的內史上大夫鄭譯，依照兩人事先的商議，推薦國丈楊堅為揚州總管，即刻任用。隨後，宣帝暴病而亡。鄭譯和御正大夫劉昉等楊堅心腹假傳詔書，由劉昉總攬朝政，都督內外軍事，輔佐年僅八歲的靜帝宇文衍繼位。大權在握的楊堅，隨即將目標指向了阻礙篡奪皇位的北周宗室。

在系列排除異己、掌控中央政權之後，楊堅再次假傳詔書，將地方極有權勢的趙王招、陳王純、越王盛、代王達、滕王逌等五位北周王爺，誆騙到京城，收繳兵權和印信。察覺楊堅陰謀的五王，準備起兵，並設下「鴻門宴」意圖行刺楊堅，卻被楊堅僥倖逃脫。有了藉口的楊堅以謀反的罪名誅殺了趙王和越王等人，北周王室的反抗就此瓦解。

接著，楊堅用半年時間，運用各種手段，一一解決了河南、四川、湖北等地反對的北周將領。此時楊堅稱帝，便僅僅只差一個形式了。

大定元年（五八一年）正月，楊堅仿效前人，假借禪讓，將靜帝的

歷史詞典

《開皇律》

開皇元年（五八一年），楊堅建立隋朝，隨即制定新律，並於十月頒詔施行。開皇三年（五八三年），隋文帝又命蘇威、牛弘等進行修改。元年制定和三年改定的隋代法律都稱為《開皇律》，但通常所講《開皇律》是指開皇三年更定後的律令。

《開皇律》分為名例、衛禁、職制、戶婚、廄庫、擅興、賊盜、鬥訟、詐偽、雜律、捕亡、斷獄，共十二篇五百條。更定刑名為笞、杖、徒、流、死五等。將「重罪十條」，發展成「十惡」之條，即謀反、謀大逆、謀叛、惡逆、不道、大不敬、不孝、不睦、不義、內亂，並規定凡觸犯「十惡」者從重懲治，不得赦免，若貴族官員犯法，只要不涉及「十惡」者，有用銅贖罪或減一等治罪的特權。又規定了「八議」之制，即議親、議故、議賢、議能、議功、議貴、議勤、議賓。《開皇律》集南北朝法律發展之大成，在中國法律發展史上樹立了新的里程碑。

《開皇律》不僅為唐代立法提供了借鑑的藍本，而且影響到東亞各國的立法。《開皇律》和東羅馬帝國的《查士丁尼法典》分別代表了東西方法律的模式，前者奠定了中華法律體系的基礎，在世界法制史上也占有重要的地位。

隋文帝祈雨圖

從這幅隋文帝祈雨圖描繪的景象，似能體悟到「開皇之治」的隆盛氣氛。

退位詔書送到王府。一番假意推辭之後，楊堅最終登上了皇帝的寶座，以爵位為號創立大隋（由於「隨」字偏旁與「走」同義，出於避諱，楊堅於是改作「隋」），改元開皇，時年四十歲。

⊙先北後南的策略

楊堅建立隋朝後，便想統一天下，但北方的突厥和南方的陳卻都是前進的障礙。突厥是一個古老強悍的游牧民族，北齊與北周政權一向賄輸金帛，甚至以公主和親。隋朝建立後，楊堅不再贈送突厥財物，突厥大為不滿，時常大舉南下侵擾隋境。

同時，楊堅取得政權之後，也有了併吞江南的野心。鑑於北方突厥的威脅，制定了先北後南的方針。楊堅一面不斷派遣使者前往陳朝示好，使陳後主疏於防備，一面積極發展自身實力，改革兵制，並加強水軍訓練，準備南下侵陳。

經過十餘年的籌劃，楊堅利用突厥內部爭奪汗位，相互殘殺，予以分化瓦解，使突厥各部先後稱臣歸附。

穩定了北方的局勢後，楊堅終於能專心對付統一的最後障礙——南方的陳。但陳有長江天險作為屏障，成為隋朝滅陳的最大難題。

楊堅日夜憂心，召集群臣商議：「陳有長江隔斷，難道我們就沒有辦法了嗎？」

僕射高熲進策說：「滅陳首先要破壞陳的糧食儲備。江南糧倉多是竹木、稻草所建，遇火即燒。等他們收割稻穀的時候，我們利用游兵騷擾，若他們集中兵力，我們隨即後撤。如此反覆多次，他們以為沒事，一定放鬆警惕，我們再趁機突破長江，一舉滅陳。」

楊堅採納了高熲的意見，出兵騷擾陳境，同時趕造戰船，準備渡江。

⊙荒淫無道的陳後主

此時，陳朝政治腐朽，賦稅繁重，人民怨聲載道。疆域在隋的侵吞之下，僅僅保有長江中下游一帶，所憑藉的只有長江天險而已。

陳後主（五五三～六〇四年），名叔寶，生於深宮之中，長於婦人之手，完全沒有治國的才能，全部精力都用在奢侈荒淫的生活上。後主即位不久，就大興土木，建造了三座豪華的宮室，門窗全用上等的檀香木製成，又以各種珠寶裝飾，讓最喜愛的幾位妃子居住。

陳後主雖然沒有治國的能力，但對樂曲卻有出眾的才華，整日與后妃、大臣游宴，曾創作〈玉樹後庭花〉〈臨春樂〉等豔詩，命人製曲演唱，但是對宮牆之外的民眾和北方日益強盛的隋軍卻不聞不問。

反觀隋朝，經過一番緊鑼密鼓的準備之後，開皇八年（五八八年），楊堅決定渡江滅陳。以晉王楊廣為尚書令，任命晉王楊廣、秦王楊俊、清河公楊素為行軍元帥，指揮水陸軍五十餘萬人，同時從長江上、中、下游分八路大舉攻陳。

前三路由楊俊指揮，目標武昌，

延伸知識

「大索貌閱」和「輸籍定樣」

隋王朝認為農民户口不實，將直接影響政府的收入。開皇五年（五八五年）五月，在全國「大索貌閱」，按人口清查户口，以防詐老詐小，逃避賦役，如查出户口不實，保長、里正、黨長都要發配邊疆。隋王朝又鼓勵百姓互相告發，並規定自堂兄弟以下的親屬必須分居，各自立户籍。通過這次檢括户口，户籍簿上新增口一百六十四萬多，丁四十四萬多。

接著，隋文帝採納宰相高熲的建議，頒布「輸籍定樣」（或稱輸籍法），即將人民所輸租稅，依照每家資財情況做出繳納標準，從輕定額，寫成「定簿」。每年正月五日，縣令派人到鄉村清查，將百姓五黨（一黨爲一百家）或三黨組成為一團，根據標準確定户等的上下。政府藉以釐清了户口和人民應納稅額，百姓固然不能逃脱，地方官也不能輕易舞弊，更為重要的是，所定賦稅輕於世家大族對屬民的徵收，有利於吸引世家大族的屬民，使國家户口增加。既打擊了世家大族，同時又有利於社會生產的發展。

隋朝的經濟繁榮，與「大索貌閱」和「輸籍定樣」的實施有著密切的關係。

後五路由楊廣指揮，直指陳的都城建康，以楊廣、賀若弼、韓擒虎三路為主力。隋軍隊伍龐大，橫亙數千里，是中國歷史上一次規模浩大的渡江作戰。

告急文書雪片飛來，陳後主也有些發慌，聚集大臣商量對策，都官尚書孔範勸慰後主：「長江古稱天塹，隋軍難道能長翅膀飛過來嗎？告急文書不過是守邊將領謊報軍情罷了。」

愚蠢的後主竟然聽信了，說道：「建康自古就是帝王之都，朕受天命為帝，有甚麼可怕的！從前北齊三次攻打，北周兩次入侵，都失敗了，這次楊堅又成得了甚麼氣候！」對於邊關告急竟置之不理。

⊙一舉滅陳

開皇九年（五八九年）正月初一，建康周圍陳軍歡度春節之際，賀若弼、韓擒虎率領隋軍分路渡江，大軍會合後包圍了建康城。陳軍因元旦酒會，仍在睡夢之中，完全沒有抵抗。

陳後主看到隋軍兵臨城下，萬分焦急，卻又沒有方法，只是日夜哭泣。大將蕭摩訶建議趁隋軍初到，尚未穩定，立刻出兵攻打。就連孔範也說：「臣認為應該出兵決戰，如果戰死了，還可以青史留名呢！」

後主因此決定出城作戰，但陳軍久未訓練，將領又多貪生怕死，雙方甫一交手，陳軍即刻潰散。更有將領任忠臨陣變節，帶領隋軍衝進建康城正門朱雀門。守門士兵想要抵抗，任忠大叫：「連我都投降了，你們還對抗甚麼！」士兵一哄而散，隋軍幾乎沒有遇到抵抗，長驅直入，占領建康城。

後主對戰況一無所知，直至聽到宮門外的殺聲，才知道隋軍已經進了宮城。他帶著兩個寵妃無處可逃，竟藏到了一口枯井裡，隋軍用繩子拖了上來。正月二十二日，晉王楊廣進入建康城，陳朝從此滅亡。

至此，楊堅結束了南北朝長期分裂的局面，完成了統一全國的大業。

秉公執法的趙綽

●時間：隋朝初年
●人物：趙綽

帝王社會，皇帝擁有至高無上的權力，如果想和皇帝作對，無異以卵擊石，自取滅亡。但是隋文帝時的趙綽為了執行法律，不惜犧牲生命，諍諫文帝。趙綽不但沒死，反而得到文帝的垂青，其中有何奧妙？

⊙皇帝求情

趙綽是河東（郡治在今山西永濟西）人，有著河東人耿直剛毅的性格。楊堅建立隋朝以後，趙綽授予大理丞的官職。由於處理案件公允平正，通過考覈，轉為大理正，後來又為刑部侍郎（刑部是專門負責法律方面的部門）。

有一段時間，盜賊屢禁不止，文帝打算加重懲罰的法律。趙綽得知後，進諫道：「陛下行堯、舜之道，應該多存寬厚。法律是為了讓天下百姓相信朝廷，如果經常變，更就會失信於民。」文帝欣然接納，並鼓勵趙綽說：「你以後有意見，要如實對我說。」

有一次，將軍蕭摩訶的兒子蕭世略在江南作亂，依照法律蕭摩訶應當受到連帶處罰，但是蕭摩訶是陳朝投誠的主要將領，文帝為了安定降軍的軍心，想網開一面，於是說：「世略年紀不滿二十，能有甚麼作為？只不過身為名將之後，為人逼迫罷了。」

趙綽堅決不同意，連文帝也不能說服，於是想讓趙綽退朝用餐，趁機赦免蕭摩訶。趙綽卻說：「微臣奏上的案子尚未斷決，不敢退朝。」

文帝只好以請求的口氣對趙綽說：「您給朕一個面子，特別赦免蕭摩訶吧！」趙綽也許理解了文帝的深意，才沒有說話，放了蕭摩訶。

⊙冒死衛法

趙綽為了依法辦事，多次冒犯文帝，有時甚至文帝以死威脅，趙綽仍不退讓。當時官場上流行一種說法，以為紅褲子對官運吉利，人稱這種褲子叫「利於官」。刑部侍郎辛亶讓妻子也做了一條，穿著上朝，結果反而招來塌天大禍。隋文帝認為巫蠱作亂——這是歷代皇帝不能容忍的，漢武帝時期，因為巫蠱事件，宮中牽累而死的不計其數，連太子也不能倖免。所以辛亶事件非常嚴重，要處以極刑。

趙綽在危急關頭提出法律的公正性，上奏說：「皇上，如果依據法律處理，辛亶不至於死罪。」

但是，隋文帝氣極了，不和趙綽討論法律，逕直說：「你可惜辛亶，而不可惜自己是不是？」意思就是，如果硬是想救，與我對抗，連你也得一起送死！

趙綽毫不畏懼回答說：「陛下寧

可殺我，不可殺他！」隋文帝聽了，更加生氣，於是命令將趙綽先行處死。武士隨即動手，把趙綽推了出去，已經脫了趙綽的官服，就要行刑了，隋文帝讓人問趙綽：「你仍不改變立場嗎？」趙綽凜然說：「我一心為了大隋的法律，甘願同死！」

隋文帝沒辦法，拂袖而去。過了好大一會，內宮才傳出命令：文帝不殺辛亶，原諒趙綽。

歷史詞典

科舉制度

隋文帝即位後，正式廢除了九品中正制和州郡辟舉制，表明門閥士族勢力的衰弱和中央集權的加強。開皇七年（五八七年）正月，文帝下令各州，每州每年選派三人進京，參加朝廷舉行的分科考試。當時比較明確的科目有秀才和明經科，因此文帝正式設立了每年舉行的常舉之科。各地選派的貢士聚集在京師參加會考，貢舉及第後，必須參加吏部銓選考試，合格後才可授予官職。

開皇十八年（五九八年），隋文帝又命令京官五品以上，地方總管、刺史等官員，按照志行修謹（有德）、清平幹濟（有才）二科舉選人才。至隋煬帝大業二年（六〇六年），正式設置進士科，這是中國科舉制度的開始。

⊙秉公執法

當時，有人非法造錢，比官府鑄造的輕，稱為「惡錢」，雜混市面流通，擾亂正常的經濟秩序。有兩個人在市場上以惡錢兌換好錢，官員抓獲。隋文帝非常痛恨，命令將二人一起斬首。

趙綽上前奏道：「依法，兩個人只應該受到打板子的處罰，斬首不合法律。」

文帝說：「不關你的事！」

趙綽說：「陛下認為我不愚蠢，又讓我在大理寺負責執法工作，現在陛下就要亂殺，怎麼說不關我的事？」

文帝說：「搖大樹，搖不動，就該放棄。」意思還是要趙綽不要管。

趙綽說：「臣抱著希望能感動上天的心，何況是搖動大樹！」表示了堅定的決心。

文帝還是不能釋懷，說：「人喝湯，太燙了，就該放下。難道你還想壓倒皇帝嗎？」

到這個地步，趙綽無話可說了。但是，他頓了一下，身體卻更往前靠，文帝呵斥不為所動。文帝又一次拂袖進入內宮。隨後還是傳出命令，依趙綽的意見，沒殺兩個人。

雖然趙綽多次冒犯隋文帝，但是文帝對趙綽始終眷顧有加。文帝常常對趙綽說：「為了愛卿，朕甚麼都捨得，但是愛卿的骨相不是富貴長久的命呀！」果真，趙綽六十三歲就去世了。

社會走向衰敗、混亂局面的原因可能各式各樣，但是要營造一個清明、和諧的社會局面，卻有一些共同的因素：譬如各種社會勢力能夠得到一定的限制，法律的作用能夠得到伸張等等。隋文帝愛惜趙綽，正是因為他的工作有利於維護社會的穩定。

隋初十二府簡表

皇帝
- 右領軍府
- 左領軍府
- 右監門府
- 左監門府
- 右領府
- 左領府
- 右武侯府
- 左武侯府
- 右武衛府
- 左武衛府
- 右衛府
- 左衛府

獨孤后獨霸後宮

●時間：西元五五三～六〇二年
●人物：獨孤伽羅

獨孤皇后在隋初的政治活動中扮演著舉足輕重的角色，既是隋文帝楊堅施政的有力輔佐，同時善妒的個性以及以一己之好惡行事的做法，卻也造成了楊廣的得勢，進而埋下了隋王朝覆滅的根源。

獨孤皇后（五五三～六〇二年），名伽羅，河南洛陽人，北周大司馬、河內公獨孤信之女。獨孤氏與楊氏同為北周重臣，獨孤信賞識楊堅的才幹，並將女兒嫁與他。歷史上的獨孤皇后以賢明著稱，但其善妒的個性直至今天仍廣為人知。

嵌珍珠寶石金花蝶頭飾　隋

⊙誓無異生之子

一天楊堅早朝之後折返宮中，發現平日頗為寵幸的一位妃嬪，已經被皇后獨孤氏悄悄殺害了。悲憤交加的楊堅，騎馬跑出皇宮，直至山谷間二十多里，才被大臣高熲、楊素等人追上。楊堅歎息說：「我已經做了天子，卻沒有絲毫的自由。」經過高熲等人百般勸說，楊堅才放棄出走的念頭。但是楊堅甚少親近後宮三千佳麗的情況，仍舊等到這位善妒的皇后去世，才能有所改變。

其實早在獨孤皇后與楊堅洞房花燭之夜，她便要求新郎立下重誓，不會與其他女人生育子女（也即是「誓無異生之子」）。而這個心願也確實得以實現——包括帝國的繼承者隋煬帝楊廣在內的七個皇室子女，無一例外都是她與楊堅的骨肉。後宮所有的嬪妃懾於皇后的專橫，不敢與皇上有過多的接觸。

⊙國事焉可顧私

除了善妒的個性，獨孤皇后的確是隋文帝身邊不可或缺的賢內助。楊堅曾經一度為了取代北周宇文氏而猶豫不決，獨孤皇后便說：「大事已然，騎獸之勢，必不得下，勉之！」

玻璃帶蓋小罐　隋

等到楊堅登基稱帝之後，她向突厥商人買下價值八百萬錢的一篋明珠，並非出於喜歡，而是「戎狄屢寇，將士罷勞」，可以用來獎賞對外作戰中立下功勞的將士，由此備受百官的讚頌。

每當楊堅決策缺失的時候，獨孤皇后都會加以勸諫，更兼體恤百姓，孝敬長輩，宮中特別尊敬，和楊堅並稱作「二聖」。

獨孤皇后對於皇親國戚恃威作福的現象，深惡痛絕。她的表兄大都督崔長仁觸犯刑律，將要處斬，楊堅顧及皇后感受，便想減免崔長仁的刑罰。獨孤皇后聽到後，義正辭嚴以「國家之事，焉可顧私」，拒絕了丈夫的美意，崔長仁最終處死。

⊙因婦而輕天下

獨孤皇后不僅阻止丈夫親近其他女子，大臣有喜新厭舊的行為，也無一不受到她的鄙夷與厭惡，其中就有大臣高熲和太子楊勇。

當初獨孤皇后擅殺嬪妃一事，大臣高熲因為一句「陛下豈以一婦人而輕天下」，便已經得罪了性格剛毅的獨孤皇后。高熲的妻子後來亡故，寵妾又生下兒子，自然也就成為獨孤皇后眼中的薄情寡義之徒，每每在楊堅耳邊詆毀，最後促使文帝罷黜了高熲的官職。

太子楊勇是獨孤皇后與楊堅的長子，聰明而有才能，深得楊堅喜愛。但楊勇生性好色，東宮內寵極多，看在獨孤皇后眼裡，自然不悅。後來太子妃元氏忽然暴斃，獨孤皇后認為是太子愛妾雲氏謀害，便建議楊堅廢黜楊勇的太子之位，改立次子晉王楊廣——狡黠的楊廣深知母親好惡，刻意偽裝成生活儉樸且不近女色的正人君子。

仁壽二年（六〇二年）八月，獨孤皇后死於永安宮，時年五十。此後，楊堅在寵幸的嬪妃間流連忘返，繼而感染重病。當他臥於榻上感傷對侍者說：「如果皇后還在，我是不會變成這個樣子的。」

彩繪女俑　隋

這兩件女俑是隋代陶塑中的優秀作品。女俑身材苗條而面容豐腴，高峨入時的髮髻，輕披兩肩的紗巾，增添了亭亭玉立的動人風韻。那種欲行還止、顰笑俱斂的意態，以及不論轉換甚麼角度，全身輪廓線都表現出秀美和舒暢的藝術效果，確實令人欽佩隋代塑工造詣的高深。

楊廣篡位

●時間：西元六〇四年
●人物：楊廣

歷史上著名的暴君隋煬帝楊廣在即位稱帝後，只用了短短的十餘年，就使偌大的隋帝國分崩離析，最終走向覆滅的結局。造成這一切的楊廣，原先並不是其父楊堅所立的太子。

隋煬帝楊廣（五六〇～六一八年），又名楊英。楊廣小時長相俊美，很受父親楊堅喜愛，楊堅建立隋朝後，立刻封十三歲的楊廣為晉王。但無論當時的楊廣多麼受到寵愛，太子的寶座卻仍然為大哥楊勇所據。隨後，楊廣平定了南方的陳朝，功勞在楊勇之上，自恃得到父皇的寵愛，便處心積慮奪取太子之位。

⊙從晉王到太子

太子楊勇的性格慈善寬厚，博學而有遠見，同時，缺點也很明顯，性情脆弱，追求豪奢的排場，並過度接受百官的朝賀，因此文帝曾經表示不滿。加上楊勇四處拈花惹草，也使獨孤皇后厭惡。一切都被晉王楊廣看在了眼裡。

楊廣自幼聰明，為了實現皇帝的夢想，便費盡心機偽裝忠厚。楊堅非常崇尚節儉，楊廣適當利用，當父母來時，就將姬妾全都藏匿，只和正妻蕭氏到大門口迎接，並特地找來年紀大，姿色一般的婦人，穿著樸素的衣服侍奉父母親，又弄斷王府中樂器的絲絃，看似許久不曾接觸。楊堅看到楊廣生活如此儉樸，自然非常高興，一想到太子楊勇平時奢侈浪費的生活，對楊廣更是親近。

楊廣為了取代大哥，便時常向母親說起兄長的壞話。先是說：「大哥恨我，以後定會下毒殺我。」獨孤皇后本就不喜歡楊勇，當下便深信不疑。

楊廣又和大臣宇文述商議，聯絡重臣楊素，陸續清除了支持太子的大臣，更出面謊稱皇太子楊勇有意謀反。終於迫使文帝下定決心，把楊勇貶為庶人，立楊廣為太子。

⊙弒父殺兄

成功坐上太子寶座後，楊廣並未掉以輕心，耽心幾個兄弟同樣窺伺著

嵌藍白琉璃珠金鐲　隋

此金鐲鐲身四節，每節兩端嵌圓形、方形白青絲色琉璃珠三顆。開口處為一鈕飾，可自由開合，扣環上嵌綠松石小珠六顆，扣鉤嵌珠一顆。此器製作精細，造型具波斯藝術風格。

國清寺

國清寺位於浙江天台山南麓，中國佛教天台宗的發源地。國清寺建於隋開皇年間，初名天台山寺，因創寺人智顗有遺言「寺若成，國即清」，大業元年（六〇五年）賜額「國清寺」。

皇太子的名號。為了進一步鞏固太子之位，楊廣又和楊素陰謀誘騙四弟蜀王楊秀進宮，致使貶為庶人，軟禁在宅邸中。

仁壽四年（六〇四年）七月，楊堅病倒，貪戀皇位的楊廣早已不耐煩等待，想找楊素商議，結果楊素的回信卻錯送到了楊堅手裡。震怒的楊堅打算重新立楊勇為太子，不幸消息走漏，楊廣立即把宮中侍衛全部換成親信，然後派張衡進宮刺殺了楊堅，同時矯稱文帝詔書，賜兄長楊勇自縊。至此，楊廣終於踏著一路血腥，坐上了夢寐以求的皇帝寶座。

⊙最後結局

文帝和獨孤皇后一共有五個兒子，除了楊勇、楊廣與楊秀外，還有封為秦王的楊俊與漢王楊諒。楊俊曾經癡迷佛法，一度打算出家為僧，後來夫妻反目，妻子下毒致臥床不起，年紀輕輕就孤寂而死。漢王楊諒聽到二哥楊廣篡權奪位後，曾舉旗造反，不久便被鎮壓。

楊堅即位之初，曾經大殺北周宇文氏皇族，而五個兒子也全部死於非命，最後逼死楊廣的卻也正是宇文氏的後人。

青瓷武士俑　隋

俑挺胸直立，威武莊嚴，為一武士形象。雙手按盾牌，怒目隆鼻，口唇緊閉。頭戴綴有鱗形甲片的兜鍪，兩側護耳，身著有領扣，肩部用皮襻聯綴鱗形甲片的護襠鐵甲，有金屬打製的圓形護胸。肩臂有筒袖。腰束皮帶，甲長過膝，露出袍裾和靴。此種鎧甲因金屬的護胸在陽光下閃閃發光，故名「明光鎧」。俑腹下部靠立一面盾牌，周邊飾圓形鉚釘，當中壓印圓形、橢圓形和八角形花紋。盾應為木質，包以皮革後用金屬鉚釘固定，再施彩繪及鑲金銀飾件。

名臣高熲

●時間：西元五四一～六〇七年
●人物：高熲

隋文帝楊堅取代北周建立隋朝，手下文臣武將發揮了很大的作用，其中又以宰相高熲出力最大，不光領兵治國，並且舉薦了一批人才，後人稱為「真宰相」。

高熲（五四一～六〇七年），又名高敏，北周曾賜姓父親高賓為獨孤。高熲十七歲便在滅齊的戰爭立下戰功，受到爵賞。作為隋朝開國重臣，高熲封為渤海郡公，在南下平陳之戰中擔任實際的軍事指揮。

⊙英雄少年

孩提時代，高熲就很出色，熟讀文史，有器量，能言善辯。藉著獨孤氏的勢力與父親的幫助，年紀輕輕就推開了北周中央政權的大門，十七歲時齊王宇文憲引為記室，武帝封為武陽縣伯。隨後平齊的戰爭中立下赫赫戰功，踏上了平步青雲的大道。

楊堅奪得政權後，高熲成為隋朝的宰相。楊堅封了許多官爵，每每親切稱他為「獨孤」。高熲辦理政務，常坐在朝堂北面一棵槐樹下，有司曾因此樹不順樹列準備砍除，楊堅不准，堅持留下以為紀念。

⊙南下平陳

高熲為了向南進軍，策劃了一系列對陳的戰略。

楊堅曾經命他節制討陳大軍，正遇上陳宣帝駕崩，高熲提出「禮不伐喪」，班師回兵，在南朝士民心中留下了仁義之師的形象。

回到朝中的高熲並未停止攻陳的準備，不停地在麥收時騷擾陳國邊境，延緩南朝的收成時間。又派人祕

彩繪伎樂陶俑

一九五九年河南安陽隋代張盛墓出土。墓內隨葬有敷彩陶俑八十九件，其中以這組坐姿伎樂俑最為精采。這些俑都是女性，均頭梳平髻。這組坐姿女伎樂俑，是研究隋代樂舞重要的實物參考資料。

密渡江，縱火焚毀了大部分糧倉，消耗陳國的錢糧經濟。

南征大軍第二次集結的時候，高熲任元帥楊廣的副手，擔任實際的總指揮。攻陷陳國都城建康後，為了防止楊廣貪戀陳後主寵妃張麗華，高熲下令將張麗華斬首，因此楊廣記恨在心。

⊙盛極而衰

高熲拜相後，母親說：「你富貴已到極點，就差砍頭了，要慎而再慎。」為此高熲努力淡化功勞，連南下平陳這樣的大功，在文帝面前都讓給了賀若弼。

儘管如此，高熲還是被朝中人嫉恨，各種流言蜚語時刻包圍著他。隋文帝信任他，每每罷黜或殺掉告密者，爾後重賞高熲。高熲授上柱國，封齊國公，可說是位極人臣了。

隋文帝曾經評論高熲：「你就像一面銅鏡，越磨才越明亮。」

文帝讓高熲的兒子高仁娶了太子楊勇的女兒，高熲因而捲入太子的紛爭，一切榮耀都沒能緩解獨孤皇后和楊廣對他的恨意，兩人不停用各種謠言刺激文帝，雖然隋文帝再一次表示了對高熲的信任，但卻流露出對太子的不滿。最終在獨孤皇后的努力下，楊勇貶為庶人，隨著太子被廢，高熲也罷免了官職。

黃釉舞女俑

此俑出土於隋墓，出土時雙臂已殘，舞女梳雙高髻，圓臉，表情溫婉，略帶微笑，脖子上綴飾一掛項鏈，身穿長袖，下著長裙，外罩輕紗，披肩而下斜繫於腰間，一臂舉起翩翩舞袖，一臂下揚，輕盈飄逸。

⊙含冤而死

高熲罷免後，政敵看準機會，造謠說高熲自比司馬懿，要伺機奪取政權。文帝心軟沒有殺他，只是將他也貶成庶人。

楊廣即位後，曾任高熲為管禮樂的太常。這本是一個與世無爭的虛職，但高熲卻有著強烈的責任感，他批評楊廣喜好聲色犬馬，生活奢靡，好大喜功。隨後又評論時政，說朝廷無綱紀，國將不國，甚至預言楊廣的所作所為是亡國之象。高熲言語沒能逃過楊廣的耳朵，終於被推上了斷頭臺。

這位以天下為己任，殫精竭慮為國效忠，統一南北，治國執政二十載，提攜了無數名臣戰將的「真宰相」，卻因為剛正不阿與直言不諱，最終斷送了性命。他的死也加快了隋朝的崩潰，從此再沒有人敢向煬帝進言，最終，強盛的隋帝國僅僅兩代便分崩離析。

天真詩人薛道衡

●時間：西元五四〇～六〇九年
●人物：薛道衡

薛道衡（五四〇～六〇九年）出身世家，天資早慧，十三歲即作〈國僑贊〉而名動當時。其後才名益著，與李德林、盧思道齊名，為一代文章宗師。可是薛道衡生性迂誕，不善變通，且屢犯上諱，終為隋煬帝所殺。

⊙精於謀事

薛道衡並非尋常摘句彫蟲的腐儒之流，相反，他頗具政治見地，有著「謀事之臣」的評價。

開皇八年（五八八年）三月，文帝下令南征。兵臨長江之際，擔任軍事指揮的宰相高熲在帳中召見薛道衡，請他預測此次戰爭的成敗。薛道衡從大勢所趨而對方君主失德、將相庸碌等三個方面分析，斷言隋必勝，陳必亡。

殘菩薩胸像　隋

高熲聽後感慨說：「我原本只是因為文采而敬重你，沒想到你對於籌謀之事也如此擅長。」並表示「君言成敗，事理分明，吾今豁然矣」，打消了南征的諸多顧慮。

⊙書稱聖意

對於寫作，薛道衡相當專注，構思文稿時總是「隱坐空齋，蹋壁而臥」，只要聽見門外有絲毫響動，便勃然大怒。每有新作問世，江南文士便爭相吟誦，廣為流傳。薛道衡的詩作中，既有「絕漠三秋幕，窮陰萬里生。寒夜哀笛曲，霜天斷雁聲」的粗獷悲愴，也有「暗牖懸蛛網，空梁落燕泥」的婉約淒涼，兼具北朝氣勢雄渾與南朝辭采絢麗的特點，對初唐文學創作風格的形成有著極為深遠的影響。

文帝提起他的時候，也總說：「薛道衡作文書稱我意。」倘若失去了這樣的人才，便有「如斷一臂」的痛苦。

此外，薛道衡在朝中擔任樞要之職多年，名臣高熲、楊素等人頗為敬重，故而名聲大噪，一時無雙，王公貴戚爭相與之結交，引以為榮。其中便有當時的晉王，後來的隋煬帝楊廣。

開皇年間，薛道衡曾經因為受他人株連，流放到嶺南。時任揚州總管的晉王楊廣愛慕他的才華，想網羅到帳下，就打算等他經過的時候，留在身邊。然而伐陳之時與楊廣多有接觸的薛道衡，深知其品性惡劣，恥於為伍，索性改道江陵前往嶺南，楊廣聞訊極為不滿。

⊙短於謀身

文帝對薛道衡雖然不吝溢美之辭，卻也作過其人「迂誕」的評論，並多次告誡薛道衡。所謂迂誕，意即為人迂闊，凡事都是直來直往，沒有一絲半點掩飾做作。簡單說，就是認死理，不給別人面子。

大業五年（六〇九年），薛道衡從番州刺史任上返回京都，旋即作〈高祖文皇帝頌〉進呈煬帝。煬帝看完之後極為憤怒，認為薛道衡借《詩經》裡〈魚藻〉篇歌頌周武王以諷刺周幽王，嘲弄自己。覺察到煬帝心思的司隸刺史房彥謙勸薛道衡「杜絕賓客，卑辭下氣」，不要以身涉險，但薛道衡卻不為所動。

隨後在朝堂之上，為了新政的實施，大臣爭論不休。薛道衡又說：「如果高熲不死，早就決定並且施行很久了。」高熲在煬帝爭奪太子之位的時候站在楊勇一邊，因此被煬帝誅殺，薛道衡公然稱贊高熲，無疑觸犯了當時的忌諱。御史大夫裴蘊上奏說薛道衡有「悖逆」之嫌，煬帝立即命令年已七十的薛道衡自盡。《隋書》說「天下冤之」，一代文豪就此死於非命。

薛道衡死後，向來自恃甚高的煬帝得意洋洋說：「還有人能寫出『空梁落燕泥』的詩句？」

遊春圖 隋 展子虔

《遊春圖》是現存保存最早的卷軸山水畫，卷前題籤為宋徽宗趙佶手書「展子虔遊春圖」。展子虔通過圓勁的線條和濃麗的青綠色彩描繪了遊春圖景，為唐代許多畫家所宗，也被後世譽為唐畫之祖。

煬帝修運河

●時間：西元六〇五～六一〇年
●人物：隋煬帝

京杭大運河的通航是中國古代人民用雙手改造自然的非凡成就，與北方遙相呼應的萬里長城同樣震驚世界的偉大創舉，更是中華民族無窮智慧與力量的永恆象徵。

漕運作為加強南北物資、經濟、文化交流的重要聯接方式，在中國歷史長河中占有舉足輕重的地位。自西晉以來，長江中下游流域人口激增，生產力迅速提高，逐漸成為國家財政的重要支柱。

隋煬帝楊廣在大業元年（六〇五年）繼位後，為了解決北方地區的糧食供應問題，同時也為了方便和滿足個人巡幸江都的願望，決意在前人的基礎上，開鑿一條縱貫帝國南北的人工運河，工程規模之浩大，動用人力、物力數量之驚人，時至今日，依然冠絕中外，是人類文明史上的一大奇觀。

⊙雄圖偉業

早在春秋時期，東南的吳王夫差為了染指中原，爭奪霸業，引長江經瓜洲（今江蘇邗江南部）北入淮河以築通渠，全長近一百五十公里，稱為「邗溝」。隨後歷朝對這一航道多有延伸。

隋煬帝的方案，主要是以邗溝作為運河的中段，予以裁直、拓寬，並更名為山陽瀆。同時，又在東都洛陽附近引黃河向東南進入汴水，進一步溝通北方兩大水系黃、淮之間的聯繫，名為通濟渠。至於黃河以北，則利用沁水、淇水、衛河等水源，引水至天津西北的蘆溝（今永定河），直抵北方重鎮涿郡（今北京），即有名的永濟渠。其他各地另有多處類似工程。

這一計畫穿越河北、山東、江蘇、浙江四省，溝通海河、黃河、淮河、長江和錢塘江五大水系，為全長一千七百八十二公里的水上交通大動脈，較之消耗巨大、運送緩慢的陸上運輸方式，其優勢顯而易見。

⊙黎民悲歌

可悲的是，計畫始作俑者煬帝急

白釉武士俑

隋朝武士俑，此俑直立於覆蓮座上，頭戴盔，上身著甲，下著褲褶，腰束革帶，足蹬靴，右手平握，左手扶腰帶。通體施白釉。該俑雙眉倒豎，雙目圓瞪，兩髭上撇，氣勢雄猛，屬隋代雕塑藝術中的珍品。

趙州橋石雕

趙州橋作為世界上第一座大跨度敞肩拱石橋，不僅在科學技術上有很高的成就，而且具有高超的藝術特色。它的整體結構寓雄偉於秀逸舒展之中，橋兩旁石欄望柱的精美雕刻，欄板上的蟠龍以及石獸面、捲葉、花包飾等細部雕刻，刀法蒼勁，線條流暢，造型古樸，是隋代石雕藝術的精品。

功近利，隨心所欲，運河自開鑿之日起，便淪為百姓流離失所、餓殍遍野的萬惡之源。史載，煬帝「議發河南、淮北諸郡民，前後百餘萬，開通濟渠」，又「詔發河北諸郡縣男女百餘萬開永濟渠」，連工程簡單、規模較小的邗溝改建，也大筆一揮，「發淮南民十萬餘眾」，全然不顧人力調配所能承受的限度。

大業四年（六〇八年），「詔發河北諸軍五百餘萬眾穿永濟渠，引沁水南達到河，北通涿郡」，發覺男丁不夠，便將婦女也納入開河大軍之中。惟恐不能完成使命的各級官吏，動輒使用刑杖、棍棒對開河民工毒打，使得「役丁死者什四五」，屍體用車載運，「東到城皋，北至河陽，相望於道」，連綿不絕。

⊙慘絕人寰

有名的「食人之子」的麻叔謀，即是煬帝任命主管修河事宜的官員。麻叔謀身患重病，長期臥床不起。有人得知河道要從家中經過，不願搬走，便想要賄賂這位河監大人。聽說麻叔謀染上沉痾，於是將蒸熟的人肉進呈帳前，妄稱是醫治頑疾的良方。誰知麻叔謀一吃上癮，認為滋味鮮美無比，而且對身體大有裨益。不但同意了運河改道，並派人四處搜羅孩童以供「進補」。一時間運河兩岸的百姓驚惶失措，紛紛將孩子鎖進櫃子，不許外出，卻還是難逃毒手。

消息傳到朝中，連煬帝也覺得麻叔謀的行徑有違天理，便將他處死。

⊙江南春夢

凝聚無數人血淚乃至生命的大運

趙州橋

河，前後歷時四年，終於大功告成。其間，煬帝數次率領大隊人馬，乘坐豪華的龍舟來到江都，流連忘返，徹底將家國社稷置諸腦後。大隋帝國自文帝時代聚集起的大量財富，因為繼承者的窮奢極欲，不恤民力，終於消耗殆盡。

南通運河，北伐高麗，煬帝在水榭樓臺間醉生夢死的日子裡，哪裡能想到他一生酷愛的煙雨江南，最後竟成了自己的葬身之地。

⊙恩澤萬世

大運河的開通，在中國歷史上有著超乎尋常的意義。元、明、清三朝，統治者為了南北交通的順暢和南方漕糧的北運，以隋代大運河為基礎，再次開鑿運河，隋代運河成為現代京杭運河的前身。現在，自北京而下，天津、滄州、德州、臨清、聊城、濟寧、徐州、淮安、揚州、鎮江、常州、無錫、蘇州、嘉興、杭州、紹興，直至寧波，由北至南一帆風順。

川流不息的河水，帶給兩岸人民的是數不盡的財富和榮華。僅就杭州而言，唐時即有「江南列郡，餘杭為大」之說。五代，杭州更是「富庶於東南」。及至北宋，杭州「東南形勝，三吳都會」，每年由此沿運河向京都汴梁輸送的糧食達到了八百萬石，金銀、布帛、香藥、茶葉更是數不勝數。

偏安一隅的南宋朝廷大力拓展海上貿易時，行在臨安（政府臨時駐地，南宋名義上的都城仍是汴梁）更因連接江河湖海的優越條件，一舉成為世界性的大都會，當時人評論說：「國家駐蹕錢塘，綱運糧餉，仰給諸道，所繫不

輕。水運之程，自大江而下，至鎮江則入閘，經行運河，如履平地。川、廣巨艦，直抵都城，蓋甚便也。」

南宋經濟的繁榮昌盛，大都是運河便利所賜。至於明清兩代，雖然已經擁有建造大型海上船舶的技術與經驗，卻因為保守的海禁政策，南北漕運依舊完全由運河維持，史稱「半天下之財賦，悉由此路而進」，決非虛言。

經濟上，大運河不但對後世影響深遠，對於大多定都在北方的王朝而言，藉運河維繫統一的政治格局，加強對長江中下游地區的統治，更是基本的國策。繁盛由此而來，是為國家之幸。

歷史詞典

趙州橋

隋代的造橋技術有顯著的進步。大業年間（六〇五～六一七年），民間優秀工匠李春負責建造了世界上第一座敞肩拱石橋（或稱空腹拱石橋）。石橋橫跨在河北趙縣洨河之上，就是舉世聞名的趙州橋，又稱安濟橋。趙州橋是世界現存最早的敞肩石拱橋，比歐洲早了整整十多個世紀，至今已有一千三百多年的歷史，被譽為「天下之雄勝」，經受了多次大地震的考驗，依然挺立。

趙州橋全長五十・八二公尺，寬九・六二公尺。橋洞跨度長三十七・四五公尺，上面左右兩邊各開兩個小拱，稱為「敞肩拱」。發洪水時，水流可以從四個小拱排出，減輕洪水對橋身的衝擊力，同時小拱既可以省工料，又可以減輕橋自身的重量。橋身的坡度小，橋面平直，便於行人車馬往來；橋洞的跨度大，便於水上船隻通行。趙州橋開創的敞肩式及四小拱等獨特設計，極大推進了中國橋樑建築技術的發展。

趙州橋設計精巧、造型優美、結構穩固，具有當時世界橋樑工程的最先進水準。直到現在，趙州橋的建築原理仍為現代拱橋建築所應用。

京杭運河圖

由於大運河的滋養，到清朝時，南方地區已是被稱為「人間天堂」的秀美繁華之地。

巡遊江都

●時間：西元六〇五～六一六年
●人物：隋煬帝

煬帝巡遊江南的行徑，無疑是其荒淫無度的生活中一個典型的代表。另一方面，則充分展示了大運河對於南北地區交通往來的重要，以及當時社會經濟、技術等各方面高度發展的成就。

大業元年（六〇五年），登基不久的隋煬帝楊廣，一聲令下，整個帝國的中樞隨之緊張轉動，為煬帝籌備第一次巡幸江南的浩大行程。此時，大運河的開鑿已經初見成效，洛陽至江都的河道大大節約了往返兩地之間的時間與精力。

八月十五日，煬帝和皇后蕭氏、嬪妃、王公貴族、文武百官，以及隨行的軍隊、沿河警戒的騎兵，約二十餘萬人，幾乎整個朝廷，浩浩蕩蕩朝江都進發了。

⊙曠世盛景

煬帝所乘龍船，上下分四層，高四十五尺，長兩百尺，浮景舟九艘隨行，各三層，供作「水殿」之用。以下則有規制高低不同的彩船及大船數千艘，緊隨其後，「相接兩百餘里，照耀川陸」。縴夫計八萬餘人，皆穿錦袍，號「殿腳」（水殿之腳）。又自吳越一帶徵集五百名民間少女，手執彩纜拉動龍船，稱為「殿腳女」。

當時天氣酷熱，煬帝見殿腳女體力不支，接受翰林學士虞世基的建議，在兩岸種植垂柳，一則固堤，二則納涼，史稱「自東都至江都，二千餘里，樹陰相交」。榮華絢麗的景象使得煬帝龍顏大悅，頒下詔書，敕封垂柳姓楊，表揚協助南巡之功，因此留下了「垂楊柳」的名稱。

⊙萬民之傷

彩舟如練、笙歌不息的景象，深深打動了煬帝，甚至想永駐江都不再北還。然而沿途所經各州縣境內五百

嵌瑪瑙藍晶金項鏈

隋代金項鏈，由金質花珠二十八個組成。各珠嵌米珠十顆，金珠分左右兩組，每組十四個，其間用多股金絲鏈索相連。上端為金扣環，雙鉤雙環，嵌刻鹿紋及方形圓形青金石，下端似璜形金飾組成，為圓形和方形金飾，上嵌紅瑪瑙、青金石及米珠，中間下懸一金墜，嵌一藍晶，橫刻「小」字。此為當時由波斯傳入中國的金飾，可為當時中外交流之盛的見證。

里的官民，為了湊齊供他享用的「獻食」傾家蕩產。夜以繼日趕造龍船的民夫，在酷吏的喝斥與責罰下，「死者十之四五」。抵達江都後，僅裝飾出巡車仗一項，便又徵集民工十萬，任意奴役。折騰了將近半年，煬帝方才意猶未盡返回東都洛陽。

⊙炫耀外蕃

大業六年（六一〇年）正月，為了向聚集在京城的各蕃族酋長炫耀，煬帝下令「於端門街盛陳百戲，戲場周圍五千步，執絲竹者萬八千人，聲聞數十里，自昏達旦」，「所費巨萬」。酋長請求入市交易，又命先行整理街道，修繕房屋，連樹木都披上了華麗的絲綢，營造出一派欣欣向榮、繁華似錦的氣象。

當驚訝於吃飯竟然不必結賬的外國客人，問起其中緣故時，店家依照吩咐回答說：「中國豐饒，喝酒吃飯從來不必給錢。」

⊙其勢必亡

大隋帝國在無謂的虛耗中日漸衰弱，而長年遊蕩的煬帝卻渾然不覺。煬帝在位的十四年間，住在長安僅有一年，住在洛陽也僅有三年，其他時間都是在四處巡幸作樂中度過的。

大業六年（六一〇年），煬帝第二次南下江都，依舊氣派十足。大業十二年（六一六年）前後，義軍四起，天下大亂，第三次進入江都的煬帝，已是為了避難而來，而他的那顆「大好頭顱」，不久亦將在此地失去。

歷史詞典

隋代造船技術

隋代的造船技術相當進步。楊素主持建造的五牙大戰船，船上有五層，高百餘尺，左右前後共設置六個拍竿，高五十尺，可以拍擊敵船。大戰船可容納戰士八百人。

隋煬帝巡遊江都時所用的船隻，種類繁多，規模較大，有龍舟、翔螭、浮景、漾彩、白虎、玄武、飛羽、五樓等等。其中皇帝所乘龍舟的製作最為精美，有四十五尺高、兩百尺長、五十尺寬。船身分為四層，上層有正殿、內殿和東西朝堂，中間兩層有一百二十間房間，都用金玉裝飾，金碧輝煌，下層是侍衛的住處。可見隋代造船技術水準是相當高的。

短襦長裙

短襦長裙是隋代女服的基本形式，特點是裙腰繫得較高，一般都在腰部以上，有的甚至繫在腋下，給人一種俏麗修長的感覺。

銅虎符　隋

此虎符為隋王朝調發府兵的憑證。

【長白山前知世郎】

●時間：西元六一一年
●人物：王薄

隋末長白山群雄起兵掀起了動亂的大潮，一夜之間，各地軍事風起雲湧，全國一片大亂。這些民間行動深深動搖了隋王朝的統治，導致日後李唐王朝的誕生。

⊙連戰連敗

長白山掀起的浪潮在全國引發了無數反抗隋朝統治的大軍。

動亂的序幕起於大業七年（六一一年），隋軍為遠征高麗，從北方各省徵集壯丁、役夫、軍馬、糧餉，大大加重了百姓的負擔。天災人禍，民眾已然無法生存，朝廷官員卻變本加厲搜刮民脂民膏，各地百姓開始相聚為「群盜」。

「群盜」呈星火燎原之勢，瞬間席捲了山東全省，其中鄒平（今屬山東）人王薄（？～六二二年）所領導的長白山（今山東章丘）人民是各地「群盜」之中影響最早、規模也較大的一支。

⊙毋向遼東浪死歌

王薄本是鄒平的一個鐵匠，自稱「知世郎」，對天下萬事無所不知。王薄利用百姓對隋煬帝遠征高麗的反感，作《毋向遼東浪死歌》宣傳。這首歌迅速流傳開來，成為民眾拒絕出征高麗的精神支持，其歌詞為：「長白山前知世郎，純著紅羅錦背襠，長矟侵天半，輪刀耀日光。上山吃獐鹿，下山吃牛羊。忽聞官軍至，提刀向前蕩。譬如遼東死，斬頭何所傷。」歌詞雖然粗鄙，但效應巨大，山東民眾紛紛投奔，唱著《毋向遼東浪死歌》與前來征剿的隋軍展開了殊死的戰鬥。

隋末群雄割據示意圖

白釉黑彩侍吏俑　隋

國內頻頻爆發內亂衝突，隋煬帝動員大批軍隊剿滅各地叛亂。王薄就遇到了其中最為凶猛的隋將張須陀。

張須陀是隋末一名猛將，以鎮壓叛亂出名。王薄領導的長白山民軍與張須陀連番交戰，無法取勝，被迫北上與孫宣雅、郝孝德等大軍會合。在隨後南下圍攻章丘城時，卻再次被擊敗。

歷史詞典

建築學家宇文愷

宇文愷，字安樂，鮮卑人，出身於北朝後期顯赫的豪門，西魏恭帝二年（五五五年）生於長安。

楊堅建立隋朝後，仍承襲北周以長安為京都。長安城始建於漢代，到隋朝時已有近八百年的歷史，城市顯得過於狹小，已經不能適應社會發展和人們生活的需要，於是楊堅決定另立新都大興城。新都具體的規畫、設計都是由宇文愷完成的。

大興城的規畫吸取了歷代都城的經驗，在方整對稱的原則下，沿著南北中軸線，將宮城和皇城置於全城的主要地位，郭城則圍繞在宮城和皇城的東、西、南三面。分區整齊明確，把宮室、官署區與居住區嚴格分開，充分呈現中國古代京都規畫和佈局的獨特風格。

宇文愷隨後又負責營建東都洛陽，更於大業三年（六〇七年）跟隨煬帝北巡期間創製了三項活動性的建築物——大帳、觀風行殿、行城。大帳為大型帳篷，觀風行殿為一種活動性的宮殿式建築，可以拆卸和拼裝，並設置輪軸機械以便推移，行城應為一種板裝並附有布屏的圍城。這些大型的活動性建築，側面反映了宇文愷在機械製造方面有著很高的造詣。此外，宇文愷也在明堂設計方面花費了大量心血，取得了重要成就。

大業八年（六一二年）十月，五十七歲的宇文愷病逝於工部尚書的任上。宇文愷的一生主要擔任營造方面的高級官員，在建築方面多有貢獻，有些成就甚至具有劃時代的意義，是中國古代著名的建築學家。

屢次戰敗的王薄失去了銳意進取的動力，率領殘餘隊伍在山東中部一帶的山中活動，成了小股盜匪，徹底沉寂了。

⊙兵敗身亡

唐高祖武德二年（六一九年），王薄率領殘餘民軍投奔宇文化及，受命守護聊城（今山東聊城）。打著討賊旗號的竇建德（五七三～六二一年）攻打聊城，王薄引竇建德進城，生擒宇文化及。

同年，王薄又投降唐軍，唐高祖李淵任命為齊州總管，從當年的長白山首領變成了唐王朝的封疆大吏。唐武德五年（六二二年），王薄被仇家殺死，曾聲勢震天的風雲人物，就此煙消雲散了。

淮南起照神獸銅鏡　隋

【瓦崗英雄】

●時間：西元六一一～六一八年
●人物：翟讓　李密

各地群雄蜂起，加速了隋朝的解體，當時天下各地都有民軍盤踞，其中勢力最強的名叫瓦崗軍。瓦崗軍在最強盛的時候曾經聚眾三十餘萬，成為各處反隋民軍的盟主。

瓦崗寨最初的領導者是韋城（今河南滑縣東南）人翟讓（？～六一七年）。翟讓本是洛陽的法曹，獲罪將死，黃君漢認為翟讓可救萬民，幫他越獄出逃。大業七年（六一一年），翟讓和哥哥翟弘與同郡的徐世勣（唐王朝賜姓李，改名李勣）、單雄信於瓦崗（滑縣南）聚眾起事，義軍大部分都是漁民與獵戶出身。翟讓以善於占卜的賈雄為軍師，縣吏邴元真為書記，徐世勣、單雄信都是義軍的將領。

當時天下亂世初現，各地不斷出現新的民軍。瓦崗寨雖然是最早起事的團體之一，周圍也存在著王當仁、李公逸、周文舉、王伯當等為首的大小山寨。瓦崗寨最後能夠發展壯大，聚眾幾十萬，成為天下反隋大軍的盟主，連李淵父子都要暫避鋒芒，其中發揮了重要作用的卻並不是翟讓，而是一個叫李密（五八一～六一八年）的人。

白釉象首壺　隋

壺為盤口，有蓋，溜肩鼓腹，平底，因器身置象首得名。壺柄為一引頸伏首的龍柄，使壺顯得秀麗而充滿動感。壺體施白釉，唐代「南青北白」的瓷藝格局在隋代已初顯端倪。

⊙鐵索蛟龍

李密，遼東襄平人，祖上數代高官，世居長安。父親李寬曾為隋的上柱國，封蒲山公。李密曾做過隋煬帝的侍衛，後來託病回家專心讀書。李密與隋朝重臣楊素偶然相識，得到楊素的賞識，並和其子楊玄感結為知己。

大業九年（六一三年），隋煬帝發動大軍第二次征遼，後方督辦糧草的楊玄感突然豎起反旗，迫使遠在遼

社倉納粟磚　隋

歷史詞典

《諸病源候論》

大業六年（六一〇年），太醫博士巢元方主持編撰完成了《諸病源候論》一書。此書共有五十卷，將內科、外科、婦科、兒科、五官科、皮膚等科的一千七百多種病症分為六十七門。

《諸病源候論》分別從病因、病理、臨床表現、演變過程及預後等方面進行了詳細而又確切的論述。同時，此書也記載了對外傷的處理原則和手術方法，如用腸吻合手術治療外傷斷腸和大網膜切除術，這是中國外科手術史上的重要成就。

《諸病源候論》是我國第一部研究疾病分類和病因、病理的專著，唐代以後的重要醫學著作中對病因病機的論述大多依據此書，宋代太醫局並將《諸病源候論》指定為學生的必修課程，可見該書對後世醫學發展產生了深遠的影響。

東的隋軍主力急忙班師回軍。李密時任楊玄感的軍師，曾謀劃許多計策，卻大都沒被採納。

八月，楊玄感與隋軍主力激戰於皇天原（今河南靈寶西北），楊玄感戰死，義軍被徹底撲滅。李密雖然逃脫，不久也被擒獲。押解到邯鄲時，他用計帶領囚犯逃跑，從此開始了流亡生涯。李密做過鄉村的教書先生，心中時時憶起昔日的遠大抱負，終日鬱鬱寡歡，一日提筆在牆上寫下一首五言詩，哀歎命運不公，寫完後不禁悲從心來，把筆一扔，兩行熱淚奪眶而出。鄉人看著可疑，向官府告密，李密聞風而逃，重新過起了逃亡的生活。

⊙困龍入海

四處逃亡的李密到了瓦崗寨地域，游走於周圍幾個山寨，得到了以王伯當為首的山寨寨主的信任。眾寨主推舉李密代表上瓦崗寨與翟讓見面，李密充分發揮了出色的辯才，使翟讓印象深刻。同時李玄英預言李密將會是取代隋朝的真命天子，促使翟讓決定邀請李密合作。

初入瓦崗寨，李密就接連立下大功，首先成功游說周圍幾個寨主一起投靠瓦崗寨，隨後又領軍進攻滎陽附屬的縣城，取得了充足的補給糧草。當時在河南地界，隋將張須陀的軍隊非常強大，為各路亂軍所忌恨，李密設計了一系列的計謀，在戰場上殺死了張須陀。後來李密攻克興洛糧倉並開倉放糧，一戰殲滅了從洛陽出發的征剿大軍，最終使瓦崗軍成功發展壯大，成為各路勢力中的佼佼者。

⊙發展壯大

李密先是指揮獨立的蒲山公營，隨後又接受翟讓讓出的瓦崗軍首領位子，自稱「魏公」，成為名聲最響亮的人物，長白山民軍孟讓、鞏縣柴孝和、隋軍的征討元帥裴仁基等都率部歸附了瓦崗軍。

李密藉著聲勢，朝向東都洛陽一

路進攻，擊潰七萬多隋軍主力，奪得回洛倉。此時洛陽已經近在眼前，李密發出了震驚天下的討伐隋煬帝十大罪狀的檄文，揮軍猛攻。但洛陽城池堅固，瓦崗軍久攻不下，連番激戰，戰況不利，李密受了箭傷，也丟了回洛倉。逃回洛口城後，李密又遭遇隋將王世充的十餘萬隋軍攻擊，前後交戰六十多次，李密逐漸扭轉局勢，黑石一役幾乎全殲敵軍，王世充只帶著千餘人狼狽逃走。

⊙衝突迸發

隨著瓦崗軍在戰場上的一系列成功，被李密架空的前寨主翟讓心中失落，言語間不時流露出大權旁落後的悔意。加上李密重用秦叔寶、程咬金等隋朝降將，引起瓦崗軍中部分元老的不滿。

黑石之戰結束後，有人勸翟讓奪回軍權，翟讓的哥哥也說：「自古天子都是自己做，哪有讓與別人，你若不做就讓我做。」翟讓聽後只是一笑，但卻引起了李密的警覺。

隨後不斷有人向李密告密，促使李密起了殺機。他邀請翟讓赴宴，事先支走翟讓的衛兵，伏兵從身後砍死翟讓，又殺了翟讓的哥哥。

李密在瓦崗軍新舊勢力衝突之初，搶先殺死翟讓，收降單雄信、王伯當等人，安撫了新舊將領，避免了一場內亂，卻也為日後瓦崗軍的瓦解埋下了伏筆。

⊙英雄末路

此時，南方傳來了宇文化及殺死隋煬帝的消息。煬帝死後，在洛陽的越王楊侗即位稱帝，為了對付宇文化及，楊侗拜李密為太尉，攻打宇文軍。此時王世充已經是洛陽城內的實際決策者。

武德元年（六一八年）六月，瓦崗軍與西進的宇文化及發生軍事衝突。李密雖然戰勝宇文化及，卻也損失慘重。就在準備進駐洛陽時，卻發生了王世充代隋自立的政變，李密無奈，只得回到瓦崗軍的城池。但是瓦崗軍有糧卻無錢財，李密又將僅有的財物賞給早期跟隨的親兵，瓦崗軍士

白釉龍柄聯腹瓷瓶　隋

此器雙腹相連，共用一瓶口，由左右瓶腹的肩部向上伸出雙執柄，柄首作龍頭狀，張口銜住瓶的盤口。類似的瓷瓶在陝西西安隋李靜訓（李小孩）墓出土過，所以這件傳世品也有可能是隋代的器物，較隋瓷粗糙。

氣浮動，怨言瀰漫。

同年九月，王世充順勢與瓦崗軍展開決戰，邙山一戰取得全面勝利，瓦崗軍投降無數，李密逃往洛口倉。其後李密又連續大敗，賴以生存的洛口倉也落到了王世充手裡。

邙山一戰，瓦崗軍損兵折將，十幾萬被擒投降，數年經營毀於一旦，李密揮劍自殺，被忠心的王伯當攔下，決定投奔同為李姓的李淵父子。李淵只打算利用李密的聲望招集舊部，討伐王世充，態度頗為冷淡。李密無法忍受，帶著王伯當，率軍奪取桃林縣城（今河南靈寶），準備等舊部張善相率軍接應，卻遭唐將盛彥師設伏，李密與王伯當一同戰死在陝州（今河南三門峽西）。

後來李密舊部徐世勣請求李淵將李密屍身收葬於黎陽山南五里，墳高七仞。李密生前甚得士心，許多祭墳者都痛哭而嘔血。隨著李密死訊，瓦崗大軍徹底煙消雲散。

彩繪白顯景造像 隋

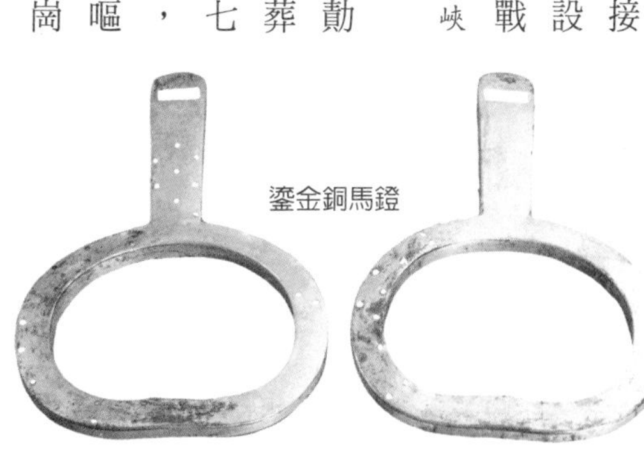

鎏金銅馬鐙

隋代馬具

鎏金銅馬飾

馬銜

煬帝之死

●時間：西元六一八年
●人物：隋煬帝

隋文帝楊堅統一南北朝，人們期待著又一個強盛的帝國出現，結果隋朝卻像秦朝一樣僅兩代而亡。雖然楊廣的孫子楊侑即位稱隋恭帝，以及越王楊侗自立為帝，使隋朝名義上延續了兩年，但史學家普遍認為楊廣的死標誌著隋朝的覆滅。

大業十四年（六一八年）三月，禁軍軍官推舉宇文述長子宇文化及為首領，發動兵變，勒死隋煬帝楊廣。楊廣曾將陳後主謚號（古人死後按其生前事蹟評定褒貶的稱號）定為「煬」（一種惡謚，形容悖亂禮數，逆天無道），十四年後自己也被追謚為煬帝。

⊙好大喜功

楊廣好大喜功為後世公認，開鑿大運河，巡倖江都，向外國使節誇耀帝國的遼闊富足，都是人們耳熟能詳的事例。這些行為表面上為隋帝國帶來了無盡的榮耀，卻也從根基上逐步動搖了隋王朝的統治。楊廣高坐宮中，出遊時千里龍舟，一片奢靡之風。他不願正視國庫空虛，兵無糧餉，民間物價飛漲，百姓流離失所，一片民不聊生的淒慘場景，依舊沉醉在強盛帝國的幻影之中，無法清醒。

⊙大好頭顱

大業十二年（六一六年）七月，隋煬帝從洛陽乘龍舟，第三次巡遊江都，臨行作詩留別宮人：「我夢江都好，征遼亦偶然。」

巡遊江都的隋煬帝每日飲酒作樂，一日在蕭皇后面前突然凝視著鏡子說道：「這麼好的頭顱，誰能斬了它？」

此時的楊廣已經隱隱預見到自己的前途。大業十三年（六一七年），瓦崗軍向洛陽進軍。身在江都的楊廣不敢再回洛陽，打算定都丹陽（今江蘇南京）。

⊙江都喋血

定都丹陽的消息很快傳開，禁軍多是關中人，思念故土，私下醞釀叛

仙山並照四神鏡　隋

此銅鏡圓鈕，伏獸紋鈕座。鈕座外雙線方格，方格四角與V形紋相對，劃分四個紋飾區，V形紋內各置一獸面。紋飾區內分別配置四靈。中區有銘文「仙山並照，智水齊名……」三十二字。外區環繞十二生肖。鏡緣為幾何形雲紋。

逃。禁軍首領司馬德戡聯絡眾人擁立大臣宇文化及為首領，密謀造反。

三月三十日夜裡，數萬叛軍攻入玄武門，直逼宮殿，將領裴虔通領兵追出西閣，擒獲了如喪家犬般易服而逃的隋煬帝。

天明後，眾人在城門迎接宇文化及，奉為丞相，並逼迫楊廣外出勞軍。宇文化及見到楊廣後，皺著眉頭問：「何需將此物弄出來？殺了算了。」裴虔通與司馬德戡聽後，將楊廣帶進寢殿，用絲巾縊死。

宇文化及隨後下令殺盡江都的隋朝皇室成員，歷史於是轉回隋文帝殘殺北周皇室的時代，一個王朝再次伴隨著血雨腥風走向了滅亡。

佛說法圖　隋
莫高窟第三九〇窟壁畫

青瓷印花瓷罐
青瓷是隋代瓷器生產的主要產品，隋代青瓷基本上繼承了南北朝時期的造型，常見器物為碗、盤、杯、罐、壇、燈等日常生活用具。

隋唐壁畫藝術

壁畫在隋唐時仍是繪畫的主要形式，題材內容從圖繪人物及佛道故事，擴大到山水花竹、鳥獸等，宮殿、衙署、廳堂、寺觀都用壁畫裝飾，發展到相當興盛的地步。

隋代壁畫中的佛像人物體態勻稱，神情刻畫生動。以佛為主體的說法圖數量開始增多，內容結構也逐漸豐富。在題材上出現了彌勒經變、藥師經變、維摩詰經變、法華經變等經變畫。壁畫風格由雄渾質樸轉向精密豔麗。

敦煌莫高窟在唐代處於鼎盛時期。敦煌現存唐窟兩百多個，幾乎占莫高窟總窟數之半，且大都規模宏偉，內容豐富，形象生動，結構謹嚴，色彩絢爛，具有極高的藝術水準，描繪西方極樂世界的西方淨土變相。宏偉富麗的大幅經變畫代表了唐代宗教壁畫的新面貌。

△如意輪觀音胸像　唐

△夜半踰城　唐

敦煌第三九七窟西壁龕，表現釋迦牟尼半夜離家，天神捧其馬足飛越城牆，使之得以進山修道，最後成佛。

▽伎樂天　唐

敦煌第三九〇窟南壁上層壁畫。此圖的伎天，有彈琵琶、擊鼓、吹笛、持供品等形象。在素淨的白底色上，色彩濃重的飛天和旋動的天花非常醒目，極富動感。

△普賢菩薩像　唐

△菩薩像　唐

◁敦煌壁畫　隋

隋唐石窟壁畫和墓室壁畫為我們留下了極為豐富和寶貴的繪畫實物資料，從中亦可以看出那個時代的著名畫家對當時畫坊畫風的影響。

北京大學歷史系■王小甫教授

西元六一八～九〇七年

武德元年（六一八年），李淵受禪代隋稱帝，定都長安，建立唐朝。

貞觀元年（六二七年），分天下為十道，曰：關內、河南、河東、河北、山南、隴右、淮南、江南、劍南、嶺南。至十三年（六三九年）定簿，凡州府三百五十八，縣一千五百五十一。翌年，平高昌（今新疆吐魯番），又增二州六縣。盛唐開元、天寶之際，州縣數殆同貞觀，然羈縻州郡，不在此數。

開元二十一年（七三三年），又因十道分山南、江南為東、西道，增置黔中道及京畿、都畿，為十五道採訪使。復於邊地置十道節度使、經略使：安西、北庭、河西、朔方、河東、范陽、平盧、隴右、劍南、嶺南五府。其盛時疆域東至安東府（今治朝鮮平壤），西至安西府（今治新疆庫車），南至日南郡（今治越南清化），北至安北府（今治蒙古哈拉和林）。

安史亂後，河西、隴右陷於吐蕃，至大中（八四七～八六〇年）、咸通（八六〇～八七四年）始復。乾符（八七四～八七九年）以後，天下大亂，至為衰敗。

天祐元年（九〇四年），朱全忠遷唐都於洛陽。至四年（九〇七年），哀帝李柷遜位於梁，唐傳二十帝，歷二百九十年（其間有武則天革唐爲周十六年）而亡。

唐朝是中國歷史上的重要朝代。唐代中國在政治、經濟、軍事、文化、中外關係等各個方面都有輝煌的成就。唐朝在中國歷史上的特殊重要地位可以從以下幾個方面來認識：

首先，中國歷史自戰國時代以來，社會經

捧真身銀菩薩　唐

濟、政治、文化等等在發展過程中出現過三次高潮，即三次鼎盛局面：第一次在西漢，第二次在唐代，第三次在明清。

在第二次高潮中，尤其是唐朝前期，農業生產蒸蒸日上，手工藝品日益精巧，商品經濟空前繁榮，城市生活繁華似錦。唐朝後期，江南經濟進一步發展，奠定了以後南方經濟水準超越北方的基礎。政治上先後出現了「貞觀之治」和「開元之治」，國家統一，社會安定，呈現一派昇平景象，其成就超過西漢「文景之治」。唐玄宗統治時期，鼎盛局面達到了高峰，甚至在文壇上也出現了「盛唐氣象」。

就當時的世界來看，唐帝國也是最重要、最強盛的國家之一。歐洲的封建強國主要有法蘭克王國和拜占庭帝國，但就社會發展階段而言，他們都遠遠落後於唐朝。東方重要的國家有印度和日本。印度戒日王重新統一次大陸前後剛剛確立了封建制，可是死後次大陸隨即分崩離析，割據局面一直持續到十二世紀末。日本的「大化革新」雖然盡量模仿唐朝的制度，但改革本身卻是具有由奴隸制向封建制過渡的性質。所以，唐朝不但能夠自立於世界民族之林，而且屬於最先進的行列。

其次，唐代在中國多民族國家的發展壯大中也居有重要的歷史地位。中國社會經過魏晉南北朝的民族融合和文化整合，到隋朝重新實現了政治統一。但隋朝畢竟祚短，中華民族新的統一體的鞏固和發展，中國新文化的形成和繁盛，就成了李唐王朝的歷史任務。有唐歷時三百年，前期統一，國力強盛，疆域遼闊。高度的物質文明和高水準的文化使周邊各族增強了向心力，於是國內各民族間的接觸和交往空前發展，民族關係進一步密切。因此，唐代是繼漢代之後，中國統一的國家壯大、發展的又一重要歷史階段。

復次，唐帝國崇高的國際地位和輝煌的經濟文化成就，使亞洲各國乃至歐洲、非洲國家對之產生了由衷的欣羡之情，他們爭相與唐朝交往，遂使中國成為亞洲諸國經濟文化交流的橋樑和中心，在東西方交往中發揮了顯著重要的作用。在當時的世界中，文化交流中心主要有印度、阿拉伯和唐朝中國，其中又以唐朝地位最為突出。唐代是繼漢代之後，中國歷史上中外經濟文化交流的又一高峰期，具有特別重要的地位。

再次，唐朝正處於中國古代社會由前期向後期發生轉折的關鍵時期，從這個意義上說，唐朝也具有重要的歷史地位。當時社會變化的中心是：魏晉南北朝以來的民族文化環境，給傳統的中國社會造成了極大衝擊，產生了許多新的因素，世家大族衰頽沒落，一般地主的經濟基礎和政治勢力空前發展。與此相應是各項制度不斷的、全面的變革更新。

唐朝後期出現的很多萌芽狀態的新事物，對此後千餘年的歷史發展產生了深遠的影響。從租庸調到兩稅法的變化，不僅是唐代賦稅制度上的改革，而且是中國古代稅制由稅丁到稅產的濫觴。宋代的「二稅」、明代的「一條鞭法」、清代的「攤丁入畝」，都是唐代兩稅制的繼續和發展。

中唐時期韓愈和李翺的哲學思想為宋明理學開了先河。韓愈、柳宗元所倡導的「古文運動」奠定了宋代「古文運動」第二次高潮的基礎，寫古文之風一直持續到「五四」白話文運動的前夕。

由此可見，從唐中葉開始到北宋建立，兩百年間醞釀了中國古代社會的重大變化，許多新事物都萌發產生於唐代。在這個歷史轉折階段，既有舊時代衰亡中的痛苦，也有新時代來臨的曙光。

總之，唐朝經濟發達、文化繁榮、國力強盛，國際地位超邁往古，是中國歷史上繼漢代出現的又一鼎盛局面，史稱「強漢盛唐」，唐朝後期的發展又為中國古代社會的巨大變革開了先河。唐代確實是中華民族歷史上一個光輝燦爛的偉大時代！

晉陽起兵

●時間：西元六一七年
●人物：李淵　李世民

在《新唐書》中記載了一個奇特的故事，李世民與晉陽宮副宮監裴寂合謀，讓裴寂把李世民的父親李淵灌醉，然後挑選了幾名宮女「服侍」李淵。私通行宮宮女乃是死罪一條，李世民就用這條計策把父親逼上了造反的道路。

「醉臥晉陽宮」的故事並沒有在《舊唐書》中出現，而《新唐書》是宋人所撰，距離唐代年深日久，很多史料來源值得懷疑。歷史上的李淵雄才大略，計謀深沉，不會因為小小的詭計就被迫舉起反隋大旗，他的造反念頭恐怕由來已久。

⊙可得死否?

北周建國之初，有八名將軍封為「柱國」（高級武勳），以後這八個家族就合稱為「八柱國家」。八柱國之一的李虎死後追封為「唐公」。

李虎生子李昺，李昺娶妻獨孤氏，生下李淵。這位獨孤氏，是隋文帝獨孤皇后的妹妹，論親戚關係，李淵是文帝楊堅的外甥，煬帝楊廣的表哥，因此李淵襲爵唐公，備受信任。大業九年（六一三年）六月，楊玄感舉兵反隋，楊廣派李淵前往討伐，詔命關隴兵馬受李淵統率，李淵的勢力於是逐漸壯大。

楊廣猜忌心很重，臣子權力過大，他總會藉故誅殺，連親戚也不例外。楊廣一度對李淵也起了殺心，召李淵入朝覲見，李淵遲到，楊廣問李淵的外甥說：「你舅舅怎麼回事？」此人回答說：「很抱歉，我舅舅生病了。」楊廣冷笑反問：「病了？會病死嗎（可得死否）？」

木牛車

這件唐代木牛車屬隨葬品，為縮小的車模，造型寫實，木牛略顯幼稚、笨拙，但不乏憨態可掬之狀。比例結構較為準確，木質肌理非刻意雕製，棚骨用竹片彎製而成，簡潔清晰。

李淵聽聞此事，大為驚恐，故意終日沉溺於酒色之中，以示無絲毫政治野心。楊廣未必受到蒙蔽，不過最終沒有除掉李淵，只是把他調離京城，隨時監視。大業十三年（六一七年）初，李淵調任太原留守。

⊙醉臥晉陽宮

太原古稱晉陽，城內有皇帝行宮，稱為「晉陽宮」。李淵的兩名副留守：虎賁郎將王威、虎牙郎將高君雅，就是楊廣安插在李淵身邊的耳目。

《新唐書・裴寂傳》中講述「醉臥晉陽宮」的故事，又是另外一種因由。據說李淵和當時的晉陽宮監裴寂很談得來，經常在晉陽宮中飲酒醉臥，裴寂為了討好李淵，不時挑選宮女前去侍寢。李淵對此並不在意，天高皇帝遠，這種小事雖然有違國法，卻很容易遮掩過去。

後來裴寂主動對李淵提出：「這麼做是死罪，與其事發被殺，不如造反吧！」其實是李世民賄賂裴寂，讓他向父親進言，並且和盤托出李世民的造反計畫。

此時天下紛亂，豪傑並起，附近反叛勢力此起彼伏，而突厥兵又頻繁侵擾太原地區，李淵討伐不力，楊廣想召回江都治罪。李淵思前想後，無路可走，只好認可了朋友和兒子的合謀。

開元通寶

據《舊唐書》記載，開元錢文是由書法家歐陽詢書寫的。唐武德四年（六二一年）廢隋五銖錢，鑄開元錢。開元通寶是唐代流行時間最長、最重要的貨幣，在中國貨幣史上也有特殊的重要性。唐以前的貨幣多以重量為名稱，從唐代起改稱「寶」、「通寶」、「開寶」，並冠以當時帝王的年號。「開元通寶」的「開元」當然不是年號，而是開創新紀元的意思，「通寶」是通行寶貨的意思。

⊙太原起兵

其實李淵早有反心，不過老謀深算，要等待時機成熟，不像李世民那樣急躁。正好劉武周造反，攻擊汾陽宮，李淵召集部下眾將商議說：「我當太原留守，汾陽宮也在我的管轄範圍內，現在遭到賊人攻擊，我不能將賊人擊退的話，一定是死罪。然而大規模出兵需要事先稟報皇帝，現在皇帝遠在江都，一來一去恐怕緩不濟急，怎麼辦？」眾將都說：「為了國家的利益，您可以自主決定，不必先請示彙報。」李淵於是招募兵卒，很快就聚攏了萬餘人。

王威和高君雅看到李淵的舉動，猜到了他的意圖，就建議李淵到晉祠祈雨，想趁機設下伏兵，擒拿李淵。早就關注著兩人動向的李淵，慫恿開陽府司馬劉政誣告王威和高君雅謀反，搶先把兩人捉住。

不久，突厥兵再度前來侵擾，李淵就在軍中宣布說：「有人告發王、高暗通突厥，看來真是事實。」於是殺了兩人，於當年（六一七年）六月祭旗起兵。

李淵隨後派劉文靜前往突厥和談，以稱臣的條件保障北方後路，暗通突厥的其實正是李淵自己。

洛陽之戰

●時間：西元六二一年
●人物：李世民　王世充　竇建德

李世民之所以能夠在洛陽之戰中擊敗雄據一方的王世充、竇建德，不僅得益於自身卓越的指揮才能，也與他堅韌不拔的性格分不開。相形之下，王、竇二人在各方面都與李世民相去甚遠，失敗當是情理之中的事情。

以李密為首的瓦崗軍瓦解後，李唐王朝的主要對手換成了割據河南的王世充及河北一線的竇建德。李淵採取遠交近攻、各個擊破的戰略方針，武德三年（六二〇年），清除了來自并州劉武周的威脅之後，一面通過外交手段穩定與竇建德的關係，一面即令獲勝還朝的秦王李世民率軍東進，討伐洛陽城中的鄭帝王世充。

三彩絞胎騎射俑　唐

此俑人物橫跨馬上，身體右傾，頭頸扭動，目光凝視上方，左臂伸向空中，右臂回勾作射箭狀，手中弓箭已失。腰間佩劍，胯下馬匹神態安詳，駐足直立。作品當中反映出唐代胡服騎射風尚。

⊙圍困洛陽

王世充得知唐軍來攻，急忙從各州縣調集驍勇之士分守堅城，並著手加強洛陽、虎牢、懷州等地的軍事防禦，王世充率領馬步軍三萬餘人準備迎擊李世民。李世民得知後，派遣陝州道行軍總管羅士信分兵直取洛陽城西的慈澗，自己則繼續率領主力向洛陽進發。王世充在慈澗遭受重創，又唯恐後院有失，不得不放棄阻擊，退守洛陽。

鑑於洛陽城防堅固，王世充又有重兵守備，李世民決定先清除外圍，然後攻城。李世民命行軍總管史萬寶等人四下進擊，歷經七個月外圍攻堅，先後占據龍門、回洛、洛口等軍事重地，截斷了虎牢至洛陽的糧食補給通道，擊退來自汴州方向的援軍，切斷了洛陽城與外界的聯絡。又在邙山、谷水的激戰中大敗王世充部，使顯州、尉州、管州等十餘州縣降伏唐軍，最終乘勢進擊，包圍洛陽。李淵在抵禦住來自北方突厥處羅可汗部對并州、原州等地進攻的同時，利用黃河、渭水轉運作戰物資，確保對前線李世民作戰的後勤供給，進一步爭取有利的條件。

此時李世民力排眾議，打消了將

領因為久攻不克意欲撤軍的念頭，並說服李淵，進一步鞏固對洛陽城的合圍之勢，迫使王世充陷入了糧草不繼的窘境之中。

⊙悍據虎牢

困守孤城的王世充日漸勢微，只好向原本交惡的夏王竇建德請求援助。竇建德麾下中書舍人劉斌以「唇亡齒寒」建議發兵。次年三月，竇建德兼併山東民軍孟海公部後，親率十萬精兵向西馳援王世充。

夏軍來勢洶洶，一路連下管州、滎陽、陽翟等地，迅速逼近虎牢以東的東原一帶。此時，處羅可汗再度南下進犯并州、石州，李唐王朝情勢萬分危急。李世民在青城宮召開軍事會議，採納宋州刺史郭孝恪、記室薛收之策，將主力一分為二，由齊王李元吉、將軍屈突通繼續圍困洛陽，自己則以步騎驍勇三千餘人為前鋒，搶占虎牢要地，與竇建德形成對峙局面。

竇建德初時雖連戰告捷，與李世民接觸後卻屢屢受挫，運糧隊又為唐軍將領王君廓率輕騎截擊，人心思歸，士氣開始低落。部下凌敬勸諫竇建德率主力渡過黃河，攻取懷州、河陽，再翻越太行山，入上黨，攻占汾陽、太原，向蒲津進軍，以迫使唐軍回救關中。但夏軍將領大多接受了王世充使者的賄賂，力主直接救援洛陽，凌敬的建議未能被竇建德採納。

武德四年（六二一年）五月初一，李世民率部渡過黃河，以戰馬千匹在河中沙洲放牧，誘使夏軍出擊。次日，夏軍傾巢而出，於汜水東岸結營二十餘里擂鼓挑戰，李世民也在西岸列陣相峙。經過認真觀察與分析情勢之後，李世民認為夏軍未經大戰，現在度險而進，有輕視唐軍之意，一戰可破。遂決意按兵不動，待夏軍

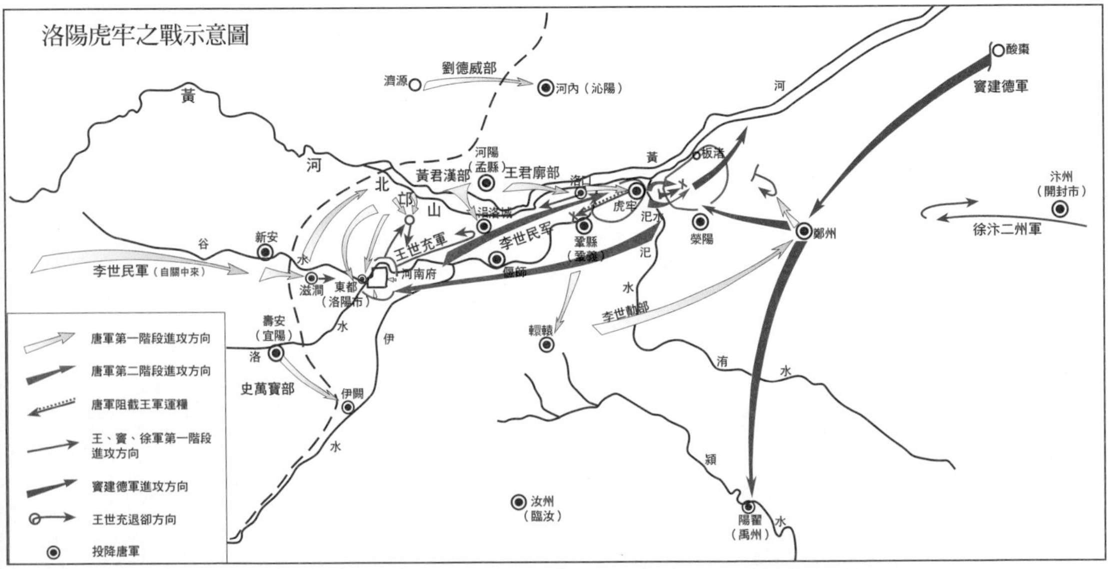

洛陽虎牢之戰示意圖

疲憊再行進擊。

次日午時，竇建德部下士卒飢渴難忍，紛紛坐臥在地，又爭搶飲水，場面一片混亂。唐軍大將宇文士及率三百精騎渡河試探，夏軍陣形立即呈現動搖之勢。李世民當機立斷，下令出擊，並親率輕騎衝鋒，爾後主力繼進。竇建德君臣正於帳中議事，倉促間未及列陣抵抗，不得已向東撤退，唐軍竇抗部緊追不捨。

激戰中李世民又令驍將秦叔寶、程知節、宇文歆等部迂迴至夏軍後路，分割敵人的同時展開秦王大旗，夏軍見狀驚惶潰逃，為唐軍追擊三十餘里，斬首三千餘人，俘獲數萬。竇建德本人也身受重傷，為唐車騎將軍白士讓、楊武威俘獲，士卒大半潰散，僅竇建德之妻率數百騎逃脫。

⊙克定中原

大捷之後，李世民回師洛陽，將在夏軍營中俘虜的王世充使者王琬、長孫安世押到城下示眾，並派遣長孫安世入城向王世充描述虎牢之戰的情況。王世充聞言惶恐不安，意圖突圍以保全襄、漢之地，卻得不到早已失卻戰心的部下支持，走投無路、內外交困之下被迫帶領所部兩千餘人向李世民投降。至此，唐軍「圍城打援」的戰術取得了勝利，基本上完成了對中原地區的統一，洛陽之戰成為統一的進程中至關重要的一役。

李淵對凱旋而歸的李世民大加讚譽，加封天策上將，並領司徒、陝東道大行臺尚書令，爵位在王公之上。李世民從勸父起兵到克定中原，在李唐王朝興起過程中有著不可替代的作用，聲望早已蓋過了當時的太子李建成，也為後來的兄弟奪嫡隱下了伏筆。

舞馬銜杯　唐

一九七〇年陝西西安何家村出土。此馬的舞姿正與唐人張說〈舞馬千秋萬歲樂府詞〉中所詠「更有銜杯終宴曲，垂頭掉尾醉如泥」的詩句相印證，充分發揮了豐富的想像力，富麗華美，實屬唐代金銀工藝精品。

歷史詞典

十八學士

李世民平定王世充、竇建德後，於武德四年（六二一年）十月，唐高祖任命他為天策上將，地位在諸王之上，並允許於秦王府設官屬。於是，李世民銳意經籍，在宮城之西的秦王府開設文學館，廣泛延攬天下文學之士。

房玄齡、杜如晦、虞世南、褚亮、姚思廉、李玄道、蔡允恭、薛元敬、顏相時、蘇勗、于志寧、蘇世長、薛收、李守素、陸德明、孔穎達、蓋文達、許敬宗十八人，同時以本官兼文學館學士。

文學館成立後，李世民對十八學士的待遇非常優厚，每人均享受五品膳食，並將十八學士分為三班，輪流值宿。李世民在處理軍國大事之餘，引學士入內殿，討論文籍，商量政事。李世民命著名畫家閻立本畫十八學士圖像，令著名文學家褚亮為十八畫像寫贊詞，題名為《十八學士寫真圖》。朝中士大夫皆以為榮，認為十八學士「登瀛洲」。

李世民即位後，將十八學士全部安置在朝中，一起討論天下政事，為「貞觀之治」局面的形成奠定了基礎。

猛將尉遲敬德

●時間：西元五八五～六五八年
●人物：尉遲敬德

民間傳說中的門神尉遲敬德和秦叔寶，在歷史上確有其人，都是唐太宗麾下驍勇善戰的武將。李世民慧眼識英雄，用計謀收入帳下。尉遲敬德跟隨李世民南征北戰，立下了赫赫戰功，後人敬其忠勇，把他和秦叔寶共同尊為門神。

尉遲敬德（五八五～六五八年），朔州善陽人，鮮卑族，最初在隋末的混戰中參加了劉武周的軍隊。據說，受唐太宗欣賞，幾次勸他歸降。尉遲敬德大受感動，答應只要劉武周死了，他便歸唐。李世民殺了一個面目酷似劉武周的人，將人頭送與尉遲敬德，尉遲敬德未能辨出真假，便歸降了李世民。

李世民經常做惡夢，被兩個無頭鬼驚醒，一個是隋朝名將宋老生，另一個就是充作劉武周而割了頭的人。足智多謀的徐茂公建議：「主公屈殺了長得像劉武周的人，所以他來找你。另外，據說宋老生生前很敬佩秦叔寶。派尉遲將軍和秦叔寶守在門外，這樣或許可以保護主公。」李世民依計行事，果然無頭鬼再也沒出現。後來，他們二人就成了民間傳說的「門神」，雖然地位不高，但是卻對主人忠心耿耿。

彩繪貼金天王俑

唐代陶俑，方臉，闊口，圓眼，頭戴側翻翅盔，盔頂飾尾翼上翹的孔雀。內著袍，外披鎧甲，鎧甲上貼有金箔。腰繫絲帶，足穿戰靴，雙腳蹬踏坐在地上的邪鬼。其造型生動，頗具藝術感染力。

⊙用人不疑

尉遲敬德歸順唐太宗不久，發生了降唐士兵叛逃的事件，由於尉遲敬德也是從劉武周處投降而來，李世民身邊一些人懷疑他也會叛變。他們對李世民說：「尉遲敬德歸順不久，感情不深。此人勇猛非常，說不定會做出出人意料的事情。此人不除，後患無窮，不如趁早殺了。」

李世民卻說：「我所想的不同。尉遲敬德如果想反叛，怎麼可能在這些人之後呢？自古以來，用人不疑，疑人不用。」

於是李世民把尉遲敬德叫到臥室裡，送了許多金銀珠寶，說：「大丈夫交往應該交心，不應該猜疑。我不會聽信讒言殺害忠良，你應該相信我。如果你要離我而去，我也不會攔阻，現在我送你錢財，以表示共事的情誼。」尉遲敬德當即表示絕無背叛之心。

當天正好在路上遇到王世充帶領的數萬騎兵，王世充的愛將單雄信領著人馬徑直向李世民衝來，情勢萬分危急。千鈞一髮之際，尉遲敬德躍馬大喝一聲，一槍把單雄信挑落馬下。王世充的軍隊稍一遲疑，尉遲敬德利用這段時間掩護李世民衝出重圍，然後帶領騎兵與王世充交戰，終於把敵人打敗。

⊙忠心耿耿

玄武門之變前夕，太子李建成和齊王李元吉知道尉遲敬德是重要的人物，必須極力爭取，於是祕密寫信給他說：「素仰尉遲公高望，欲與結布衣之交，共謀大事。得公之助，天下可定，則天下幸甚，小王幸甚！」並且送來大量金銀。

尉遲敬德回絕說：「尉遲敬德本來是一個粗人，隋朝滅亡，天下分崩離析，沒有地方藏身，所以參加了造反的軍隊。後來蒙秦王恩惠，收留了我，直到現在。我沒有別的辦法報答秦王，只能以身相報。我對太子殿下沒有任何功勞，不敢收取你的禮物。如果私下結交殿下，便是心懷二主，見利忘義，想必殿下也不喜歡這樣的人。」李建成聽後，勃然大怒。

後來，李世民知道了這件事情，對尉遲敬德開玩笑說：「我知道你的忠心就像山嶽一樣，難以撼動。但是他們送來的禮物如果不拿，是要被他們記恨報復。而且你知道了他們的陰謀，暗地告訴我不是更好？」

建成兄弟見不能打動尉遲敬德，又嫉恨他的勇猛，於是命人刺殺。尉

羽人瓦當　唐

此瓦當上有羽人像，頗有胡人特徵，應是唐代中外交流下的產物。

昭陵六駿・颯露紫

颯露紫係唐太宗李世民征討王世充時的坐騎。邙山一役，颯露紫身中數箭，太宗身陷敵陣，與大軍相失。隨騎猛將丘行恭護駕突陣，下馬拔箭，保太宗得入大軍。為表彰丘行恭與颯露紫的戰功，「貞觀中，有詔刻石為人馬，以象行恭拔箭之狀，立於昭陵闕前」（《舊唐書》卷五十九）。颯露紫浮雕表現的即是丘行恭為馬拔箭的情節，浮雕馬前腿挺直，肩項高聳，丘行恭沉著鎮定，雙手握箭桿，暗運氣力，人馬動作不大，處理極為含蓄。一人一馬，情節突出，構圖精練，雕刻手法寫實而細膩。

遲敬德知道後，打開家門，安然而睡，刺客多次來到門前，也不敢進去。

⊙安撫之功

玄武門之變以後，論功行賞，尉遲敬德和長孫无忌並列功勞第一。為了感謝尉遲救命之功，李世民特命將齊王府全部財產轉到尉遲名下。

建成、元吉倒臺後，部下被視為逆黨，各地郡縣為討好李世民，紛紛擒拿太子黨羽送往長安，其中乘機誣告陷害的也不在少數，一時鬧得烏煙瘴氣。秦王府的功臣紛紛請求李世民嚴厲處分這些逆黨。尉遲卻出來為太子黨求情，說大局已定，再擴大規模清算，不利於以後的安定團結。為了迅速安定局面，李世民聽取了尉遲敬德的意見，赦免太子黨羽，並從中提拔有能力的加以重用。君臣同心，玄武門之變所造成的動盪被控制在極小範圍，唐的政權轉移迅速而平穩地完成了。

⊙火爆脾氣

貞觀以後，天下基本安定，朝廷的重心從武功向文治轉移，尉遲基本上失去了用武之地。但是尉遲敬德武人性格，脾氣火爆，心性耿直，一時無法適應。

李世民登基後品評功臣，以長孫无忌、房玄齡、杜如晦、尉遲敬德四人為最上。除尉遲外，其餘三人都是幕僚文臣，並無沙場上出生入死之功，尉遲敬德作為一個單純的武將，屢立戰功，自然憤憤不平，所以在很長一段時間裡，只要尉遲發現三人有任何小過失，立刻當面指責，把當朝最有權勢的三位大臣全部得罪了。

越窯褐彩如意雲紋鏤孔熏爐

全器由蓋、爐、座三部分組成，通體施青釉，由於燒成氣氛不同，蓋與爐、座釉色不同，蓋部釉呈青黃色，屬越窯青瓷典型色調，爐及座因窯溫較低等原因，未能達到良好的燒成效果。蓋、器均繪釉上褐彩如意狀雲紋。此爐為焚香用具，蓋鈕、蓋面及器座有鏤孔，使用時，香氣從鏤孔中緩緩外洩。此爐形體碩大，造型別緻，為唐代越窯青瓷中的重要作品。

⊙太宗的勸慰

有一次，李世民在慶善宮宴請元老部下，尉遲也在被邀之列。由於是正式宴請，宴席的座次按身分高低排列，尉遲發現一個討厭的人（其人爲誰記載不詳）席位在自己之上，當場發作，質問對方：「你有甚麼功勞，竟敢位在我上！」任城王李道宗坐在尉遲敬德的下邊，趕緊過來勸解。尉遲敬德迷糊，居然給了任城王一拳，幾乎打瞎他一隻眼睛。

李道宗是李世民的堂弟，尉遲當著李世民的面打他，簡直就是蔑視皇權。李世民十分生氣，當場罷宴，拂袖而去。事後李世民教導尉遲說：「我翻讀漢代的史書，看到高祖的功臣能夠保全善終的很少，經常引以為戒。所以登基以來，總是護著你們，想保全你們這幫功臣，希望你們的子孫能夠一直享受富貴。可是看了你的作為，才發現劉邦當年殺韓信也是不得已。處理國家大事，必須要賞罰分明。非分之恩，豈能一而再，再而三？從今以後，你好好自勉，否則不要後悔。」李世民的良苦之言，讓尉遲徹底醒悟，逐漸收斂。

貞觀十七年（六四三年），尉遲敬德辭官歸老，閉門不出，盡情享樂，除參加過對高麗的征伐之外，再未上過戰場。高宗顯慶三年（六五八年），尉遲敬德壽終正寢，時年七十四歲。尉遲敬德一生忠心事主，在戰場上驍勇無敵，死後，人們尊為「門神」，是對他忠誠勇敢品格最好的紀念。

彩繪陶猴　唐

兩猴端坐於地，兩臂置於腿上，神態自然。猴原是滑稽好動的，可是牠倆卻顯得異常平靜、乖巧，彷彿在竊竊私語，看來塑造者賦予牠們人的靈性。猴在唐代動物俑中較為少見。

延伸知識

王孝通著《緝古算經》

王孝通，曾在隋朝為官，唐朝初年任曆算博士，後來升任為太史丞。大約在唐高祖武德九年（六二六年）之前，王孝通撰寫完成了一本算術著作。唐高宗顯慶元年（六五六年），國子監開設算學館，這本著作被列為教科書之一，定名為《緝古算經》。

全書一卷，包括有二十個題目，主要是有關於天文曆法的計算問題、土木工程中的體積與長度計算問題、勾股問題以及涉及三次方程及雙二次方程。在每問之後都有術文，主要是說明三次或雙二次方程各項係數的算法。在一些重要術文之後附有王孝通的自注，一般都是說明立術或建立方程的理論根據及其運算過程。

《緝古算經》中用三次方程解實際應用問題是一個輝煌的成就，這不僅是中國現存最早系統研究三次方程的著作，而且在世界數學史上也是關於三次方程數值解法及其應用系統論述的最古老的著作，比其他國家的同類工作要早六百年以上。

玄武門之變

●時間：西元六二六年
●人物：李世民　李建成　李元吉

中國歷史上為了儲位之爭，很多人不惜兄弟相殘，父子相逼，以至於皇宮之中刀光血影。一代明君唐太宗，也是通過發動宮廷政變，從而登上皇位，開創了貞觀盛世。

⊙內通寵妃

唐高祖李淵即位後，按立嫡立長原則，封長子李建成為太子，次子李世民為秦王，四子李元吉為齊王。三人當中，李世民功勞最大，聲望也很高，所以形成兩個派系，李建成和李元吉一派，李世民一派，他們和各自的謀士、親信形成共同體，互相之間明爭暗鬥。

彩繪貼金鎧甲騎馬俑　唐

李建成一面爭取李世民府中的將領，如尉遲敬德，一面和李淵的寵妃一起在高祖面前詆毀李世民。

李世民就任陝東道大行臺，有權處理境內一切事務，由於淮安王李神通有功勞，李世民就賞賜給李神通數十頃田地。後來，李淵的寵妃張婕妤請求給她的父親一些土地，李淵親手寫了一道詔書，滿足張婕妤的要求，但是這些土地已經封給了李神通。

張婕妤哭哭啼啼在李淵面前告狀說：「陛下賜給臣妾父親的土地，秦王竟然強行搶奪，給了李神通。」李淵大怒，指著李世民罵道：「下面的人都不執行我的命令，專門聽你的話了，你眼裡還有我這個父皇嗎？」說得李世民百口莫辯。

⊙嚴重衝突

但是這樣的小衝突不能從根本上動搖李世民的勢力，太子黨又瞄準了李世民的謀士杜如晦。

某天，杜如晦經過德妃父親家門前，這個人是李建成的死黨，向來橫行霸道，遠遠見著杜如晦騎馬過來，就讓下人在門前等著，等杜如晦經過時將他拉下馬，一頓暴打，並且罵道：「你是甚麼身分，經過我家門前，竟敢不下馬。」然後，德妃惡人先告狀，對李淵說，秦王的人凶殘暴烈，無故把她的父親打了一頓。

高祖一聽，立時火冒三丈，找來李世民，劈頭就罵：「你這個畜生，朕妃子的家人你也敢欺負，更何況平民百姓了！」李世民沒來得及說話，旁邊的眾多嬪妃就七嘴八舌說：「如果皇上歸天，秦王得勢，我們還有甚麼活路？」「太子仁慈，不像秦王無情無義。」

太子黨與秦王府的衝突日益激烈，雙方都在等待時機，這時突厥犯邊，高祖命令李建成等領兵退敵。李元吉建議，趁機把秦王府的人一網打盡。

武德九年（六二六年）六月三日晚，李世民進宮面見李淵，把建成、元吉陷害、詆毀的事一一向李淵辯白。最後李世民聲淚俱下：「孩兒對於兄弟之情可謂仁至義盡，如今他們要殺我，我到了地下也無顏見那些死在我手下的敵人。」

李淵驚愕萬分，如夢初醒，說道：「明天讓他們進宮，我一定要當面問清楚。」李淵的命令一發出，乾坤就已經定下來了。

舞伎圖

此圖出土於唐代張禮臣墓，為隨葬六扇《舞樂圖屏》之一。舞伎面龐豐腴，身材頎長，細腰，體現出唐代仕女的審美風尚。設色鮮麗濃豔，面部運用細膩的暈染技法，表現出嬌嫩的膚色，反映出初唐仕女畫細密絢麗的風格特點。

⊙玄武門的殺戮

第二天早上，李建成和李元吉奉命進宮面見李淵，兩人走到玄武門的時候，發覺氣氛異常，心裡疑惑，便撥轉馬頭準備回去。李世民從玄武門裡騎馬出來，高喊說：「殿下，別走！」建成等停住馬，回頭看去。早已埋伏的長孫无忌和尉遲敬德等人率領精兵衝殺出來，把太子等人團團圍住，輕易就殺死了建成和元吉二人，這就是歷史上著名的玄武門之變。

建成和元吉已死，李世民命尉遲敬德向李淵解釋。李淵和一班老臣還在宮裡等著三個兒子，聽到外面喧鬧，正要查看。

全副武裝的尉遲敬德帶人闖入，李淵大驚失色，喝問尉遲敬德。尉遲敬德回答說：「太子和齊王作亂，已經被秦王殺了。秦王怕有人謀害陛下，派臣前來護駕。」

李淵愕然，一直擔心的事情終於發生了。宰相蕭瑀立即勸說：「建成、元吉本來沒有功勞，兩人妒忌秦王，施用奸計，現在秦王把他們消滅，這是好事。」

李淵權衡利弊，明白大勢已去，尉遲敬德要求下旨命令太子、齊王部下停止反抗時，李淵立刻服從，下手令說建成、元吉作亂，諸軍歸李世民節制。至此，李世民獲得全面勝利。

不久，李淵讓位於李世民，歷史進入貞觀年間。前朝楊廣殺兄弒父，篡位登基，李世民和楊廣走了相似的路，卻開闢了完全不一樣的歷史局面。

房謀杜斷

●時間：西元五七九～六四八年
●人物：房玄齡　杜如晦

後人談論到唐代的名相時，都以「前有房杜，後有姚宋」加以評述。姚崇、宋璟是唐玄宗開創「開元盛世」的功臣，以此反論，房杜二人在貞觀一朝的地位也可見一斑。

房玄齡與杜如晦並稱「初唐名相」，是唐太宗創業時期的主要大臣。李建成在爭奪皇位的過程中，也多次提及「秦王府中所可憚者，唯杜如晦與房玄齡耳」。房、杜二人深得李世民信任，多方籌謀，作為日後的「貞觀之治」不可或缺的人物。

⊙國家名器

房玄齡（五七九～六四八年），名喬，字玄齡，後人多以字稱呼，齊州臨淄（今屬山東）人。房玄齡為人機敏，博覽經史，工書善文，有「國器」的美譽。

曾經對父親說：「（隋文帝）沒有功德，僅僅依靠著北周王室姻親的關係得以篡奪皇位，又不擅於為後代子孫計畫，滅亡是早晚的事情。」充分顯示了他的遠見卓識。

李世民以敦煌公的身分駐紮渭北，房玄齡便投奔麾下。李世民與房玄齡一見如故，立刻任命為渭北道行軍記室參軍，多隨征戰，「軍符府檄，或駐馬即辦，文約理盡，初不著稿」。李世民評論房玄齡心思細密、籌劃有方，雖「千里外猶對面語」。

⊙王佐之才

杜如晦（五八五～六三〇年），字克明，京兆杜陵（今陝西西安市西南）人。史書記載：「少年英爽，尤喜讀書，常以風流自命，而內負大節。」

隋煬帝大業末年，杜如晦被李世民召入幕府，任兵曹參軍一職。杜如晦一度因為人事調動外派地方，房玄齡對李世民說：「如晦聰慧過人，且有膽識，有王佐之才，您若想成就大業，必然需要他的輔佐。其他人調走都不足惜，只有如晦是不能捨去的。」力諫李世民將杜如晦留在身邊。

此後杜如晦「常參帷幄機祕」，遇事善斷，處理公務迅速準確，以幹

六曲熊紋銀盤　唐

盤高一公分，口徑三．四公分，一九七〇年西安市南郊何家村窖藏出土，熊作張口待食或嚎叫狀。熊本為笨拙而凶猛的動物，但經匠師的精心設計，卻顯得溫順可愛。

練著稱。武德四年（六二一年），李世民設立文學館，置十八學士，杜如晦就是其中之一。

⊙玄武之變

奪嫡之爭中，太子李建成為了削弱李世民的力量，向高祖李淵造謠說房、杜二人有不利國家的舉動。信以為真的李淵下令將二人逐出秦王府，並且不得私自與李世民見面。深感形勢迫切的李世民決心除掉太子一黨，便派大將尉遲敬德將他們召回府中共商大事。

經過詳細商討和周密安排，李世民於武德九年（六二六年）六月四日發動了「玄武門之變」，殺死太子李建成及齊王李元吉。李淵立李世民為太子，房玄齡、杜如晦分別任中書令和太子左庶子。

三層五足銀熏爐　唐

⊙吾之蕭何

房玄齡與杜如晦追隨李世民多年，功勳卓著，李世民登基後，立刻授房玄齡尚書左僕射，封邗國公，杜如晦尚書右僕射，封蔡國公，由二人共秉朝政。

淮安王李神通自詡為太原起兵的首義之臣，又是皇室宗族，反而位不及房、杜這樣的「刀筆吏」，在李世民面前多有怨言。李世民告訴他：「玄齡等人對我好比漢高祖身邊的蕭何，有『決勝帷幄、定社稷之功』，名爵當然要在眾人之上。」李神通聞言羞慚不已。

當時天下初定，百廢待興，每當朝廷為了國家章程、政策實施的問題爭論不休時，房玄齡就會對李世民說：「這件事情非如晦不能決斷。」等杜如晦一到，就立即建議李世民採用房玄齡的辦法，所以《新唐書》上說：「如晦長於斷，而玄齡善謀，兩人深相知，故能同心謀濟。」當時人論及良相，必然首推房、杜二人。

⊙名相終焉

貞觀四年（六三〇年）初，杜如晦病重，太宗曾親去其家探望。三月，杜如晦去世，時年四十六歲，太宗為他廢朝三日，以示哀悼，並令人為其作碑。

房玄齡則以七十歲的高齡，於貞觀二十二年（六四八年）去世，死後追贈太尉、并州都督，謚文昭，陪葬昭陵。唐高宗即位後，又詔令配享太宗廟廷。

王子喬吹笙引鳳鏡　唐

天可汗

●時間：西元六三〇～六四九年
●人物：李世民

唐太宗李世民的少數民族政策的成功，在於他能夠將各部族人民放在與漢人同等的地位上對待，並不因語言或者習俗上的差異而厚此薄彼。有容乃大的李唐王朝在這一精神的指引下，迅速邁上了強盛的道路。

唐王朝建立初期，來自北方游牧民族突厥汗國的威脅，隨時可能將戰亂之後難得的平和與安逸打斷。如何處理晉末五胡亂華以來形成的各民族之間的衝突，也是太宗君臣必須解決的一道難題。

⊙東突厥的敗亡

貞觀元年（六二七年），唐太宗登基未穩，東突厥汗國的頡利可汗親率十萬大軍南下，直逼渭水河畔，駐紮於便橋之北，意圖奪取李唐王朝的政治中心長安。唐太宗聞訊，召集留守的禁軍，出城在渭水相拒。唐太宗身先士卒，帶領大臣高士廉、房玄齡等六騎，直抵陣前，以示必戰的決心。

正在營中謀劃的頡利可汗聽說唐朝天子親自前來，也上馬出營來到河邊。唐太宗隔著河水指責頡利可汗違背了雙方立下的盟約，是為不義之舉。

而後唐軍主力陸續抵達渭水，軍容整肅，旌旗蔽野，頡利可汗見狀面有懼色。唐太宗讓軍隊退後結陣，並邀頡利可汗單獨談話。雙方在便橋之上宰殺白馬，歃血為盟。唐太宗答應贈給頡利可汗金帛，而頡利可汗也再度立誓不進犯中原。隨後，雙方各自退兵，一場危機就此瓦解。

「白馬之盟」為唐朝贏得了休養生息的寶貴時間。唐太宗在致力於鞏固政權、恢復生產的同時，採取靈活的外交手段對突厥各部加以分化和拉攏。突厥地區因連年霜雪天災，牲畜大量死亡，頡利可汗卻對屬下各部橫徵暴斂，一時間眾叛親離，國力衰微。得知情況，朝廷上下都認為征伐突厥的時機已經成熟。

貞觀三年（六二九年）冬，太宗調集兵部尚書李靖、并州都督李勣、華州刺史柴紹等人，以十餘萬的兵力，由李靖統一指揮，分道舉兵北上。

第二年正月，李靖率驍騎三千自馬邑（今山西朔縣東北）出發，夜襲定襄，大破突厥。得知唐軍遠來的頡利可汗大驚失色，對部下說：「唐軍如

資治通鑑 卷一百九十一

……吾接位日淺，國家未安，百姓未富且當靜以撫之。一與虜戰，所損甚多，虜結怨既深，懼而脩備，則吾未可以得志矣。故卷甲韜戈，啗以金帛，彼既得所欲，理當自退，志意驕惰，不復設備，然後養威伺釁，一舉可滅也。將欲取之，必固與之，此之謂矣。

《資治通鑑》中有關唐太宗對突厥戰略的記載

果不是傾國而來，李靖又怎麼敢孤軍深入呢？」慌忙將牙帳北遷。

李靖乘勝追擊，連戰連捷，最終於陰山一役粉碎了頡利可汗的抵抗，將唐朝的疆域拓展到陰山以北的大漠，徹底解除了北方邊境最大的安全憂患。

歷史詞典 安西都護府

因西域高昌王麴文泰壟斷東西交通的商道，阻斷唐朝與西域諸國的往來，貞觀十三年（六三九年）十二月，唐太宗派遣侯君集等人率兵討伐。高昌王麴文泰聞唐兵臨磧口，憂懼而死，兒子麴智盛被擁立為王。

貞觀十四年（六四〇年）八月，唐大軍直抵高昌都城交河城下（今新疆吐魯番西北），圍城猛攻，麴智盛出降。唐軍連攻下二十二城，收降眾八千多戶，共一萬七千多人。唐攻取高昌後，以其故地為西州。西突厥派駐在可汗浮圖城的軍隊也投降唐朝，唐政府在可汗浮圖城（今新疆吉木薩爾北）設置庭州。

貞觀十四年（六四〇年）九月，唐太宗置安西都護府於交河城（今新疆吐魯番西交河古城址），管理西域地區軍政事務。安西都護府是唐朝在西域地區設置的最高權力機關。

⊙夷狄之臣

大敗頡利可汗後，安置投降和俘虜的突厥部族，一時間朝堂之上爭論不休。大臣魏徵以為，突厥既然是戎狄之人，「非我族類，其心必異」，如果盡數接納，必然會釀成大禍，不如全部驅逐出境以絕後患。這個提議得到了大多數朝臣的認同。

但御史大夫溫彥博勸諫唐太宗說：「真正的王道是應該對天下之人一視同仁，一如孔子所說的『有教無類』。何況突厥人在國破之時前來投奔，更應該挽救其於危難之中，『授以生業，教之禮義』，這樣他們自然也會成為大唐的子民，又怎麼會有後患呢？」

唐太宗聽從了溫彥博，將這些突

昭陵六駿 白蹄烏

昭陵六駿 什伐赤

昭陵是唐太宗李世民的陵墓，從貞觀十年（六三六年）開始修建，至二十三年（六四九年）建成，前後歷時十年。昭陵六駿是李世民在征戰中騎乘的六匹駿馬的塑像，什伐赤是六駿中一匹赤色的駿馬，「什伐赤」這個名字來自於突厥官名「設發」。

厥部族遷到河南朔方一帶，並且保全原有的部落及風俗習慣，仍由酋長治理突厥子民。內遷的突厥各部紛紛得到安撫，一些突厥人更住進了長安城中，京城裡蕃漢雜居，彼此之間和睦相處、其樂融融。

至於仍舊居住在突厥故地的部落，唐太宗也採取了類似的措施，不但保留酋長，並且免除向中央政府交納賦稅的義務，只在州府之上設立都護府，委派官員代表中央行使職權，處理邊防及民族事務。這一政策後來也被沿用到其他少數民族的聚集地，確實穩定了國家邊境，促進了民族融合。據史料記載，貞觀三年（六二九年）從塞外返回中原的漢族人民及內遷的少數民族，達到了百萬之巨。

同時，唐太宗大量起用突厥和各少數民族的貴族為官。朝中五品以上的突厥武官便有一百餘人，幾乎占到總數的一半。他們享有與漢人官員和將領相同的待遇，只要政績良好、立下戰功，也會得到應有的封賞，並不因為出身而有區別。就連一度與唐朝兵戎相見的頡利可汗本人，在數年後擒往長安城，也受到相當程度的禮遇，官至右衛大將軍，死後風光大葬，爵位由兒子世襲——這些突厥將領在唐太宗鞏固邊疆的進程中發揮了較大的作用。

⊙四夷共主

唐太宗的民族政策大大提升了唐朝政府在少數民族之中的威望。貞觀四年（六三〇年）三月，內屬唐朝的四夷君長進入長安城朝拜唐太宗，想要尊太宗為「天可汗」，意即天下各族人民的共同君主。

唐太宗聞言後問道：「我已經是大唐的天子，還要肩負起可汗的職責嗎？」四夷君長和文武大臣都山呼萬歲，要求太宗答應。從此唐太宗發往

彩繪騎馬武士木俑 唐

高昌王族張雄（五八四～六三三年）墓隨葬大量木俑。張雄是高昌左衛大將軍，兼兵部要職，死後葬儀隆重。這組騎馬武士木俑是他的部分儀仗隊。木俑製作均分段雕刻出人物的上身、下身（與馬的軀體連在一起）及馬首、四肢，膠合成型。接縫處黏貼紙條，最後通體施以彩繪。

各族的文書中，都蓋有「天可汗」印璽。

緊接著，唐太宗又主動採用和親的政策，鞏固中央政府與地方少數民族部落及政權之間的聯絡。太宗認為北方少數民族由於其獨特的風俗，權力往往為后妃所操縱，如果嫁過去公主，生下的孩子就是唐朝皇帝的外孫，不會出兵侵襲唐朝，至少可以保得三十年的平安。

當突厥薛延陀部的首領真珠可汗來求婚時，太宗對大臣房玄齡說：「我是百姓的父母，凡事要對百姓有利，不能只愛惜一個女兒。」將公主下嫁到了薛延陀部。

和親政策在唐太宗執政時長期施行，許多部族都與大唐天子成為姻親。其中最著名的，當數文成公主嫁給年輕有為的吐蕃贊普松贊干布。得到文成公主帶來的中原地區先進農業、手工業等技術，吐蕃王國日漸強盛，松贊干布對此也感恩戴德。

貞觀二十三年（六四九年），唐太宗李世民在含風殿逝世，時年五十三歲。得知皇帝駕崩的消息，各族在朝廷為官的貴族和前來朝貢的使者都悲慟萬分，以剪去頭髮甚至劃破面孔、割掉耳朵等方式表達對太宗的思念之情。少數民族出身的將領阿史那社爾等更是從駐地趕回長安，請求殺身殉葬。

松贊干布也上書對繼任者高宗李治說：「先皇剛剛駕崩，天子新立，臣子如果有不忠的，我將率兵赴難，為您剷除這些惡黨。」

唐太宗開明的民族政策不僅為當時各族人民所稱頌，歷代王朝的帝王也難以望其項背。

唐西州都督府、高昌、天山、蒲昌、柳中等縣官印印模

安西都護府前治所交河（今新疆吐魯番）故城遺址

一代諍臣

●時間：西元五八〇～六四三年
●人物：李世民　魏徵

皇帝納諫，是對臣下的尊重和籠絡，臣下必然竭力效忠皇帝，這就是儒家思想中「君使臣以禮，臣事君以忠」的具體表現。魏徵視唐太宗為「明主」，忠言直諫，成了歷史上著名的一代名臣。

⊙明主遇名臣

魏徵（五八〇～六四三年），字玄成，鉅鹿曲城（今河北巨鹿）人。適逢隋末煬帝暴政，各地反隋運動風起雲湧。魏徵因為起草書件受到瓦崗軍首領李密的賞識，在李密軍中掌管文書。這時王世充來襲，李密麻痺輕敵，全軍潰敗，魏徵隨李密到長安投靠李淵。在魏徵的勸說下，黎陽的徐世勣、魏州的元寶藏等瓦崗舊將相繼歸降了李淵。

武德二年（六一九年）十月，竇建德領兵南下，攻占黎陽，正在黎陽的魏徵被俘。不久，李淵命李世民率大軍東征洛陽等地，王世充、竇建德相繼失敗，大難不死的魏徵再次回到長安。但仍然沒有得到賞識，只在太子李建成的東宮做了一個小官，主管經籍圖書。

魏徵字帖

魏徵精書法，太宗出御府金帛購天下古本，曾命魏徵、虞世南、褚遂良定真偽。

玄武門之變以後，李世民找來魏徵，質問他：「你為甚麼要在我們弟兄之間挑撥是非？」魏徵神色自如，不慌不忙回答說：「可惜太子沒有聽我的話，否則不會落到今天的結果！」大殿內的氣氛頓時異常緊張。

沒想到，太宗竟然轉怒為喜，反而稱讚魏徵的正直，不但沒有處分，更任命為諫議大夫。

鴛鴦蓮瓣紋金碗　唐

⊙為百姓據理力爭

魏徵喜逢知己之主，竭誠輔佐，知無不言，言無不盡。加上性格耿直，往往據理抗爭，從不委曲求全。

有一年徵兵，有大臣建議不滿十八歲的男子，只要身材高大，也可以入伍，唐太宗同意了，但是詔書卻被魏徵扣住不發。唐太宗催了幾次，魏徵還是不發。

唐太宗大怒，把魏徵叫來，訓斥道：「那些個頭高大的男子，雖說不到十八歲，但可能是故意隱瞞年齡，逃避徵兵。我已發布詔書，你為甚麼扣住？」

魏徵不慌不忙說：「我聽說把湖水弄乾捉魚，雖能得到魚，但是明年湖中就無魚可撈了；把樹林燒光捉野獸，也會捉到野獸，但是明年就無獸可捉了。如果把身強力壯、不到十八歲的男子都徵來當兵，以後還從哪裡徵兵呢？國家的租稅徭役又由誰來負擔呢？」

唐太宗覺得魏徵說的有理，可還是不服氣。魏徵接著說：「陛下的詔書上清清楚楚寫著徵召十八歲以上的男子當兵，現在不到十八歲的男子也得應徵，這不是不講信用嗎？」

唐太宗吃驚，問：「我甚麼時候不講信用？」魏徵說：「陛下剛即位的時候，曾經下詔：拖欠官府東西的，一律免除，可是官吏照樣催收，這是不是說話不算數？陛下曾明令規定：關中百姓免收租賦兩年，關外百姓免除勞役一年。如今已經服了勞役或交了租賦的又被徵當兵，這是不是說話不算數？陛下一向以誠信待人，為甚麼徵兵的時候懷疑百姓作假，無緣無故懷疑人，這能算講信用嗎？」

一席話說得唐太宗啞口無言，好半天才說：「我過去總以為你固執，不通情理，今天聽你談論國家大事，才知道我的過錯很大啊！」

於是，太宗重新下了一道詔書，免徵不到十八歲的男子。

歷史詞典

凌煙閣二十四功臣

貞觀十七年（六四三年）二月，唐太宗為了表彰開國的功臣勳將，下詔書畫功臣像於凌煙閣。凌煙閣座落在太極宮內，閣內共設三隔，分別繪畫宰輔、侯王及其他功臣像。唐太宗命著名畫家閻立本畫像，自己作贊，令褚遂良撰書。

凌煙閣共陳列有二十四位功臣像，分別是長孫无忌、李孝恭、杜如晦、魏徵、房玄齡、高士廉、尉遲敬德、李靖、蕭瑀、段志玄、劉弘基、屈突通、殷開山、柴紹、長孫順德、張亮、侯君集、張公謹、程知節、虞世南、劉政會、唐儉、李勣、秦叔寶。這就是傳名於後世的《凌煙閣二十四功臣圖》。

三綵女立俑 唐

該俑高四十四．五公分。一九五九年陝西西安西郊中堡村唐墓出土。俑頭梳鬟髮垂髻，面頰豐滿，秀目顧盼生輝，紅唇緊閉，嘴角點黑色妝靨。身穿藍底黃花衫，下著黃裙，左臂抬起，袖口下垂，右臂前伸手掌向上，手式纖巧。顯露出溫婉嫻雅、嬌柔矜持的女性風度，亦反映出唐代所稱尚的濃麗豐碩的藝術風格。

唐　彩繪塗金著明光鎧武士俑

⊙為人主所敬畏

有一次，唐太宗從長安到洛陽，途中休息時，因為備膳安排不周而大發脾氣。魏徵知道後，當面批評太宗說：「隋煬帝就是因為常常責怪百姓不獻食物，或者嫌進獻的食物不精美，結果遭到百姓反對，隋朝也滅亡了。陛下應該從中吸取教訓，兢兢業業，小心謹慎。如能知足，今天這樣的食物陛下就應該滿足了，如果貪得無厭，即使食物好一萬倍，也不會滿足。」唐太宗聽後一驚，說：「若不是你，我就聽不到這樣中肯的話了。」

魏徵行事多如此類，看到太宗有不對的地方，就當面力爭。太宗不但不記恨，反而說：「人家都說魏徵舉止粗魯，我看這正是他嫵媚可愛的地方！」

由於魏徵能犯顏直諫，即使在太宗大怒之際，也敢面折廷爭，從不退讓，所以，唐太宗對他產生了敬畏之心。有一次，唐太宗想去秦嶺山中打獵取樂，行裝都已準備停當，卻遲遲未能成行。後來，魏徵問及此事，太宗笑著答道：「當初確有這個想法，但害怕你又要直言進諫，所以很快又打消了這個念頭。」

還有一次太宗得到了一隻上好的鷂子，把牠放在肩膀上，很是得意，忽然看見魏徵遠遠走來，便趕緊把鳥藏在懷中，魏徵故意奏事很久，最後鷂子就悶死在太宗懷中。

由於正直敢言，讓君主對大臣敬畏到這個程度，魏徵可以說是前無古人、後無來者了。

⊙痛失人鏡

貞觀十六年（六四二年），魏徵染病臥床，唐太宗派遣探視的宦官往來於道路之上。魏徵一生節儉，家無足夠的居所，唐太宗立即下令把為自己修建小殿的材料，全部為魏徵營構

狩獵紋高足銀杯

唐代酒具，一九七〇年陝西西安南郊何家村出土。器身飾珍珠紋地，在地紋上用陰線刻出狩獵紋及奔跑的野豬、鹿、狐等。內底刻有工匠名「馬舍」二字。

大屋，五天就修起了正廳。

次年正月，魏徵病危。唐太宗兩次親自到魏徵家探望。第一次，讓左右的人都迴避，兩人單獨談了很久。第二次，太宗帶了太子和衡山公主，打算把衡山公主嫁給魏徵的兒子叔玉。

唐太宗悲傷地安慰魏徵好好養病，流著眼淚問他還有甚麼要求。魏徵拖著病體，對太宗說：「寡婦不愁織布的緯線少，只是擔心周朝的滅亡！」意思是我不愁別的小事，只擔憂國家的興亡。

唐太宗感動得無以言表，轉身叫站在一旁的衡山公主過來，對魏徵說：「再勉強看一眼你的新兒媳吧！」魏徵被太宗的決定感動得老淚縱橫。

當晚，太宗回去以後夢見魏徵，活生生好像沒病似的。

第二天，魏徵病逝家中。太宗親臨弔唁，痛哭失聲，並說：「以銅為鏡，可以正衣冠；以古為鏡，可以知興替；以人為鏡，可以明得失。朕常保此三鏡，以防己過。今魏徵殂逝，遂亡一鏡矣。」太宗把魏徵作為自己行為、思想的一面鏡子，如今他去世，就少了一面鏡子，對太宗和朝廷都是很大的損失。

貼花盤口玻璃瓶

一九八七年陝西扶風法門寺塔唐地宮出土。玻璃瓶盤口，細頸，鼓腹，圈足。頸下有一周凸稜，其下四周貼花，色澤黃黑相間，十分華美。

⊙令人感慨的結局

魏徵曾經向太宗密薦中書侍郎杜正倫和吏部尚書侯君集有宰相才能。因此，杜正倫安置為兵部員外郎，後又改任太子左庶子，侯君集也官至檢校吏部尚書。魏徵死後，兩人牽連太子承乾事件，杜正倫以罪獲譴，流放外地，侯君集則以謀反罪名遭誅殺。有人藉機攻擊，說魏徵推薦他們，並不是因為他們有才，而是和他們結為同黨，互相吹捧，謀取私利。

後來，太宗又得知魏徵曾把諫諍書稿給史官褚遂良觀看，雖讓自己錄之國史，名揚千載，卻宣揚了君主的錯誤。與同時的重臣戴胄奏完之後即毀掉底本，嚴加保密的做法兩相比較，令太宗頗不高興。

為了表示對魏徵的不滿，太宗先毀掉把衡山公主許配給魏徵長子叔玉的婚約，隨後又「親仆其碑」，一段君臣佳話，竟以此為終。

貞觀之治

●時間：西元六二七～六四九年
●人物：唐太宗

從貞觀元年（六二七年）唐太宗君臨天下，至二十三年（六四九年）太宗去世，是為貞觀時期。太宗親身經歷了隋末的社會大動亂，實行一系列的開明政策和利國利民的措施，使社會經濟得到恢復和發展，從而形成了一個比較安定祥和的社會環境。這個時期是傳統社會少有的治世，後世譽為「貞觀之治」。

⊙安民撫農

太宗即位，面對戰亂洗劫後的局面，首要任務就是吸取歷史教訓，與民休息，勸課農桑。

太宗從自己做起，「去奢省費，輕徭薄賦，選用廉吏，使民衣食有餘」，又厲行節約，提倡儉樸，終其一生未去泰山封禪。太宗即位之初，即告誡大臣：「宮中美女珍玩，無院不滿。煬帝意猶不足，徵求無已。……百姓不堪，遂致滅亡。」他在位期間，少修或不修宮殿，修復洛陽宮殿的工程一再推遲，盡量少使力役。這一政策確實讓農民專心於從事農業生產。

紅衣舞女圖　唐

一九五七年陝西西安執失奉節墓出土。圖中人物髮髻高挽，身穿無領露胸短袖衫，下著彩條長裙，肩披紅帛，左臂向上傾斜，右臂向下伸展，動作優美。人物線條流暢自如，表現出舞者的柔美。

為了使百姓「衣食有餘」，太宗特別重視農業生產。唐朝初年制訂「庸」法，也就是農民交納一定量的絹、布，便可代替徭役，使他們有更多的時間從事農業生產。太宗特別注意不奪農時，即不誤農事，他說：「凡事皆須務本，國以人為本，人以衣食為本，凡營衣食，以不失時為本。」

當太子的加冠典禮和農時發生衝突時，太宗就將冠禮改在十月農閒季節。太宗並用法律手段來落實這一原則，對在農忙時節擅自徵發徭役、耽誤農時的官員依法論處。

由於太宗為恢復農業生產採取了一系列措施，加上連年風調雨順，出現了清平世界的景象。史書記載，當時「頻致豐稔，米斗三四錢」，過往商人從京師到嶺南，從山東至於滄海，皆不用自帶糧食，取給於路。可謂是夜不閉戶、路不拾遺。

⊙任人唯賢

太宗認識到，治理國家以自己一人是不行的，應當「廣任賢良」，所謂「治安之本，唯在得人」。太宗不單要求臣下推薦人才，自己也留心觀察、發現和提拔有用之才，推行「任人唯賢」的路線。

太宗選拔人才，不以個人恩怨好惡為標準，也不為新舊親疏所影響。他說：「我選擇官員，惟才是舉。如果沒有才能，再親近的人也不能用；如果有才能，即使是仇人也不會放棄。」魏徵是太子李建成的部下，曾勸李建成除掉李世民，玄武門之變後，李世民不計前嫌，對魏徵也加以重用。

太宗認為，所用之才不可求全責備，他說「使人如器」，即根據人才的情況區別任用。太宗用人，也不以門第為限。宰相張亮「素寒賤」，馬周「孤貧」，戴胄出身「門下錄事」。

太宗也不以華夷為隔，任用的將領如阿史那社爾、執失思力等都是少數民族。同時，太宗也能做到用人不疑，指出君臣應「義均一體，宜協力同心，事有不妥，可極言無隱。倘君臣相疑，不能各盡肝膈，實為國之大害也」。

太宗具有知人之明，對臣下的性格、能力瞭如指掌，因此能做到人盡其才。太宗曾經對魏徵說：「為官擇人，不可造次。用一君子，則君子皆至；用一小人，則小人競進矣。」

正是由於太宗知人善任，任人唯賢，使得貞觀年間湧現了一批具有治國才能的傑出人才。太宗依靠他們盡心竭力的輔佐，使唐王朝出現了「貞觀之治」的盛世局面。

⊙從諫如流

太宗善於納諫，對侍臣說：「朕冀憑直言鯁議，致天下太平。」對於臣下的諫書，太宗相當重視。他說：「比有上書奏事，條數甚多，朕總黏之屋壁，出入觀省。所以孜孜不倦者，欲盡臣下之情。每一思政理，或三更方寢。」魏徵和太宗的關係，就是貞觀朝進諫和納諫的典範。

蠻夷職貢圖　唐　周昉

在太宗的倡導下，進諫蔚然成風，連宮中的長孫皇后、徐賢妃也能進諫。為了集思廣益，太宗把各種有效的政策制度化，規定三品以上官員入閣議事，要有諫官隨同，有失便諫。貞觀元年（六二七年），太宗下詔「宰相入內平章國計，必使諫官隨入，預聞政事」，參與討論。又規定，五品以上京官要輪流到宮中值宿。

太宗之所以能夠成為歷代帝王的典範，與他能夠知人善任、兼聽納諫關係極大。

名將李靖

●時間：西元五七一～六四九年
●人物：李世民　李靖

> 唐傳奇中有一則〈虬髯客傳〉，說李靖在隋朝重臣楊素門下為客，不得重用，楊家的舞伎紅拂認為李靖是個英雄，就夜與私奔，兩人路上碰到一位虬髯客，結為好友，一起到太原見李世民。虬髯客本有爭奪天下之志，和李世民下了一局棋後自知不敵，於是前往海外稱王，李靖留下輔佐李世民，終於成就一番偉業。

李靖（五七一～六四九年），字藥師，京兆府三原（今屬陝西）人。李淵太原起兵時，李世民十九歲，李靖則已經四十七歲，並非傳奇中所說的風度翩翩的少年佳公子。

李靖的舅舅韓擒虎是隋朝名將，欣賞李靖的才能，曾經撫著他的肩膀說：「能和我談論孫、吳兵法的，只有你呀。」

楊素也很器重李靖，拍著自己的床（當時人跪坐，臥具稱榻，床則是一種坐具）說：「你這一輩子，甚麼時候來，都可以直接上來坐。」

描金石刻武士像　唐

⊙既往不咎

隋朝末年，擔任馬邑郡丞的李靖察覺到李淵的造反圖謀，想前往江都揭發，結果才到長安就被李淵捉住。李淵想要殺他，李靖大喊說：「唐公舉義起兵，本為除暴安良，怎能為了私人恩怨就殺死壯士呢！」李淵認為有理，就赦免李靖。不久，李世民將李靖召為部下。

李靖受命討伐割據勢力蕭銑，很長時間沒有進展，李淵想起舊事，暗中命令陝州都督許紹殺死李靖，許紹愛惜其才，保全了李靖。不久，李靖率八百騎大破蠻酋冉肇則，斬首五千，李淵大喜，寫信給李靖說：「既往不咎，以前的事情我早就忘記了啊！」

李靖精通兵法，長年擔任李孝恭（李淵堂姪）的副手，跟隨李孝恭平定蕭銑、輔公等割據勢力。李孝恭雖為元帥，但資歷很淺，經驗不足，作為副職的李靖，是幾場精采大戰的實際指揮者。

⊙平滅突厥

唐朝初年，突厥人在漠北建立起龐大的游牧汗國，勢力強盛，屢屢南下侵擾，李淵一度被迫向其稱臣。太宗時，中原政權逐漸穩固，而突厥則發生內亂，此消彼長，李世民便準備發動大規模北征，一舉肅清邊患。

貞觀三年（六二九年），已任兵部尚書兼代州道行軍總管的李靖，率精騎三千，從馬邑出兵奇襲突厥。頡利可汗聞報大驚，對左右說：「如果不是有大軍在後，李靖怎敢孤軍至此？」李靖趁突厥狐疑快速進兵，大破頡利可汗，收復定襄。

李世民得到捷報，大聲稱讚說：「漢代李陵以五千步卒出擊匈奴，雖然兵敗投降，也得名垂青史。今天你以三千輕騎深入突厥，收復定襄，威震北狄，實古今所未有啊！」

第二年，李靖、李勣、柴紹、薛萬徹、李道宗、衛孝節六總管聯兵北進，再度展開奇襲戰，斬殺突厥兵萬餘，又殺死了一直煽動頡利可汗南侵的突厥王后，即隋朝義成公主。頡利可汗想逃往吐谷渾，被李勣部將所擒，龐大的突厥汗國就此風消雲散，原受突厥統治的各游牧民族共推李世民為「天可汗」，表示願意接受唐朝的領導。

李靖是一代名將，封衛國公。他和李世民就軍事問題展開的研討對話，宋人輯錄成冊，成為官修《武經七書》之一，也就是著名的兵書《唐太宗李衛公問對》。

歷史詞典

遣唐使

在唐代，日本持續派遣使臣到中國，前後共派遣了十幾次遣唐使。

貞觀三年（六二九年），日本派遣了第一批「遣唐使」並於第二年到唐。此後，日本遣唐使的組織更加完備，規模也逐漸擴大。船隊由一二艘船擴大到四艘。遣唐使團的人數，由初期的一二百人到後來的五六百人。

遣唐使官員包括大使、副使、判官、錄事，全都精通經史，熟悉中國的官員選拔制度，是日本的中國通。隨從人員包括翻譯、醫師、陰陽師、畫師、領航員、造船技工、鍛工、鑄工、水手長、水手、音樂長、音樂生等專職人員，還有眾多的學問僧和留學生。

遣唐使為唐朝帶來了珍珠絹、琥珀等貴重禮品，唐政府也以高級絲織品、瓷器、樂器、文化典籍等作為禮物回送。通過遣唐使、留學生、學問僧與中國僧侶、使者的交往，中日兩國文化交流發展到一個空前廣泛深入的新階段。

日本遣唐使回國後，傳播唐代先進的文化制度，並對日本社會產生了深刻的影響。

遣唐使船（局部）

中國自古以來就與域外民族進行廣泛的經濟文化交流。除陸路交往之外，海路也是相當重要的交通途徑。日本由唐初至唐末共派遣十餘次「遣唐使」至中國，學習中國文化。圖為日本遣唐使船航行於中國東海之上。

【布衣宰相】

●時間：西元六〇〇～六四八年
●人物：馬周

唐太宗對於人才的珍視和對正確意見的虛心接納，正是馬周得以在初唐風雲際會的政治舞臺上嶄露頭角的關鍵所在。

馬周（六〇〇～六四八年），字賓王，自幼父母雙亡。他勤勉好學，生性曠達。隋開皇年間馬周因倦於視事，受到郡吏同僚的指責，遂辭官遠遊。貞觀初，馬周以一介寒士重踏仕途，歷任監察御史、吏部尚書等職，不僅建樹頗豐，且與大臣魏徵、劉洎等人同樣以敢於犯顏直諫而著稱，其人生際遇也成為唐太宗不拘一格檢拔人才的佳話留傳後世。

醬釉樂舞紋執壺　唐

⊙斗酒千里一鳴驚人

貞觀五年（六三一年），馬周離開家鄉，憑一斗八升美酒，一路悠然獨酌來到長安，客居在中郎將常何家裡。

恰好這年銳意革新的太宗皇帝頒下詔書，要求百官上言，暢談政治得失。常何是一介武夫，對於治國之道完全不得要領，迫於必有所陳的聖意，無奈之下，只好向家裡的清客求教。

常何遞上奏摺後，太宗發現其中二十條意見全都言辭有據，就明白這不是常何所為，追問下筆者為何人。老實的常何回答說：「這些話下臣是想不出來的，全是住在下臣家裡的客人馬周所代擬。」

大喜的太宗皇帝連續四次召見馬周，詳談之後，越發肯定這是位經國之才，第二年就拜馬周為監察御史。常何因舉薦之功，也受到了三百段絹帛的賞賜。

⊙布衣秉政

感激太宗的知遇之恩，馬周上任之後兢兢業業，不僅幫助太宗修正了朝中各級官員制服的式樣，規定進出城門時行人和車輛各自通行的秩序，創立驛站傳送緊急公文的章程，並多次上疏議論時政。

馬周將夏、商、周三代與後來的魏、晉、隋等諸多王朝存在的時間進行比較，指出執政者應當修身立德，順應民心，時時刻刻以史為鑑，才能達到真正的長治久安。

又警示太宗「國之興亡，不由積畜多少，惟在百姓苦樂」。如果像隋煬帝一樣，雖然國力強盛卻不知節制，即使府庫充實，兵甲銳利，到頭來也只會成為蠭擁而起的民軍要推翻的暴政而已。

深明古今得失的馬周認為地方官員的選拔和任命，直接關係到中央在地方行政上的成敗與否。對待宗室和分封的諸王，要有合理的處置方法，不能一味厚加封賞，釀成禍源。

馬周的一系列論斷都與太宗的想法不謀而合，在備受肯定的同時，屢獲升遷，太宗寫信勉勵他說「鸞鳳衝霄，必假羽翼」，將其喻作國家的股肱之臣，名動一時。

⊙君臣之誼

但凡能言敢言並且言之有物的臣子，太宗從來不吝惜給予嘉獎，並且愛護有加。

馬周剛當上監察御史，在長安城中求購宅第，有人向他說有價值二百萬的豪宅出售，想藉此嘲弄這個一文不名的窮書生，不想太宗隨即頒下詔書，替馬周買下了房子，並賜給奴婢及日常生活所需的物品。

太宗且對侍從說：「我只要一會兒見不到馬周，就會開始想念他。」

貞觀二十二年（六四八年），馬周因病死於吏部尚書任上，時年四十八歲。太宗聞訊悲傷不已，甚至因為思念過度而找來方士作法，以求召回馬周的魂魄。及至高宗繼位，又追賜為尚書右僕射、高唐縣公。史書上則留下了他與太宗間「不膠漆而固，恨相得晚」的高度評語。

蓮花紋地磚　唐

這塊方磚出土於唐大明宮遺址，為蓮紋鋪地磚，實心，模製。內區中間為十二瓣蓮花紋，外區四角為葡萄蔓枝葉，最外側邊際為聯珠紋。盛開的花朵，捲曲的蔓葉，令人感受到自由、豪放的盛唐藝術氣質。

打馬球俑　唐

隋唐時期最盛行的體育活動是馬球和足球，連女子也參加。馬球是貞觀年間由吐蕃傳入內地的。在唐太宗的大力提倡下，不少貴族、官吏、文人學士，以至女子，都熱衷於打馬球。後世亦久盛不衰，至清代方成絕響。

文成公主入藏

●時間：西元六四一年
●人物：唐太宗　松贊干布　文成公主

貞觀年間，唐朝的文成公主離開長安，西行約三千多公里，經過重重險阻，來到了雪域高原，與吐蕃松贊干布締結良緣，開創了唐蕃交好的時代。至今松贊干布與文成公主的故事還在漢藏民間廣為流傳著。

西藏大昭寺
文成公主金像

吐蕃源於西羌，最早在雅隆河谷（今西藏澤當、瓊結地區）居住。到松贊干布（六一七～六四九年）祖父時，開始擴展領地，統一周圍的部落，成為西藏高原上一個強大的國家。到松贊干布的父親論贊索時，又把邊界大幅度推進。

⊙統一西藏

松贊干布出生正好是吐蕃逐漸走向強盛的時候，而他也是一個不遜於祖父與父親的傑出領袖，為人慷慨而豪爽，文武雙全。十三歲那年，由於貴族叛變，父親論贊索被毒害，叛變的貴族勾結蘇毗、羊同等外部勢力奪取了吐蕃大部分領土。

眼看吐蕃將要亡國，松贊干布在叔父論科耳扶助下當上贊普（吐蕃語稱強雄爲贊，丈夫爲普，因此吐蕃國王稱爲贊普），首先查清下毒叛變的貴族，然後出兵擊敗了蘇毗、羊同的軍隊，將一場滅國的危機消除於無形，重新確立了吐蕃的統一秩序。

成功解除即位危機的松贊干布，將都城遷到吉曲河（今拉薩河下游）畔的邏些（今拉薩），在雄偉的布達拉山建造了王宮，並在周圍修築起易守難攻的城堡，基本消除了舊貴族勢力的威脅。

遷都之後，松贊干布把統一整個西藏高原作為使命。首先進攻蘇毗，從政治與軍事兩方面沉重打擊了蘇毗，使對方迅速瓦解。蘇毗投降後，多彌、白蘭、党項等部落相繼臣服於松贊干布，吐蕃的勢力範圍順利擴展到了青海地區。接著松贊干布親自統率大軍，一舉擊潰羊同，完成了統一，使吐蕃成為雪域高原上唯一的王國。

⊙和親大唐

當時的中原地區，已經從連年戰

吐蕃贊普禮佛圖

松贊干布像

亂中逐步恢復，唐太宗治下的大唐在經濟、軍事、文化等各方面都是當時的第一強國。西域諸國如突厥、吐谷渾的首領均與唐朝和親，迎娶唐朝公主為妻。

松贊干布也向唐朝派遣使節，互通問候，在與唐朝使節的交談中，他認識到如若得到唐朝公主和親，便代表著得到東方強大的唐朝的認可，必定能夠大大提高吐蕃的政治地位。松贊干布立即派出使者，隨唐使前往長安，向唐太宗提出了和親的要求。

吐蕃對唐來說，是一個完全陌生的國家，遠未達到唐同突厥等國的關

布達拉宮

布達拉宮在西藏拉薩西北的普陀山上，是著名的宮堡式建築群，為藏族古建築藝術的精華。

係，唐太宗拒絕了吐蕃使者的請求。使者懼怕沒有完成使命，回到邏些後對松贊干布說：「天子幾乎已經答應了和親的要求，吐谷渾的諸曷鉢可汗從中離間，才沒有成功。」

盛怒的松贊干布集結了大批軍隊，進攻吐谷渾的領地，吐谷渾無力抵抗，一路朝青海北部撤退，吐蕃趁勢奪取了大批牲畜與物資，接著又連續擊敗了党項與白蘭兩部。

貞觀十二年（六三八年），松贊干布再次集結大軍，向唐朝邊境逼來，同時派出使者前往長安請求和親，揚言：「如果公主不來，我就一路殺到長安。」一路上，已經歸附唐朝的羌族等部落紛紛投降吐蕃。

唐太宗立即派出大軍分四道迎擊吐蕃軍，在松州（郡治在今四川松潘）一次夜襲後大敗吐蕃軍隊，松贊干布急忙將軍隊撤回國內，再次派出使者到長安謝罪並懇請和親。通過這次戰爭，唐太宗也認識到年輕的吐蕃蓬勃的生命力，終於答應和親的請求，把

延伸知識

布達拉宮

布達拉宮座落在拉薩河谷中心海拔三千七百公尺的紅色山峰之上，是集行政、宗教、政治事務於一體的綜合性建築，由白宮和紅宮及其附屬建築組成。

布達拉宮是歷世達賴喇嘛的冬宮，象徵著西藏佛教和歷代行政統治的中心。優美而又獨具匠心的建築、華美絢麗的裝飾、與天然美景間的和諧融洽，使布達拉宮在歷史和宗教特色之外平添幾分丰采。

「布達拉」是梵語中觀音地「普陀洛迦」的音譯，意思是「佛教勝地普陀山」。作為昔日歷世達賴喇嘛的「冬宮」和西藏地方政教合一政權的中心，布達拉宮是西藏地區現存最大、最完整的宮堡式建築群，也是地球上海拔最高的大型古代宮殿。這座無與倫比的神宇宮闕，被譽為「世界十大土木石傑出建築」，集中呈現了西藏建築、繪畫、宗教藝術精華。

布達拉宮的宮體主要由紅、白兩宮組成。紅宮居中，白宮從東南西三面環繞紅宮，成「凹」字形。另外，布達拉宮還有三座黃色殿堂。白宮東西兩邊各一間，前方半山腰一間，分別是用來為達賴喇嘛修習密宗以及放置佛塔、佛像的地方。

宗室女文成公主嫁往吐蕃。

⊙民族融合漫漫西行路

貞觀十五年（六四一年）正月，準備就緒的和親車隊開始緩緩向吐蕃前進，松贊干布親自率兵到柏海（今青海扎陵湖）迎接車隊。

文成公主在唐太宗的幫助下，貯備了大批的蕪菁、穀物等西藏所欠缺的農作物及植物種子，同時帶去了大量的書籍與工匠。松贊干布派去迎接文成公主的使者祿東贊，靠著聰明機智博得了唐太宗的信任，在藏族民間一直流傳著祿東贊勘破唐太宗的一道道難題，最終帶回美麗善良的文成公主的傳說。

松贊干布在邏些為文成公主修建了美麗壯觀的宮殿，擁有千間宮室的布達拉宮有十三層主樓，氣勢磅礴。他並脫下了吐蕃的氈皮服裝，穿上華麗的絲綢漢服，以取悅文成公主。當時西藏並無佛教傳入，而文成公主是一個虔誠的佛教徒，帶去了大量的佛教書籍，並讓工匠修建了融匯漢藏兩族建築風格的小昭寺，傳誦佛經，最終促成了佛教在西藏的流傳。

文成公主帶去的各種穀物種子也在西藏紮下了根，小麥經過不斷的進化後成為藏族人民所喜歡的青稞。此外，文成公主帶去的騾、馬、駱駝，車輿以及各種技術方面的工匠、醫學著作，都從不同的角度促進了吐蕃的社會進步。

鎏金摩羯紋銀碗

【玄奘西行】

●時間：西元六〇二～六六四年
●人物：玄奘

一部《西遊記》膾炙人口，流傳數百年而經久不衰，書中的主要人物孫悟空、唐僧等更是家喻户曉，老少皆知。《西遊記》一書中唐僧的原型就是唐朝貞觀年間一人孤身前往西域取經、為中國及世界佛教發展史寫下了重重一筆的玄奘法師。

玄奘（六〇二～六六四年），世稱唐三藏，俗家姓陳，洛州緱氏（今河南偃師緱氏鎮）人。父親陳慧做過江陵縣令，後辭官歸鄉。

當時隋朝全國由於隋煬帝的大力倡導，沉浸在一片篤信佛教的氛圍中。玄奘的哥哥就是一位得道高僧，因家貧便帶他一起住在東都洛陽淨土寺內，幼年的玄奘便每日潛心學習各種佛經，並研習辯論的技巧。

⊙剃度出家

大業十年（六一四年），大理寺卿鄭善果奉旨到洛陽剃度僧人，年僅十三歲的玄奘聞訊前往剃度，因年紀太小被拒絕。少年玄奘並未氣餒離去，更加苦苦哀求，最終感動了鄭善果，破例收錄，剃度為僧，捨去俗家姓名，取法名「玄奘」。

出家後的玄奘依舊留在淨土寺內潛心鑽研佛經。當時洛陽城內慧日道場有講解《攝大乘論》與《涅槃經》的法席，玄奘經常聽法師的演講，回到淨土寺後結合自己對佛經的理解思索探求，尤其喜歡《攝大乘論》這部注重理性思維的佛經。此時的玄奘雖然才十五歲，但同寺的僧人都敬佩他的學識與氣度，他的名望也早已經和他哥哥一樣傳出了淨土寺。

⊙四處求學

大業十四年（六一八年），天下動盪不安，地處中原的東都洛陽更是戰亂的焦點。人民四處逃避，無心顧及佛法。玄奘聽說道基法師在四川一帶傳揚佛法，便動身前往。先到長安，暫住在莊嚴寺內，隨後向西南前往成都。在道基法師的法席中，玄奘

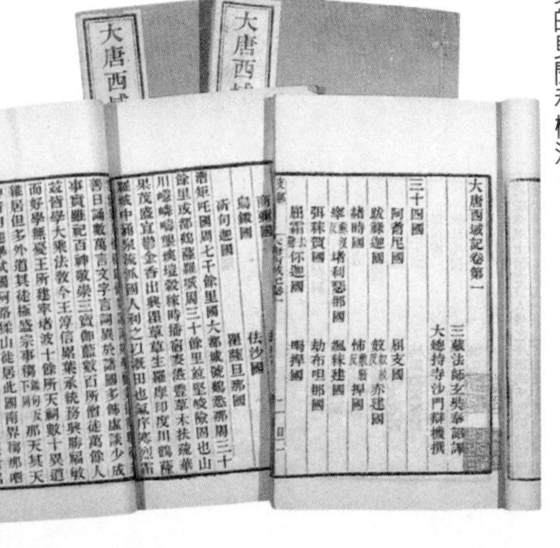

《大唐西域記》書影

《大唐西域記》十二卷，玄奘口述，辯機撰文，是玄奘奉唐太宗敕命而著，貞觀二十年（六四六年）成書。書中記述了玄奘親歷城邦、地區、國家的見聞和概況。

展示出驚人的記憶力與對佛經的理解，道基法師感慨說及自幼年起游學四方，從未見過有人如玄奘一般，在少年時就對佛經有如此理解。

玄奘輾轉到過荊州、揚州、蘇州、相州等地，長達八年的時間遍訪名師，以謙虛的態度與精湛的學識獲得了各地高僧的一致讚揚。唐武德八年（六二五年）回到長安時，他已經躋身於當世高僧的行列。

⊙西行求法

八年來在各地的講筵所聞，使玄奘逐步認識到漢文佛經版本不一所帶來的不同說法，以及來自佛教教義的混沌不清，特別是攝論與地論兩家關於法相之說各不相同，常使佛教信徒感到迷惑不已。為了解決這些疑惑，玄奘萌發了前往佛教發祥地的天竺（今印度）求取佛經真解的想法。他努力學習梵文，克服了語言障礙，又不惜放棄長安莊嚴寺方丈之位。

貞觀元年（六二七年）玄奘結侶陳表，請求唐太宗允許西行求法，但未獲批准，遂決心私自前往天竺。

慈恩寺大雁塔

慈恩寺位於陝西西安南郊雁塔村，始建於隋開皇九年（五八九年），初名無漏寺。唐貞觀二十二年(六四八年)，皇太子李治將其擴建為大慈恩寺。玄奘奉敕由弘福寺移居慈恩寺，住翻經院，專務翻譯佛經。寺內大雁塔始建於唐永徽三年（六五二年），用以保存玄奘由印度帶回的佛經和佛像。

⊙漫漫西行路

貞觀三年（六二九年），玄奘突破關禁的阻力，偷偷越出國境，向遙遠的天竺前進。西行取經，玄奘並非第一人，早在東晉時便有高僧法顯成功的先例，即使如此，玄奘西行的困難仍然很大。《西遊記》中描述唐僧師徒經歷八十一難方才到達，而玄奘一路也跋涉五萬餘里，途經無數國家，歷時三年才踏上天竺的土地。

這時的天竺並非統一的國家，玄奘在天竺的歲月裡，足跡遍佈各地，其中在被佛界尊崇為聖地的摩揭陀國

五天竺圖
此圖可能是後人仿玄奘所繪的五天竺圖的摹本。圖中紅線所繪為唐玄奘西行求法時經過的國家和地區。

鎏金龜負論語玉燭銀酒籌筒　唐
此器出土於一座唐代金銀器窖藏中。下為形態頗為生動的伏龜，背馱仰蓮座，上承長體圓酒籌筒，上覆荷葉邊形筒蓋，中央結成寶珠鈕。在筒身雙線長方框中刻「論語玉燭」四字，並刻飾龍鳳等圖案。與酒籌筒同時出土的還有五十支酒令籌，上刻文字，上半段文字採自《論語》，下半段為行令章程。這正是唐人飲酒時行令的酒籌。

那爛陀寺待了五年，還被選為通曉三藏的十德高僧之一，得到天竺佛界的認可。

在曲女城（今印度邦卡瑙季），玄奘出席了戒日王專為他舉辦的佛法辯論大會，在到場的十八個國王、三千餘大小乘佛教學者面前，結合歷年見聞以嶄新的說法闡釋佛經，詮釋佛法。全場無人能夠駁倒他，引起聽眾歡聲雷動，並讓大乘、小乘兩派心悅誠服，大乘派教徒尊玄奘為「大乘天」，小乘派教徒則尊玄奘為「解脫天」。

戒日王為玄奘的精采表現所震驚，會後邀請玄奘留在國內，玄奘婉言拒絕。只好堅持請玄奘參加歷時七十五天的無遮大會，會後，戒日王派兵送玄奘回國，並請沿路各國接連護送，一路將玄奘送回唐朝境內。

⊙回國譯經

貞觀十九年（六四五年），玄奘回到闊別已久的長安。史書記載，當時長安城內不論僧俗，萬人空巷，夾道歡迎玄奘。史書中一句「傾都罷市」，形象地描述了當時的盛景。

玄奘婉言拒絕了唐太宗勸其還俗出仕的建議，預計前往嵩山少林寺，但在太宗的安排下留在了長安弘福寺，譯解經文。同年九月，玄奘譯成了二十卷的《大菩薩藏經》。此後玄奘又陸續完成了《顯揚聖教論》二十卷、《解深密經》《因明入正理論》《瑜伽師地論》一百卷、《能斷金剛般若波羅蜜多經》等經文，並由弟子辯機協助撰寫記錄所到之處風土人情的《大唐西域記》。

唐高宗李治登基後，在弘福寺內建石塔以安放玄奘帶回的經本佛像，玄奘親自搬運磚石。塔成後極為壯觀，為長安一景，後人稱大雁塔。

龍朔三年（六六三年），譯完《大般若經》這一恢弘巨作後，玄奘漸感心力交瘁。麟德元年（六六四年），譯出《咒五首》第一卷後，便溘然辭世。玄奘一生共留下譯經論七十五部，總計一千三百三十五卷，後人將其所譯經文稱為「新譯」。

歷史詞典

《大唐西域記》

貞觀十九年（六四五年），高僧玄奘結束了十七年的留學生涯，攜帶六百五十七部梵本佛經及若干佛像、舍利回到國都長安。

玄奘西行求法，行程二萬五千多公里，到過一百多個國家和地區，成為當時最有名的旅行家。玄奘弟子辯機根據玄奘在旅行中的豐富見聞的口述，撰寫成《大唐西域記》一書，共十二卷。

《大唐西域記》以玄奘赴五天竺（今印度、巴基斯坦一帶）游學親歷和見聞所及的一百三十八個城邦、地區為目，記述了各地的地理形勢、水陸交通、氣候、物產、民族、語言、歷史、政治、經濟生活、宗教、文化、風俗習慣等方面的情況，並對各地宗教寺院的狀況和佛教的故事傳說，都作了詳細的記載。

全書總計十二萬多字，是研究中亞、南亞社會歷史和中外交通的珍貴歷史文獻。十九世紀以來，該書先後譯成法、英、日多種文字，中文本以一九八五年中華書局出版的季羨林等校注版最佳。

長安玄奘墓塔

此塔在西安市南郊長安縣杜曲之東少陵原畔的興教寺內，始建於唐總章二年（六六九年），為玄奘法師埋骨處。到大和二年（八二八年），塔又徹底重修，才成為現在的形狀。此塔不僅因為埋葬高僧玄奘而馳名，而且在建築藝術和形式上，也是早期用磚砌仿木構樓閣式塔的典型代表作品。

明君的選擇

●時間：西元六四三年
●人物：李世民　李治

玄武門之變後，李世民逼其父高祖李淵退位，即位為皇帝，是為唐太宗，自此中國歷史上又出現了一位雄才大略的帝王。但和父親高宗一樣，太宗晚年也陷入了兒子爭當太子的煩惱中。經過反覆思量，太宗最後選擇了兒子李治做了太子。

⊙兄弟不和

唐太宗有嫡子三人，除晉王李治，還有太子李承乾與魏王李泰。太宗很喜歡李承乾，初登帝位就冊封為太子，並有意培養他處理各種政務。太宗出遊的時候，更是讓李承乾以太子的身分監國理政。李承乾非常聰明，也頗有才幹，各種政務都能處理得井井有條，深得太宗喜愛。

三彩四孝塔式罐　唐

但李承乾卻有著不可告人的缺點，縱情聲色犬馬，生活奢靡，好女色並兼男色，經常聚集人群在東宮胡鬧。雖然他擅於遮掩，但還是有臣僚到太宗面前進諫。

這一切都被胞弟魏王李泰看在眼裡，醞釀著取代李承乾成為太子。李承乾一方也處處猜忌與提防李泰，一母同胞的兄弟兩人都欲將對方置於死地，相互不擇手段地打擊對方。

⊙儲位之爭

李承乾眼看弟弟李泰步步緊逼，而父皇也逐漸流露出不滿，覺得如此下去，東宮的主人就會變成李泰。李承乾暗中聯絡叔父漢王李元昌與失意大臣侯君集等人，陰謀發動政變，卻因為有人告密而事發，李承乾被廢為庶人。

太子被廢，太宗一直喜愛的李泰理應成為太子，但卻由於長孫无忌的極力反對而作罷。作為長孫皇后的兄長，長孫无忌的意見非常重要，而他所看好的下一任太子卻是並不顯眼的晉王李治。李泰失去冷靜，竟然恐嚇李治，受到驚嚇的李治每日憂苦。太宗看到李治的樣子，便擔心傳位給李泰之後，李治的日子會更加難過。

其間，太宗見過已經被廢為庶人的李承乾一次。一直尋機報復的李承乾，好不容易見到父皇，自然竭力辯解，李承乾說：「臣身為太子，已經富貴至極，還能求些甚麼？倒是魏王早就有謀反之心，我怕被他加害，才與朝臣商議謀求自保，那些凶險的人教唆給我不軌的想法。父皇您現在若是立李泰為太子，那可是中了他的圈套。」

這番話進一步打擊了李泰，晉王李治成為李世民心中剩下的唯一候選人，加上李治以仁孝出名，朝中大臣如長孫无忌、房玄齡等人也非常支持，李治進入東宮，晉為太子，已經是一個不可逆轉的事實。

⊙冊立太子

貞觀十七年（六四三年），太宗親駕承天門，下詔立晉王李治為太子，同月又下詔降魏王李泰為東萊郡王，後又改降為順陽王，流放到了均州鄖鄉（今湖北丹江市北），甚至到太宗去世都不讓他趕回長安奔喪。

從冊封為太子，到貞觀二十三年（六四九年）太宗駕崩，李治總共做了六年太子。六年裡，他經常在太宗的授意下參與處理國政，得到朝廷上下一致好評。

李治入主東宮直到即位稱帝，雖是唐太宗無奈下的選擇，卻也不是全無道理可言，李治在即位後處理一系列民族問題及外交政務中，充分顯露出了他獨樹一幟的才幹。

鎮墓獸 唐

歷史詞典

《五經正義》

貞觀十四年（六四〇年），唐太宗為了尊崇儒學，令孔穎達等撰定《五經正義》。唐太宗即位後，大力提倡教育，擴充學校，興辦國子學，增加生員名額，並抬高孔子的地位。置弘文館，招納天下名儒為學官，四方學者雲集京師，乃至高麗、百濟、新羅、高昌、吐蕃都遣子弟到長安求學，國子監生徒達八千多人。

唐太宗以儒經「文字多訛謬」，不利於學生學習，於貞觀四年（六三〇年），令顏師古考訂《周易》《尚書》《毛詩》《禮記》和《春秋左氏傳》五經經文，並頒布全國，成為官方統一的學校教材。後來唐太宗深感儒家師説多門，章句繁雜，讓科舉取士帶來了諸多的不便。

貞觀十四年（六四〇年）二月，為求解釋經義的統一，唐太宗命國子祭酒孔穎達與諸儒撰定五經義疏，共一百八十卷，名曰《五經正義》。孔穎達主持編撰的《五經正義》，所選注本以全國通行者為準，基本參照陸德明的《經典釋文》的做法。

永徽四年（六五三年）三月，唐高宗頒行《五經正義》於全國，並規定《五經正義》為學校通用的教材，每年明經考試也以其為依據。

高宗廢后

●時間：西元六五五年
●人物：李治　武則天

武則天是中國歷史上唯一的一個女皇帝，聰敏機智，性格倔強，善於應變，膽略過人，為了獲取最高權力，不惜任何代價，採取任何手段。

⊙太宗賞識

武氏家族和李唐王室有著深厚的淵源，武則天的父親武士彠和唐高祖關係密切，是李淵太原起兵的開國元勳，母親楊氏出身於關隴名門，武士彠與楊家聯姻便是由李淵做媒。由於家庭的關係，武則天從小便精通文史，聰敏機智。

武則天十四歲的時候，唐太宗宣召入宮，立為才人，賜號「武媚」，深得太宗喜愛。

相傳外國進貢一匹駿馬，性情暴烈，不能調服，唐太宗問後宮誰能馴服此馬。武則天走了出來，敏捷地躍上馬背，任憑那馬怎樣嘶鳴跳躍，她緊抓住轡繩，鎮定自若，最後馬竟被降服了，太宗驚歎不已：女流之輩竟勝於鬚眉。

太宗問武則天怎麼馴服烈馬的，武則天說出了見解：首先用鞭子抽，如果不順從，便用錐子扎，如果還不老實，就立刻用匕首殺死。太宗聽了嘖嘖稱奇，暗自讚歎這位「媚娘」竟有這麼大的勇氣和見識。

⊙圖謀后位

不僅太宗喜歡這個小姑娘，太宗的兒子李治也被武則天深深吸引。太宗去世後，李治即位，是為唐高宗，武則天被送往感業寺為尼。

永徽初年（六五〇～六五五年）太宗忌日，高宗在感業寺和武則天相會，互訴別後離情。不久，高宗再次召武則天入宮。

武后行從圖

這時，王皇后與蕭淑妃正為爭寵爭鬧。武則天對王皇后卑躬屈膝，極力奉承，聯合王皇后對付蕭淑妃。王皇后投桃報李，經常在高宗面前讚揚武則天，二人聯手把蕭妃的風頭給壓下去，武則天也進封昭儀。

蕭氏失寵后，武則天的下一個目標就是皇后。永徽五年（六五四年），武則天產下一女，深得高宗喜愛。一天，王皇后閒來無事，到昭儀宮中逗小公主玩，一會就離開了。武則天在王皇后來時，故意避開，等她離去，就用布將小公主弄死。

不久宮女發現小公主死了，慌忙

請來高宗。武則天顯得悲痛欲絕，問宮女：「剛才誰碰過小公主？」宮女跪在地上小聲說：「皇后剛走。」

高宗認定是王皇后殺害了小公主，漸有廢王立武之意。

⊙拉攏大臣

皇后的廢立是關乎朝廷穩定的大事，在這個問題上，大臣的意見存在著嚴重分歧。高宗的舅舅太尉長孫无忌和顧命大臣褚遂良、侍中韓瑗、中書令來濟等都堅決反對立武則天為皇后。武則天想拉攏受長孫无忌派排斥的人，形成一股新的政治勢力。

這時，因為長孫无忌的排斥，李義府貶為壁州司馬。他透過各種關係，在降職詔書發布以前得知了，連夜到同僚王德儉家商量對策。

王德儉關了大門，悄悄對李義府說：「李公想要留在朝廷，不斷高升嗎？」李義府正為前途問題心急火燎，苦笑著說：「相公知道我意，何必如此一問？」

王德儉說：「看來你太著急了，心急則亂，看不清形勢。」於是慢慢講道：「如今武昭儀甚承恩寵，皇上欲立為皇后，猶豫未決者，只恐大臣異議。如果你能建議策立武氏，則轉禍為福，坐取富貴當不遠矣。」一番話，令李義府茅塞頓開。

第二天，李義府便上表奏請高宗廢王皇后，立武昭儀為皇后。高宗賜給李義府明珠一斗，表示讚許，武則天也暗中慰問，祕密結納，很快便升為中書侍郎。其他大臣如禮部尚書許敬宗、御史大夫崔義玄、中丞袁公瑜等也都快速成了武則天的心腹。

⊙老臣保身

武則天有了這批大臣的擁戴和支持，便加緊了爭奪后位的步伐。

永徽六年（六五五年），高宗召長孫无忌、李勣、褚遂良等大臣入內殿，正式提出廢王皇后、立武則天為后。褚遂良當即說：「王皇后出身名門望族，又是先帝為陛下所娶，未聞有甚麼過失，怎能輕易廢棄？」君臣不歡而散。

次日又議，褚遂良再次提出：「陛下必欲易皇后，請選擇天下望族，何必武氏！武氏曾事先帝，天下皆知。如果立其為后，後人會如何看陛下？願陛下三思！」

這是武則天的致命傷，她氣得隔簾大聲罵道：「何不撲殺此獠！」

高宗又徵求開國功臣李勣的意見。圓滑的李勣沒有表示反對，他說：「此陛下家事，何必問外人？」

大臣許敬宗、李義府等紛紛贊成李勣，並在朝廷上為立武則天后鼓吹。高宗這才下定決心，廢去王皇后，立武則天為皇后。

乾陵翼馬

乾陵是唐高宗李治和武則天的合葬陵。

貪得無厭許敬宗

●時間：西元五九二～六七二年
●人物：許敬宗

在政局劇烈變動的時候，總會有人通過不正當的手段獲取利益，許敬宗就是這樣的一個人物。他貪財好色，毫不加以掩飾，為時人所不齒，他處在武則天奪權的歷史關頭，為了目的不惜歪曲事實，對武則天阿諛奉承，從而平步青雲。

⊙為太宗所厭

許敬宗（五九二～六七二年），字延族，杭州新城人。唐太宗聞其名，召為文學館學士，兼修國史，不久改任中書舍人。

貞觀十九年（六四五年），太宗親征高麗，許敬宗以檢校中書侍郎（代理宰相）的職位隨從。唐太宗在遼陽駐蹕山大敗高麗軍，命令許敬宗趕緊寫詔書，向長安通報。許敬宗命人取出紙筆，立於馬前起草詔書，一會就寫完了，太宗看完以後，非常滿意，從此更加器重許敬宗。

後來，太宗出征，許敬宗仍隨駕。唐軍製成雲梯搭在城牆上，一個士兵首先登梯，城中的箭和石頭像雨點般投射下來，但他不畏艱險，繼續攻城。

將軍李勣指著這名士兵對許敬宗說：「這樣的人難道不是壯士嗎？」許敬宗卻說：「他不是壯士，他不懂得思考，不考慮自己的安危。」太宗聽說後，對許敬宗的好感都消失了。

不久，太宗駕崩，唐高宗即位。許敬宗由於附會武則天，阿諛奉承，又得到重用。

⊙陷害國舅

武則天立為皇后以後，開始清算當初反對她的大臣，高宗的舅舅長孫无忌首當其衝。武則天讓許敬宗網羅了長孫无忌謀反的罪名，告到高宗那裡。

高宗聞言大驚，說：「果真如此嗎！朕和舅舅之間雖然為小人挑撥，但他不至於謀反吧？」

許敬宗一臉悲痛，回答說：「為臣已經查證清楚，長孫无忌反狀已露，陛下當斷不斷，恐非社稷之福。」

高宗流淚說：「我家不幸，親戚間屢生此事。往年高陽公主與房遺愛謀反，現在舅舅又做這事，使我愧對天下人！如果事情屬實，我又該怎麼處理？」

許敬宗答說：「房遺愛年輕，與一女子謀反，能成甚麼大事！長孫无忌與先帝一起謀取天下，為宰相三十年，天下都畏其威名。如果忽然起事，陛下您能命誰抵擋？前朝宇文述與宇文化及父子都是隋煬帝的親信，結以婚姻，委以朝政，一夕事發，先殺不附己之人，其餘大臣惶恐聽命，不過數個時辰，隋室覆亡，前鑑不遠啊！」竟把長孫无忌比做殺害煬帝的宇文氏。

歷史詞典

《唐律疏議》

永徽元年（六五〇年），唐高宗李治命長孫无忌、李勣、于志寧等修訂《永徽律》及其他法令，分律、令、格、式四種。永徽二年（六五一年），唐高宗頒行新律、令、格、式於全國。

《永徽律》共五百條（有作五〇二條），分為〈名例律〉〈衛禁律〉〈職制律〉〈戶婚律〉〈廄庫律〉〈擅興律〉〈賊盜律〉〈鬥訟律〉〈詐偽律〉〈雜律〉〈捕亡律〉〈斷獄律〉十二篇。

永徽三年（六五二年），唐高宗令長孫无忌、李勣、于志寧等為上年修訂的律書《永徽律》逐條詳釋，並設有問答。永徽四年（六五三年），撰成《律疏》三十卷。十一月，高宗頒行新《律疏》於全國。後來，《永徽律》與《律疏》合為一體，時稱《永徽律疏》，宋元後又稱《唐律疏議》。

現存的《唐律疏議》是中國現存最早、最完整的封建法典。同時，《唐律疏議》對古代亞洲各國法典亦產生重大影響。古代日本、朝鮮、越南等國的立法，大都模仿《唐律疏議》。

聽了許敬宗「推心置腹」的話語，高宗邊哭邊說：「就算舅舅真做出謀反的事，我也不忍殺他，否則天下、後世將如何評論我啊！」

許敬宗屢次奉命修史，通曉歷史，馬上說：「漢朝大臣薄昭也是漢文帝的舅舅，有擁立之功，後來薄昭犯了殺人之罪，文帝讓朝臣穿孝服於薄昭家門哭弔，逼得薄昭自殺，天下人都認為文帝是明主。而今，長孫无忌忘記兩朝大恩，謀奪社稷，罪在薄昭之上。陛下猶豫不決，後悔無及！」

高宗深以為然，竟不親自推問，就下詔削奪長孫无忌太尉封號及封邑，流放黔州。許敬宗又派人到黔州重審長孫无忌謀反案，逼得他自縊而死。

⊙小人善終

許敬宗掌知國史，記事阿曲，以己之愛憎篡改史實，為人所不齒。宇文化及謀反時，虞世南的哥哥虞世基與許敬宗的父親許善心為宇文化及所害，封德彝瞭解全部過程，說：「世基被誅，世南匍匐而請代；善心之死，敬宗舞蹈以求生。」為此，許敬宗懷恨在心。等到封德彝去世，朝廷為其立傳，許敬宗便「盛加其罪惡」。

青釉貼花舞蹈人物紋瓷壺　唐

類似的情況還有很多，譬如許敬宗將女兒嫁給左監門大將軍錢九隴，錢家出身低微，許敬宗貪其錢財，於是為錢九隴修改家譜，妄加功績，並藉修史的便利，將錢九隴升與大功臣劉文靜同卷。

這個趨炎附勢的小人，由於武則天的庇護，卻風光活到八十一歲，竟得了善終。

千古一女皇

●時間：西元六二四～七〇五年
●人物：武則天

從秦始皇統一六國，自稱皇帝，直到辛亥革命清宣統皇帝退位，上下兩千餘年，中國歷史上前後總共出現了兩百餘位皇帝，其中有明君，也有昏君，有英明的雄主，也有殘酷的暴君。但在這漫漫兩千多年的時間裡，卻有一名女性的名字赫然在列，她就是一代女皇武則天。

唐時是個開放的時代，婦女與男子有著近乎平等的地位。在這樣的社會風氣烘托薰陶下，走出了千古絕唱名震天下，統治權力中樞近半個世紀，並最終改唐易周的女皇帝武則天（六二四～七〇五年）。

傳說善於看相的術士袁天綱曾對武則天的父親武士彠說：「這孩子（武則天）將來貴不可言。」武士彠便問：「她能成為皇后麼？」袁天綱答非所問地留下一句：「豈止是皇后。」便轉身離開了。雖然只是傳說，卻能看出人們對武則天的神化與尊崇。

武則天的父親是唐初二等功臣武士彠，母親楊氏則是武士彠的續妻，出身於隴右大士族。武則天生長在唐初的新貴顯宦之家，在奢華的生活與顯赫的權勢中，庶出的她卻飽受輕視與欺辱。幼時的武則天就深刻認識到權力的重要性，之後所經歷的一系列政治爭鬥，都可說是為最終改唐易周、南面稱帝的努力。為了這個目的，她可以不擇手段打壓攔阻在面前的敵人。

⊙應召入宮

幼時的武則天出於對生活環境的不滿，產生了強烈的離開困境、獲得權力的願望，並不斷尋找著接近權力中樞的機會。

貞觀十年（六三六年），長孫皇后病逝，唐太宗頓感人生悽楚，為了尋求慰藉，下詔選女入宮，武則天也在被召之列。入宮前，母親楊氏大哭，與女兒訣別，但武則天卻不以為

三彩方櫃　唐

此器仿照日常生活中的方櫃，是用於隨葬的明器，為唐三彩製品中少見的器物。唐三彩是一種鉛釉陶器，以瓷土為胎分兩次燒成。先將陶坯入窯素燒至攝氏一千一百度左右，然後在陶坯上施彩進行釉燒至攝氏九百度即成，複色鉛釉陶雖然在漢代已經出現，但這種工藝至唐代才出現了這種飛躍。

意，反而帶著興奮的表情勸說母親：「女兒此次進宮能夠見到天子，怎知不是福氣，母親又何必哭泣呢？」

進宮後的武則天封為才人（嬪妃的一個等級），因為外表嫵媚，唐太宗賜名「武媚」。武則天在宮中並不得寵，直到唐太宗彌留之際還只是才人。為了避免在太宗駕崩之後被送入寺廟出家為尼，她開始有意接近太子李治，兩人關係曖昧。

⊙削髮為尼

貞觀二十三年（六四九年），一代英主「天可汗」李世民駕崩，二十六歲的武則天和其他沒有子女的後宮嬪妃一起，被送進感業寺出家為尼。青燈古佛，暮鼓晨鐘，與武則天年少時追求的生活天差地別。幸好登基為帝的李治念念不忘武則天嫵媚的外貌，沒過多久就把她接進宮中，封為昭儀。

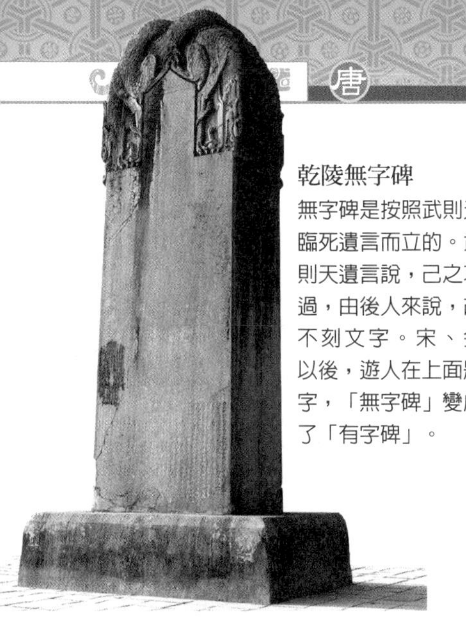

乾陵無字碑

無字碑是按照武則天臨死遺言而立的。武則天遺言說，己之功過，由後人來說，故不刻文字。宋、金以後，遊人在上面題字，「無字碑」變成了「有字碑」。

⊙宮中二聖

重新進宮的武則天充分發揮她的聰明才智，依靠李義府、許敬宗等人的幫助，不擇手段打擊支持王皇后的朝中重臣，長孫无忌、褚遂良、來濟等許多元老大臣都被送上斷頭臺，或以皇帝的名義賜死。朝中再無人反對，武則天終於成為李唐王朝的皇后。

此後李治患上了頭痛症，無法正常處理朝政。每次上朝，李治與武則天並排坐在龍椅上，前面垂上一道簾子，隔著簾子聽取百官所奏的政務，由武則天做出決斷。當時各級官員上表，都將二人並稱為「二聖」，此時的高宗完全成為了傀儡。

上元元年（六七四年），高宗稱「天皇」，武則天藉機把名號進位為「天后」。病魔纏身的李治完全失去了理智，甚至準備下詔將帝位傳給武則天，最後在大臣的勸阻下才作罷。

⊙千古一女皇

弘道元年（六八三年），高宗病逝，傳位給太子李顯。李顯與乃父相比更加懦弱無能，所有政務都交由武則天處理，成了無用的傀儡，僅兩個月就被武則天廢為廬陵王，另立李旦為帝，李唐王朝的一切權力都落到武則天手中。

對武則天的行為，時人多有不服，李唐的宗室諸王與開國勳戚紛紛起兵反武，均被武則天鎮壓，只有「初唐四傑」之一的駱賓王寫的〈討武曌檄〉為人傳誦而流傳千古。

天授元年（六九〇年），武則天向天下萬民宣布改唐易周，六十七歲的她終於走上皇位，成為大周朝開國

石燈 唐

皇帝。到神龍元年（七〇五年）去世為止，一共做了十五年皇帝，其間使用過光宅、垂拱、永昌、載初、天授、如意、長壽、延載、證聖、天冊萬歲、萬歲登封、萬歲通天、神功、聖曆、久視、大足、長安等十多個年號。

⊙自周復唐

神龍元年（七〇五年）初，宰相張柬之與大臣敬暉、桓彥範等人動員羽林軍發動政變，殺死擅權的張昌宗、張易之兄弟，逼武則天將皇位重新傳給李顯，李唐王朝復辟成功。

同年底，打入冷宮的武則天取消帝號，改稱則天大聖皇后，不久就去世了，以高宗皇后的身分與唐高宗合葬於乾陵。

⊙功過後人評

歷史的軌跡重又回到李唐王朝，武則天創立的大周朝已是煙消雲散，只留下乾陵墓前的無字碑任由後人評說。

稱帝後的武則天實行了一系列的改革措施，不僅大力維護著武周政權，也為唐朝的中興奠定了堅實基礎。

武則天不計門第，一律量才用人。為招攬人才，改革完善了隋以來的科舉制度，允許自舉為官並設立員外官。鼓勵並接受不論事實的告密，即使失實也不追究，一旦發現不稱職者，輕則革免，重則殺戮，朝廷中雖然瀰漫著恐怖的氣氛，卻也有效防止了官員貪污與腐敗。又首創殿試與武舉制度，選拔出一批能臣幹將，如狄仁傑、姚崇、張柬之等，都成為朝廷的重臣。

在內政方面，武則天重視農業生產，大力發揚農業和手工業，抑制土地擴張，維護均田制，她執政的年代，人口不斷增加。且組織編寫農書《兆人本業記》並在全國頒行。

在文化方面，武則天親力親為，倡導編撰了一些重要的文集，如《玄覽》《古今內範》《青宮紀要》《少陽正範》《維城典訓》《鳳樓新誡》《孝子傳》《列女傳》《垂拱集》和

延伸知識

唐代婦女地位

唐代國富民強、政治開明，人們個性解放，婦女地位有所提高，她們在文化、婚俗、政治生活中都表現出這個特定時代的印記。

文化上，據《舊唐書·后妃傳》記載，后妃中有著述成就的有十一人，此外，還有不少人在詩文、書法、繪畫等方面有一技之長。如上官儀的孫女上官婉兒既明習吏事，又擅長詩文，所作之詩「辭甚綺麗」，成為一時風尚。

唐代社會婚俗也較為寬鬆，社會上對離婚、再婚、寡婦再嫁都採取不干涉的態度。《舊唐書》記載出嫁的一百二十三位公主中，再嫁者二十三人，三嫁者四人。對於此類事情，社會上沒有任何非難。唐代婦女因「情志不合」而要求離異，也很常見。唐代也出現夫妻雙方通過協議而離婚的現象，當時稱為「和離」。離婚之後「一別兩寬，各生歡喜」。

從政治上看，唐代女性參政之多，影響之大，在歷史上也是罕見的。高祖李淵當年在太原起兵反隋時，女兒平陽公主散家財招募軍隊，得七萬人，時稱「娘子軍」。女皇武則天更是成為女性參政的最高代表，從掌權到做女皇，統治國家將近半個世紀。

女皇的出現，也鼓勵了皇室貴族女性的參政之風。唐中宗時的韋皇后，才能低下而野心極大，妄想步武則天之後塵，結果被李隆基和武則天之女太平公主的聯合力量所誅滅。太平公主因而權勢顯赫，「儀比親王」，她的野心不斷膨脹，還想發動政變，最後被玄宗李隆基賜死。

《金輪集》等。並自編了需要近千人演奏名為《大樂》的歌舞，又大膽創造了數十個新字。

唐朝時北方游牧民族常騷擾中原，武則天總結出募兵、發奴為兵、就地組織團兵等辦法解決困擾邊境的兵源問題，並大行屯田以確保兵糧充足。長壽元年（六九二年），武則天利用吐蕃內亂，派大軍進攻吐蕃，重建安西四鎮，又設置北庭都護府，鞏固邊防，重新打通了通向中亞的商路，促進中外經濟與文化交流。同時大膽任用少數民族將領，促進各民族交流，側面鞏固了國家政權。

當然武則天並非完人，在她掌權近半個世紀的漫長時間裡，也有很多過錯，例如重用酷吏、獎勵告密者、刑訊逼供、濫殺無辜，使朝廷時刻處於恐怖的氛圍之中。晚年好大喜功，生活奢靡。但她掌權期間順應歷史潮流大力改革，上承貞觀之治，下啟開元盛世，於是有唐朝中興，這一切，就如她陵前那塊無字碑，是非功過只能由歷史做出客觀的評論。

四川廣元皇澤寺則天殿武后石像

唐代金銀器

金銀器是指用金銀為原料加工製成的各種器皿和飾物。唐代使用金銀器盛極一時。金銀器之所以為人們所重，不僅因為它昂貴的材質和富麗的色澤，並且因為它有著極具魅力和藝術特色的裝飾圖案。唐代金銀器也是以其華美富麗的裝飾圖案，以及這些裝飾圖案所具有的博大精深的文化內涵著稱。

唐代金銀器的裝飾圖案取材廣泛，珍禽異獸、花草蟲枝、歷史人物無所不包。金銀工匠把這些圖案施於不同的器物上，不但使器物顯得精美華麗，同時也反映了人們對美好生活的強烈希望和追求。

唐代金銀器不僅是唐代繁榮的社會經濟和強大國勢的再現，而且也是中西文化交流的歷史見證。

△赤金走龍

此金龍呈四足直立狀，神態極其自然生動。頭上兩角自然彎曲，並以纖細的陰線刻出眉、目及頸部的毛髮，鑿以細密的鱗紋，精美異常。

▽銀蓮花

◀鏤空銀薰球

此為薰香器，球中間分上下兩半球，可啓閉，閉合時鉤環相扣。上半球頂部有環鈕，繫銀鏈，鏈端有掛鉤；下半球內置焚香金盂，套在大小兩隻半球銀環中間。金盂為半圓球形，以其直徑與邊緣相連的兩點為軸線，與一大於金盂的半球銀環用活動轉軸相連，造成金盂底重口輕之勢，小的半球銀環依其與金盂相連兩點為水平線，不論如何旋轉，金盂始終保持口上底下的狀態。薰球的製造，反映了唐代高度的技藝。

◀銀槨

槨蓋為弧形，中間貼鎏金寶裝蓮花，蕊以白玉做成，以瑪瑙珠為蕊心。槨身兩側近口處兩個獸啣環，下黏五個或坐或站的羅漢。前檔鏨刻門，門上垂環，左右門扉各黏一鎏金浮雕菩薩，兩菩薩間黏鎏金佛腳一對，後檔黏浮雕鎏金摩尼寶珠。

▶鎏金鴛鴦花紋雙耳銀盒

唐代金銀器主要有飲食用具、藥具、容器、盥洗器皿等，加上上層貴族崇尚奢華的風氣，因此宴飲的飲食器極為發達，不但數量極多，製作也格外精美豪華。

▲狩獵紋金帶飾

唐代金銀器不僅具有使用價值、審美價值，而且還是研究許多重要歷史問題和科學問題的實物資料。

◀鎏金魚龍紋銀盤

▶金花雙輪十二環銀錫杖

殘忍的酷吏

●時間：武周時期
●人物：來俊臣　索元禮　周興

武則天是中國歷史上唯一的一位女皇帝，在她統治期間，酷吏橫行，人人自危。但是武則天任用酷吏只是為了實現其政治上的目的，一旦達到目的以後，她就毫不猶豫地剷除了曾經倚為股肱的那些酷吏。

酷吏一詞，創自司馬遷的《史記・酷吏列傳》，指用法過於嚴酷的官吏。武則天在唐高宗死後，改國號為周，做了皇帝。李唐宗室與勳臣不服，為了對付和消滅他們，武則天起用了一批無賴小人當監察官。這些人本來都是市井無賴，以告密起家，善於根據武則天的意圖羅織罪名，使被告屈打成招。

為了擴大打擊面，武則天奉行寧可錯殺一千，不叫一人漏網的原則，鼓勵官民告密。在長安設立了一個「銅匭」，專門處理臣民告密。無論告密人的文字是否屬實，冷酷嗜血的酷吏和特務都能使受害者對告發的「罪狀」供認不諱。如果外地有人要檢舉告密，地方官必須按五品官的待遇將其護送到京。小民百姓做夢都沒想到能過五品官的癮，爭先恐後告起密來，全國上下人人自危，稍微有點地位的人物一夕數驚，惶惶不可終日。

⊙告密羅織

武則天任用的酷吏最著名的有來俊臣、索元禮、周興和侯思止。四大酷吏發明和採用的刑法連鬼神都為之變色，即使鋼打鐵鑄的漢子也會屈打成招。他們審訊案件不是審問犯了甚麼罪，而是要他們承認早就「議訂」好的罪行，所以分辯是沒有用的，只能招來更多的皮肉之苦。

以來俊臣為例，所用的酷刑令人髮指，每次審囚，「多以醋灌鼻，禁地牢中，或盛之甕中，以火環繞炙之，並絕其糧餉」，囚犯往往餓得吃自己穿的衣服。來俊臣製作了十種大枷，用以折磨犯人，分別是「定百脈」「喘不得」「突地吼」「著即承」「失魂膽」「實同反」「反是實」「死豬愁」「求即死」「求破家」。又用鐵籠頭連上枷鎖，輪轉於地，犯人一會兒就悶死了。

金花鸚鵡紋提樑銀罐

唐代服石煉丹之風在上層社會中盛行，服石煉丹用的器具也往往以貴金屬精製而成。一九七〇年在西安南郊何家村唐代窖藏中發掘出數十件煉丹用的金銀器具，其製作之精美令人歎為觀止。這些器具及藥材的出土反映了服石煉丹在唐代上流社會的盛行情況。

來俊臣還與手下合著《告密羅織經》一卷，條理分明，簡明易懂，成為後世酷吏和告密者的「必讀之書」。

索元禮是武則天情夫薛懷義的乾爹，與來俊臣齊名，時稱「來、索」。他是西域胡人後代，窮凶極惡，辦案時，抓住一個人，往往就牽連出數十數百人，朝中莫不震懼。

瑞獸 唐

咸陽順陵前唐代石刻之一。通高四百一十五公分，長一百五十公分。瑞獸身體高大肥壯，頭頂部雕以彎曲的獨角，人們通常稱之為獨角獸。頭似鹿，體如牛，足為馬蹄，長尾曳地，前肢上部雕以捲雲紋雙翼，所以人們又稱其為翼獸，亦稱辟邪或瑞獸。選此獸作陵前護衛者，是為了取其鎮墓闢邪的祥瑞之意。

他發明了一種特製的鐵籠，把被告的頭塞到裡面，四周滿是鐵釘。後來索元禮因為受賄被逮入監獄，開始還不服，獄吏大叫：「把索公鐵籠拿過來！」眼見先前所製刑具砸在面前，索元禮馬上服罪。不久，便折磨而死。

⊙請君入甕

周興最有名的「政績」，是害死大將黑齒常之。黑齒常之是百濟人，「長七尺餘，驍毅有謀略」，在與突厥的戰爭中立下赫赫功勳。周興誣陷他與右鷹揚將軍趙懷節謀反，逮捕至京，關入詔獄。千軍萬馬皆不懼的黑齒常之進了周興等人的活地獄，驚恐畏懼，肝膽俱裂，竟然上吊自殺。

後來，周興被人告發「謀反」，武則天命來俊臣審理。來俊臣十分瞭解周興，知道他鐵嘴鋼牙，便請到家裡飲酒。席間，來俊臣問周興審訊犯人讓對方招供的「祕方」。周興莞爾一笑，說，「找個大甕，讓犯人進入其中，四周慢火烤煎，沒有甚麼人能不招供的。」來俊臣欣然鼓掌，馬上讓手下抬來一口大甕，對周興說：「請君入甕。」周興大吃一驚，只得認罪——這就是成語「請君入甕」的由來。

當時官民無論是否有罪，只要被逮入監獄，就嚇得魂飛魄散，承認誣陷的罪名。對朝中大臣，酷吏或以棒殺，或以刀斬，或截舌，或剖膽，甚至為了強取一個美婢，不惜族誅數百人以達到目的。

最後，來俊臣玩得過火，想誣陷武則天的女兒太平公主和武則天的面首張易之等人。眾人齊起攻之，武則天才將來俊臣「下詔棄市」。市民聽說來俊臣被殺，高興得拊掌相慶，不管與他有沒有冤仇，都爭著剮他的肉吃，可見酷吏實在不得人心。

武則天見任用酷吏的目的已經達到，就一一翦除了他們。效盡犬馬之勞的酷吏，最後都難逃自己製造的刑誅。

國老狄仁傑

●時間：西元六三〇～七〇〇年
●人物：狄仁傑

閻立本在獄中發掘狄仁傑，並向高宗推薦其為「河曲之明珠，東南之遺寶」。從此以後，狄仁傑活躍於高宗和武則天的政治舞臺上，用他的智謀和勇氣輔佐皇帝治理天下。

⊙執法不阿

狄仁傑（六三〇～七〇〇年），字懷英，并州太原（今屬山西）人。出生於官宦世家，祖父狄孝緒曾任尚書左丞。從小受到嚴格教育，通過明經科考試及第，出任汴州判佐，遭人誣告下獄。

當時工部尚書閻立本為河南道黜陟使，負責審理這個案子。閻立本不僅辨清了事情的真相，而且發現狄仁傑是一個德才兼備的難得人才，對皇上推薦說：「狄仁傑乃河曲之明珠，東南之遺寶，望陛下重用之。」狄仁傑因此做了并州都督府法曹。

唐高宗儀鳳年間（六七六～六七九年），狄仁傑升任大理丞，剛正廉明，執法不阿。上任不久，武衛大將軍權善才誤砍太宗昭陵的柏樹，這是誅九族的大罪，唐高宗大怒，命令處死。

狄仁傑奏道：「權善才罪不當死。」唐高宗疾言厲色說：「善才砍昭陵柏樹，是使我不孝，必須殺！」

狄仁傑神色不變，據法力爭道：「自古都認為犯言直諫難，但我認為遇到桀、紂則難，堯、舜則易。如今善才罪不至死，而陛下殺了他，我還能說甚麼呢？陛下以昭陵一棵樹殺一位將軍，千載之後，人們如何看待陛下？臣不敢同意殺善才，陷陛下於不道。」終於使唐高宗改變主意，赦免權善才的死罪。

⊙怒斥亂兵

武則天掌權後，博州刺史、琅邪王李沖起兵反對，豫州刺史越王李貞起兵響應。平定這次宗室叛亂後，武則天派狄仁傑出任豫州刺史。

當時受株連的有數千人，狄仁傑深知大多數是被迫的，就上疏說：「這些人造反並非出自本心，希望可以減輕刑罰。」武則天聽從建議，特赦這批死囚，改死罪為流放，安撫民心，穩定了豫州的局勢。

平定越王李貞叛亂的張光輔，將士仗著戰功，大行勒索之事，狄仁傑沒有聽任這事，並怒斥張光輔為邀功而殺戮降卒。狄仁傑說：「你縱容士兵行暴，使無罪的人也受到欺凌。亂河南的本來只有越王李貞，但現在李貞死了，反而會激出千萬個李貞。」

狄仁傑義正辭嚴，張光輔無言可對，懷恨在心，還朝後攻擊他出言不遜，狄仁傑被貶為復州（今湖北沔陽縣西南）刺史。

後來狄仁傑入朝當了宰相，一天武則天召見，問說：「聽說你在豫州的時候，名聲很好，但是也有人在我面前揭短，你想知道他們是誰嗎？」

狄仁傑說：「如果您認為臣有過失，臣當改正，現在陛下知道臣並無過錯，是臣的幸運。臣如果不知道說我壞話的人，還能和他做朋友，如果知道就不一定了，所以臣並不想知道。」武則天覺得狄仁傑坦蕩豁達，更加賞識。

⊙智鬥酷吏

狄仁傑官居宰相的時候，武則天的姪子武承嗣顯赫一時、躊躇滿志。武承嗣認為狄仁傑會是爭奪皇嗣之位的障礙，勾結酷吏來俊臣誣告狄仁傑等大臣謀反，將他逮捕下獄。

來俊臣逼狄仁傑招供，狄仁傑出人意料說：「我招認。」因為在來俊臣的手下，不招認也會被屈打成招。來俊臣得到滿意的口供，將狄仁傑等收監，準備擇日行刑，不再嚴密看守。

狄仁傑趁獄卒不備，扯碎被子，用碎布寫了申訴狀，縫在棉衣裡，請獄吏轉交家人。狄仁傑的兒子光遠得冤狀，託人送給武則天。

武則天看了，召見狄仁傑面詢：「你為何承認謀反？」狄仁傑從容不迫答道：「如果不承認，陛下已經見不到臣了。」武則天又問：「那為何作謝死表呢？」狄仁傑答曰：「臣未作此表。」武則天令人拿出謝死表，才清楚是來俊臣偽造的。

⊙維護唐祚

武則天當政時，尊狄仁傑為「國老」，對他很是尊重。聖曆元年（六九八年），武則天的姪兒武承嗣、武三思數次使人游說武則天，請求立武家人為太子。

武則天猶豫不決，狄仁傑對武則天說：「陛下如果立兒子為太子，則千秋萬歲後配食太廟，承繼無窮。立姪子為太子，則臣從未聽說過姪兒為天子而在廟中祭祀姑姑的。」

最終，武則天聽從了狄仁傑，迎接廬陵王李顯回宮，立為皇嗣，唐祚得以維繫。

落霞孤鶩圖

明代畫家唐寅作，取唐代詩人王勃〈滕王閣序〉詩意。

「模稜兩可」蘇味道

●時間：西元六四八～七〇五年
●人物：蘇味道

蘇味道以才學得到武則天的重用，但是他為官沒有原則，模稜兩可，首鼠兩端，以致於一生之中三次被貶，最後死於貶所，讓人不恥於他的人品。

唐代文學史上，蘇味道與李嶠並稱「蘇李」，他的文學才能即使飽學之士也非常佩服。

有一次武則天問狄仁傑：「朕讓你推薦一個人，有嗎？」狄仁傑回道：「不知陛下將此人作何用？」武則天說：「我要用來作將相。」狄仁傑說：「臣猜想，如果陛下僅僅需要文章做得好，蘇味道已經是頂尖人物了……」可見，蘇味道的文采風流在時人心目中無可替代。

蘇味道（六四八～七〇五年），趙州欒城（今屬河北）人。從小就是好好先生，弟弟要他辦事，如果不答應，就劈頭痛罵，而他竟然好像沒事人一樣，嘻嘻哈哈，一點也不發怒。

⊙瑞雪獻媚

武則天賞識蘇味道的文才，舉為宰相，蘇味道對武則天的知遇之恩感激萬分。有人撿到一塊白石頭，拿來進獻，因為上面有幾個紅點，就說石頭代表赤心，結果受到了表彰。蘇味道看到這樣可以奉承皇帝，便開始有樣學樣。

夏曆三月，本應是鶯飛草長，春意盎然，但這年氣候反常，反而下起大雪。蘇味道靈光一閃，寫了一個奏章，說現在三月還下大雪，真是天大的祥瑞，這是老天爺對陛下功績的肯定。

武則天龍顏大悅，讓大臣傳看。大家見皇帝高興，都不敢表示反對。這時，大臣王求禮站出來，這個人素來耿直，說話冒失，大家看他出來，都低下頭，心裡沒底，不知道他會說些甚麼。

王求禮大聲說道：「陛下，宰相的職責就是輔助皇帝調理天下萬民、陰陽四時。現在氣候反常，春降大雪，為百姓造成災害，怎麼能說是祥瑞呢？如果三月的雪是瑞雪，那麼臘月的雷也可以叫做瑞雷嗎？」

聽了王求禮最後一句話，大臣不

三彩臥駝 唐

禁笑了。武則天也覺得有趣，笑了笑，並沒有處罰王求禮。蘇味道自知沒趣，趕緊岔開別的話。

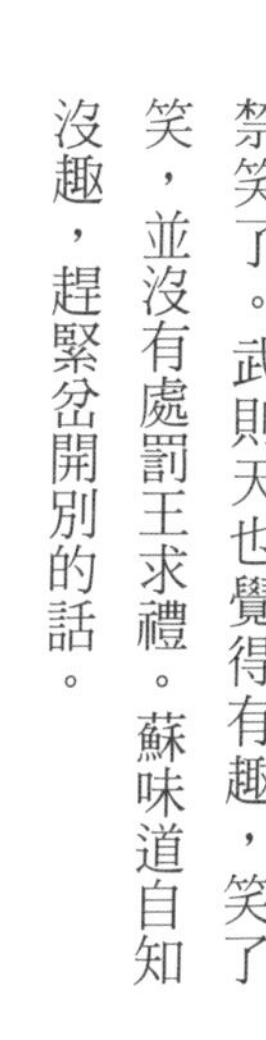

⊙「蘇模稜」

武則天登基後，立太子成了大臣非常關心的問題。武則天和高宗的兒子大多被武則天廢為庶人，沒有人敢為王子說話。於是武則天的姪子武承嗣蠢蠢欲動，朝中大臣也分為幾派。武則天一直沒有明確表態，大家紛紛猜測，社會上流言橫飛。因為蘇味道經常在武則天身邊，有人便向他打聽。

武承嗣派人和蘇味道交往，蘇味道不敢得罪，直說：「陛下這些天都稱讚這個姪子能幹呢！」武承嗣聽了，以為武則天有意為自己立儲，非常高興。

武承嗣的人剛走，朝廷重臣李昭德也來了。此人是朝廷元老，對李氏王朝忠心耿耿，蘇味道趕緊隆重接待。李昭德見蘇味道客氣，認為皇帝一定對以自己為代表的擁唐派大臣很尊重，於是也高興走了。

他們都走了以後，蘇味道鬆了一口氣，得意地對門人說：「做事就要這樣，不能太清楚明白。如果太明白就會犯錯誤，讓人抓住把柄。就像摸椅子的稜角一樣，兩邊都要摸到，這樣怎麼說都可以。」這個故事慢慢傳開，大家都叫蘇味道為「蘇模稜」，也成了成語「模稜兩可」的來源。

武承嗣以為武則天要立自己為太子，於是讓親信張嘉福動員洛陽街頭的數百個無賴向武則天上表，請立武承嗣為皇太子。武則天沒有答應，這些人賴在宮門前不肯走。武則天派與武承嗣對立的李昭德處理。李昭德沒有手軟，把這些無賴全部處死，事情於是平定。

事後，武則天追究無風起浪的原因，發現是蘇味道亂說話，一氣之下，下了一道命令，說蘇味道「罔上附下，不能匡正」，貶到外地做官。蘇味道奉行「模稜兩可」的為官之道，沒有自身立場，誰都不得罪，結果官位一樣不保。

維摩詰像

在唐代描繪維摩詰形象繪畫作品中，吳道子的這幅維摩詰像是最生動傳神、最具代表性的傑作。畫家以流利剛健的線描一氣呵成，確有「虬鬚雲鬢，數尺飛動，毛根出肉，力健有餘」之感。

【文章取倖宋之問】

●時間：西元六五六～七一二年
●人物：宋之問

> 宋之問巧遇駱賓王、武則天奪袍賜宋等故事廣為流傳，但歷史上的宋之問卻因仕途上的追求，陷入了爭權奪利的政治漩渦之中，並因此歷經寵辱，在他有所醒悟之時，卻被玄宗李隆基賜死。

唐高宗顯慶元年（六五六年），宋之問（六五六～七一二年）出生在汾州（今山西汾陽）。據說他的父親不僅富文辭，且工於書法，筆力雄渾，世稱「三絕」。宋之問得到父親的遺傳，文詞俱佳，並因此登臨「龍門」，踏上仕途。

⊙不愁明月盡

武則天臨朝後，一次眾位大臣陪唐中宗宴遊長安的昆明池。中宗來了雅興，讓群臣賦詩助興，不一會大臣就寫了百餘篇應制詩。中宗想從中選出一首譜上曲子讓宮女唱和，就命才女上官婉兒篩選定奪。最後只剩下兩首，一是沈佺期，一就是宋之問。上官婉兒考慮再三，留下宋之問的作品，而將沈佺期淘汰。

沈佺期不服，追問緣故。上官婉兒回答說：「兩首詩工力悉敵，不過沈詩的結句詞氣已竭，而宋詩的結句筆力猶健。」

原來，兩人的詩用了同一個典故：傳說漢武帝救過一條大魚，後來在昆明池邊得到一雙夜明珠，就是大魚報恩所獻。宋之問把典故用在結尾：「不愁明月盡，自有夜珠來。」很漂亮吹捧了皇帝。沈佺期則放在詩的中間，最後寫道「微臣雕朽質，羞睹豫章材」，大煞風景。聽了上官婉兒的評論，沈佺期心服口服。

⊙巧遇駱賓王

民間傳說，宋之問和「初唐四傑」之一的駱賓王之間還有一段傳奇故事。

有一次，宋之問到杭州靈隱寺遊覽，夜間借宿於此，看著寂靜的月色和寺前黑黝黝的奇峰，詩性大發。沉思再三，吟出：「鷲嶺郁岧嶢，龍宮鎖寂寥。」一時滯塞，怎麼也接不上去，在殿裡徘徊思索，不斷重複這兩句，不知不覺間步進了一個禪堂。

突然，一個洪亮的聲音在耳邊響起：「這位少年，深夜不眠，還在作詩？」宋之問連忙抬頭，只見一位僧人在上方端坐。宋之問心想僧侶中不乏作詩高手，便把兩句詩讀出，並表示才思枯塞。

僧人聽罷，立即高聲說道：「何不接這樣兩句：『樓觀滄海日，門對浙江潮』？」宋之問聽了一驚，這詩遠遠高出自己！連忙道謝，後面的詩句也就源源而來。

後來才知道，這人就是因隨徐敬業起兵討武而被通緝，後來落髮為僧的駱賓王。

⊙奪袍賜宋

武則天當政後，宋之問出入侍從，禮遇極高。

武則天喜好文詞樂章，一次遊洛陽龍門，命群臣賦詩，左史東方虬先成，武后看了非常滿意，賞賜一件錦袍。

過了一會，宋之問的〈龍門應制〉詩成奉上，洋洋灑灑有幾百字，大肆奉承。武則天看了以後，微笑道：「宋詩文理兼美。」左右也都大加稱讚。

武則天對東方虬說：「宋學士的詩遠超於你，把錦袍脫下來讓他穿上吧！」宋之問志得意滿。

為了討好武則天，宋之問用盡辦法尋找好的詩句。一天，外甥劉希夷來拜訪，拿出新作賞讀。其中兩句「年年歲歲花相似，歲歲年年人不同」，意境清新，感情深摯。

宋之問非常喜歡，於是問劉希夷：「你這首詩給別人看過嗎？」劉希夷不知為甚麼有這一問，回答道：「還沒有呢！」宋之問試探性地說：「舅舅非常喜歡這兩句，想寫進詩裡。不知外甥意下如何？」劉希夷想了想，覺得只是一句詩，就答應了。

過了幾天，劉希夷反悔，宋之問已經把這句詩嚷嚷出去說是自己寫的。無奈之下，起了殺人滅口之心，讓人用土囊沙袋把劉希夷悶死了事。

⊙政治漩渦

宋之問不僅扈從武則天朝會，而且奉承武則天近倖的媚臣外戚，宴樂優游，不知不覺陷入統治集團內部爭權奪利的政治漩渦之中。

宋之問在武則天晚年先後轉任尚書監丞、左奉宸內供奉。神龍元年（七〇五年）正月，宰相張柬之等逼武則天退位，中宗李顯復位，宋之問與杜審言等人皆遭貶謫。後來，宋之問傾附中宗女兒安樂公主，遭太平公主忌恨。景龍三年（七〇九年），被貶為越州（今浙江紹興）長史。

唐中宗年間的政治動盪及個人寵辱無常的經歷，使宋之問感觸良深。不久李隆基即位稱帝，由於曾經依附武氏和韋氏，宋之問被賜死，結束了最後的人生旅程。

修禪圖 唐

「修禪」是道教的基本修行活動。修禪的基本姿勢有五種，主要為坐式，通常稱「坐禪」，其餘有臥式、行走式、立式和隨意式。三圖分別為：臥禪圖、行禪圖、坐禪圖。

【姑姪相爭】

●時間：西元七一三年
●人物：太平公主　李隆基

太平公主與唐玄宗李隆基之間的權力爭鬥，僅是唐代皇室內部互相傾軋的一個縮影，這在中國漫長的專制政治傳承中屢見不鮮。

武則天南面稱帝，創立大周，不僅對唐代政治走向影響深遠，更感染了身邊一大批有著同樣野心與抱負的女人。兒媳中宗李顯的皇后韋氏和女兒太平公主，都有稱帝的野心。

⊙天后之女

太平公主是高宗與武則天的女兒，自幼最受父母寵愛。《新唐書·太平公主傳》記載，她不僅天資聰慧，工於心計，更兼常年隨侍母親身旁，耳濡目染，「善策人主微指，先事逢合，無不中」，得到武則天「類我」的評價。中宗皇后韋氏雖然一度獨攬大權，也自認謀略遠在太平公主之下，對她十分忌憚。

⊙誅滅韋氏

景雲元年（七一〇年）六月，韋氏在餅中下毒，謀害了丈夫中宗，立年僅十六歲的溫王李重茂為皇太子，以皇太后的身分臨朝聽政。京城中傳言，韋氏將會仿效武則天，不日登基成為女皇。

時任衛尉少卿的相王李旦之子臨淄王李隆基得知後，氣憤難平，隨即召集親信，聯合姑姑太平公主，一同策劃推翻韋氏，匡復社稷。早已得知嫂嫂韋氏正密謀剷除自己的太平公主滿口答應，讓兒子薛崇簡參與此事。

不久，李隆基與薛崇簡等人率兵攻打玄武門，宮中衛士群起響應。韋氏驚惶逃往飛騎營中，為兵士所殺，盛極一時的韋氏集團就此敗亡。

⊙名動朝野

大事既定，太平公主對相王李旦說：「天下應該屬於相王，而不該屬於這個小孩子（溫王李重茂）。」幫助李旦登基，是為睿宗。

太平公主由此威震天下，加封食邑萬戶，號之為「鎮國太平公主」，三個兒子也一併封作王爵。軟弱的睿宗對其言聽計從，所推薦的人盡皆重用，前後七任宰相，四個出自太平公主門下。這些因太平公主而青雲直上

敦煌壁畫·吐蕃嫁娶圖　唐

的臣子，遇見睿宗沒有上朝，就直接把奏摺拿到公主府中商議，睿宗所能做的，不過是在擬好的意見上簽字同意罷了。

⊙飛揚跋扈

對於姑姑的專橫，太子李隆基以退為進，只待羽翼豐滿再尋對策。李隆基曾經因為讓宋王、岐王二人統率禁軍，觸怒了太平公主，認為是奪取權力，於是驅車直抵宮門，要求廢黜太子。事件雖然平息，心有餘悸的李隆基還是召來得罪太平公主的大臣嚴加訓斥，以求得到姑姑的諒解。上奏彈劾太平公主有袒私枉法之嫌的監察御史，被認為是離間皇室的骨肉之情，貶為密州司馬。太平公主氣焰之盛，可見一斑。

⊙謀逆而亡

越發驕縱且不可一世的太平公主，對唯唯諾諾的睿宗逐漸產生了取而代之的念頭。此時睿宗宣布退位，將皇位讓與太子李隆基，是為唐玄宗。眼看計畫將要落空，太平公主隨即展開陰謀篡位的行動。

開元元年（七一三年），太平公主與尚書左僕射竇懷貞、侍中岑羲、中書令蕭至忠等謀劃誅殺新皇。得知消息，玄宗立即調集人手，先行誅殺了為太平公主前驅的一干逆臣。太平公主聞訊逃入南山，三日後才回到家中，玄宗立即下詔賜死。

受此案株連，太平公主的兒子及黨羽數十人被殺，唯有曾經追隨玄宗的薛崇簡，因為多次勸諫母親，得以倖免並保全了官爵。

歷史詞典

金城公主遠嫁

景龍元年（七〇七年）四月，唐中宗允諾吐蕃贊普棄隸贊的請求，將雍王李守禮（章懷太子李賢之子，中宗嫡姪）之女封為金城公主嫁給贊普。吐蕃貴族因當時北方突厥為患，為避免腹背受敵，派大臣悉熏熱進獻方物，為年輕的贊普求婚，中宗為了國家利益允婚。

景龍三年（七〇九年）十一月，吐蕃贊普派遣大臣贊咄等一千多人前來迎娶公主。第二年正月，中宗命令左驍衛大將軍楊矩送公主入蕃。中宗渡過渭河到始平縣親自送別公主，在百頃池設帳殿款待王公宰相和吐蕃使者。席間，中宗談及公主尚年幼就要遠嫁時（當時贊普也只有十四歲），不禁唏噓悲泣，並且命眾臣為公主賦詩餞行，場面非常悽涼。後來，中宗將始平縣改名為金城縣，將百頃池改名為鳳池鄉愴別里，楊矩也任命為鄯州（今青海西寧樂都）都督。

公主到了吐蕃以後，贊普為她另築別宮居住。金城公主愛好文藝，除帶去幾萬疋錦繒外，還有許多書籍、樂工雜技等，對吐蕃文化發展有重大影響。

戴面紗女騎俑　唐

救時宰相

●時間：西元六五一～七二一年
●人物：姚崇

姚崇是唐玄宗登基以後的第一任宰相，他的入相和去職一樣充滿了傳奇色彩。姚崇果敢、精練、雷厲風行的作風贏得了玄宗的青睞，也奠定了開創「開元盛世」基礎，因此，人稱其為「救時宰相」。

⊙玄宗拜相

姚崇（六五一～七二一年），本名元崇，字元之。後為避唐玄宗開元年號，改名為崇。天授年間（六九○年），武則天大興告密之風，重用酷吏，時任司刑丞的姚崇持法公正，保全了不少人的性命，頗有賢名。

鎏金鳳鳥翼鹿紋銀盒　唐

武則天去世後，唐中宗復位。中宗無能，妻子韋后掌握政權，重用武三思，朝綱大亂。景龍四年（七一○年），中宗被妻女殺害，李隆基和太平公主起兵殺死韋后，擁戴其父相王李旦登基，是為睿宗。兩年後，睿宗讓位給兒子李隆基，這就是唐玄宗。

玄宗登基時，唐朝剛剛經歷了幾十年的動盪，急需一位能人主持政務，玄宗想到了姚崇，祕密召來商量天下大事，有意要他出任宰相。

姚崇並不立即跪拜謝恩，玄宗奇怪，就問：「卿有甚麼不滿意嗎？」姚崇跪奏：「臣有十件事情上奏，如果陛下不答應，那麼臣就不做這個宰相。」玄宗說：「你說說看。」

於是姚崇把武則天以來的政治得失總結成十個方面的經驗，一一陳述，恰好都是玄宗覺得應該注意的地方，兩人政見相投，姚崇當即拜相。

⊙革除舊弊

正在玄宗勵精圖治的時候，開元四年（七一六年），山東一帶發生了特大蝗災。黑壓壓的蝗群鋪天襲來，所到之處不但莊稼為之一空，連野草都被吃光了。百姓迷信，以為是上天降災，不敢滅蝗，反而向蝗蟲祭拜。眼看莊稼被蝗蟲糟蹋，人們卻沒有辦法。

姚崇向玄宗上了一道奏章，他說：「《詩經》認為，對於蟊賊可以付之一炬，漢光武帝也說官員應該勸百姓種植農桑，幫助他們驅除蟲災，可見蝗蟲是應該消滅的。臣以為蝗蟲怕人，容易驅除，而且每塊田都有主人，讓這些農民救自己的莊稼，他們肯定會不辭辛勞。只要晚上點上火，在田邊挖溝渠，把燒死的蝗蟲掃到溝渠裡沖走，蝗蟲就可以撲滅。古時候的蝗災沒有撲滅不是撲不滅，而是大家沒有努力去做這件事啊！」

玄宗看了奏摺，認為姚崇說得入

情入理，於是任命專門的捕蝗使，執行殺蝗的任務。但是，汴州（今河南開封）刺史倪若水拒不執行，並且立即上了一道奏章，說：「蝗蟲是天災，人力是沒法抗拒的，要消除蝗災，只有積德修行。」

倪若水的奏章在到達玄宗前，先經過了姚崇。姚崇看到奏章，十分惱火，立即修書責備倪若水，嚴厲警告他說：「你說官員道德高尚，蝗蟲會繞道而走，那麼蝗蟲就是你德行不夠招來的嗎？現在蝗蟲來了，你坐視不管，讓老百姓用甚麼過年？你這個刺史是怎麼做的？」

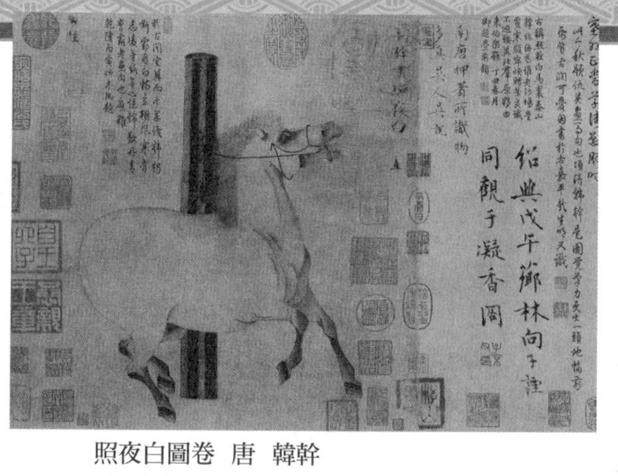

照夜白圖卷　唐　韓幹

「照夜白」是唐玄宗李隆基的坐騎，此圖用筆簡練，線條纖細遒勁，馬身微加渲染，雄駿神態已表現出來。

依照姚崇所說，招致蝗災已經是無德，不救災就更是無德，措辭實在太厲害了。倪若水害怕，立即發動官民用姚崇規定的辦法滅蝗，很快便控制了災情，僅汴州一地就撲滅蝗蟲十四萬擔。

⊙人定勝天

倪若水雖然服輸了，可是長安朝廷裡還有一批官員認為冒然推行姚崇的滅蝗辦法，會惹出亂子。

唐玄宗經不住這些聲音，有點動搖，就問姚崇，姚崇從容不迫回答說：「陛下，你要相信，那些人只知道死讀書，不知變通。做事要合乎道理，不能只講老規矩。歷史上山東多次發生大蝗災，不用力捕救，造成嚴重災荒，以至於發生人吃人的事情。現在河南、河北積糧不多，如果因為蝗災而沒收穫，必將導致百姓流離失所，國家就危險了。況且我們捕殺蝗蟲，即使不能取得全勝，總比養以為患要好吧！」

唐玄宗聽了，知道捕蝗的重要性，不再被朝廷上紛紛擾擾的意見所困惑。等姚崇說完，玄宗點點頭說：「卿思慮周全，我可以放心了。」

姚崇出宮的時候，跟在後面的大臣盧懷慎悄悄對他說：「天災怎麼可以通過人力來解決呢？再說殺蟲太多，總是傷和氣的事，希望相公好好考慮。」

姚崇不屑，說：「楚王吞水蛭而治好了病，孫叔敖斬蛇而福降，如今的蝗災也一定可以驅除。如果縱蝗不管，糧食就會吃光，那麼百姓怎麼辦呢？餓死百姓難道不傷和氣嗎？如果殺蝗有禍的話，我姚崇來承擔，絕對不會連累到您的。」

由於姚崇堅決滅蝗，各地的蝗災終於平息。更重要的是，姚崇的作風給大唐皇朝帶來了新的氣象，注入了新的活力，建立了人定勝天的信心。開元盛世就從治理蝗災這裡開始了。

寧移南山不改判

●時間：？～西元七三三年
●人物：李元紘

李元紘在星光燦爛、名人輩出的唐代算不上一個特別有名的人物。但是他面對太平公主權勢仍能大義凜然地道出：「南山或可改移，此判終無搖動。」這不能不讓人肅然起敬。

李元紘，世居京兆萬年縣（今陝西西安南）。祖上李粲在唐高祖李淵起事時立下功勞，封應國公，官拜宗正卿，賜姓李。李粲在隋朝為官時就和高祖關係很好，唐初時格外受到眷顧，官至左監門衛大將軍，特許在宮中騎馬。李元紘由於世襲關係，也很快入朝為官。

開元初年，李元紘被擢升為京兆尹，接手疏浚三輔水利。

⊙重要的水源地

「三輔」的稱呼起於漢代，西漢太初元年（前一〇四年），漢武帝劉徹將京師長安周邊劃分為三個區域：左馮翊、中京兆、右扶風，是為三輔，範圍基本在關中平原中部。關中土地肥沃，號稱天下「糧倉」，不單地理條件得天獨厚，還有著豐富的水利資源。南部秦嶺山脈幾十條河流，中部渭河橫貫，北部則有涇河和著名的鄭國渠、白渠。這些水流源源不斷滋潤著關中土地，歷代百姓均受其益。

從漢代開始就有歌謠唱道：「鄭國在前，白渠起後。舉臿為雲，決渠為雨。涇水一石，其泥數斗。且溉且糞，長我禾黍。衣食京師，億萬之口。」

由於水利的重要，唐政府頒布了《水部式》，專門列有關於鄭國渠、白渠的管理條款，規定幹渠不得築堰攔水，支渠只允許修築臨時性堤堰。在渠水的使用權方面，規定灌溉用水權優先於水利綜合利用。但是，豐富的水利資源也不時遭到人為的侵占，往往有王侯世家沿渠隨意設置水碾，拆了建，建了拆，嚴重干擾了農田灌溉。

⊙南山不改判

李元紘對於水碾並不陌生，數年前任雍州司戶時，就處理過一起水碾

狩獵紋夾纈絹　唐

絳地狩獵紋絹，是在絹底上，用刻製的鏤空花紋版，在花紋處塗防染白漿，染後現出狩獵紋樣。每個單元圖案為一騎士返身張弓射獅，獅子作人立狀，張牙舞爪撲向騎士，四周裝飾有花草及飛鳥、奔兔等，姿態生動。

所有權的官司。爭奪水碾的一方是寺廟的僧人，另一方是太平公主，力量對比懸殊。

太平公主是武則天的女兒，中宗的妹妹。中宗懦弱無能，生性好強的太平公主趁虛而入，成為政壇上的強者，周圍形成了一股強大的政治勢力。韋后亂政，就是太平公主和李隆基平定的。太平公主勢力相當強大，可以說遮天蔽日，許多官員都以太平公主的好惡為行動準則。

李元紘審理後，將水碾判給僧人。雍州長史竇懷貞得知後大驚失色，屬下竟然把水碾判決給僧人，而不是太平公主，無異於闖下滔天大禍。他親自找到李元紘說：「你難道不知道對方是太平公主嗎？」李元紘說：「知道！而且屬下知道太平公主可以一手遮天。」

竇懷貞喝道：「你必須立即改判！」李元紘臉色鐵青，答道：「卑職辦案鐵證如山，除非不在這個位置，否則決不更改。」然後在判決書上寫下十二個大字：「南山或可改移，此判終無搖動！」李元紘如此堅決，竇懷貞只有無功而返。

李隆基聽說後，非常贊同李元紘的做法。即位後，任命李元紘為京兆尹，繼續疏通河道，專門對付占用河道的王公大臣。李元紘上任後，雷厲風行，命令拆毀所有水碾，「百姓大獲其利」。

⊙清儉宰相

李元紘其後歷任工部、兵部、吏部侍郎。開元十三年（七二五年），唐玄宗有意讓他擔任戶部尚書，命大臣推薦人選，大多數人都推薦李元紘，有人反對說李元紘資歷太淺，不宜破格提拔，於是玄宗先讓李元紘當了一年戶部侍郎。一年後，李元紘任為中書侍郎、同平章事，成為宰相。

開元時期的宰相中，李元紘以清儉著稱。在位多年，他沒有修葺過住宅，馬鞍飾物都是舊的，賞賜的錢物也全都送給親戚。名相宋璟稱讚他「貴為國相，家無儲積」。

歷史詞典

《史通》

劉知幾（六六一～七二一年），字子玄，徐州彭城（今江蘇徐州）人。中宗景龍年間，他因為不滿武則天和唐中宗時史館制度的紊亂，和監修貴臣對修史工作的橫加干涉，毅然辭去史職，開始寫《史通》一書。

《史通》二十卷，包括內篇十卷三十九篇，外篇十卷十三篇，合五十二篇。其中內篇的〈體統〉〈紕繆〉〈弛張〉三篇亡佚於北宋以前，全書至今存四十九篇。內篇是全書的主要部分，著重闡述了史書的體裁、體例、史料採集、表達要求和撰史原則，而以評論紀傳體史書體例為主。外篇著重論述史官制度、正史源流，雜評史家、史著得失，並略申作者對於歷史的見解。

他在對歷史撰述進行回顧和理論分析的時候，貫穿著一條史學批評的主線。除了對歷史撰述和歷史功用討論以外，劉知幾並討論了史學家的素質問題，提出了「史家三才」的說法，要求歷史學家具有才、學、識。

這是中國古代史學史上一部劃時代的史學批評著作，其問世標誌著中國史學進入到一個更高的自覺階段，是史學發展和史學理論建設的新轉折。

【開元盛世】

●時間：開元年間
●人物：李隆基

武則天之後，中宗和睿宗統治時間短暫，政局動盪多變，但李唐王朝的統治危而不墜，隨即迎來了玄宗的開元盛世。

⊙刺配功臣

玄宗李隆基是睿宗李旦的第三子，登基之後，即致力於政局的穩定。玄宗經歷過複雜的政治爭奪，有處理危難政局的經驗，同時深知安定昇平得來不易。他用人處事熟慮深思，恐傷國脈。跟隨玄宗建立功勳的大臣，大多善於謀劃，是出世奇才，玄宗認為這類人「時與履危，不可得志」，於是以種種藉口誅戮貶逐。

最先罷官的是郭元振，開元元年（七一三年）冬，玄宗駕幸驪山溫泉宮。兵部尚書郭元振正在此地連營五十餘里，操練二十餘萬大軍，玄宗檢閱操練現場，以軍容不整、督操忤旨之罪拘郭元振於軍前，宣令處斬。經左右百官求情，才將他罷職，遠謫新州（今廣東新興）。太子少保劉幽求、詹事鍾紹京、侍郎王琚等人都貶為外州刺史，有人甚至放歸田里，永不錄用。

罷黜功臣的政策施行於開元初年，權力日益穩固後，玄宗又對昔日貶官的功臣表示懷念之情，予以優容款待。

⊙開元盛世

政局安定帶動了社會經濟發展。玄宗注重興修水利，發展農業生產。開元二年（七一四年），玄宗命戴謙開掘并州文水（今屬山西）東北五十里處的甘泉渠、二十五里處的蕩河渠、二十里處的靈長渠及千畝渠，均引文谷水，灌溉田畝千餘頃。

農田水利的興修，對抵抗旱災、增加糧食產量大有裨益。玄宗並下令招募流民耕種荒田，免徵五年賦稅，刺激農業生產發展，使全國出現了「高山絕壑，耒耜亦滿」的局面。

為了解決穀賤傷農的問題並抵禦天災，玄宗又極力主張恢復常平倉、義倉制度。常平倉的設置，主要在於平抑糧價，防止豐年穀賤傷農和荒年穀貴傷農。義倉的設置，主要在於荒年救災和青黃不接時向農民免息貸種。

手工業方面，陶瓷、紡織、印染、造紙、印刷等行業也有較大的發展和進步。隨著農業和手工業的發展，商業也迅速發展。「東至宋（今河南商丘南）、汴（今河南開封），西至岐州（今陝西鳳翔），夾路列店肆待客，酒饌豐溢，每店皆有驢賃客乘，倏忽數十里，謂之驛驢。南詣荊、襄（今湖北江陵、襄樊），北至太原、范陽（今北京），西至蜀川（今四川）、涼府（即涼州，今甘肅武威），皆有店肆，以供商旅」。富商大賈空前活躍，「客行野田間，比屋皆閉戶。借問屋中人，盡去做商賈。」社會財富的增加，使國力空前強盛。

高宗以後，吐蕃強大，成為西方邊境的嚴重威脅。武則天時期，東突厥復興於漠北，契丹崛起於東北，又造成北方形勢的緊張，許多貞觀、永徽年間（六二七～六五五年）歸屬唐朝的地區重又脫離控制。

玄宗加強鄰接地區軍隊的管理，開墾屯田，大大充實防務。又在東北至西北和南方設立平盧、范陽、河東、朔方、隴右、河西、安西四鎮、伊西北庭、劍南等九個節度使和嶺南五府經略使，統一指揮戰守軍事。

開元五年（七一七年），唐軍收復陷於契丹二十一年的遼西十二州，於柳城（今遼寧朝陽）重置營州都督府，漠北的同羅、拔也古等部重新歸順唐朝。西突厥與唐之間的戰爭逐漸停止，代之以友好往來。在西域設置的安西四鎮節度經略使阻止了吐蕃勢力的北上。在隴右、河西之西設置的軍鎮，則鞏固了河西走廊的安定，確保中國和中亞、西亞的交通順暢。唐朝聲威遠達西亞，各國使者和商人往來不絕。

社會經濟的繁榮也推動了文化事業的發展。玄宗本人就是一位多才多藝的帝王，對當時文化藝術氛圍的形成不無影響。玄宗擅長音樂，使得音樂舞蹈取得長足發展。盛唐詩歌最為後世稱道，對中國文學影響深遠，著名詩人如高適、岑參、王維、孟浩然、李白和杜甫等，都是光耀千古的詩壇泰斗。他們在詩中歌繁華、吟出塞，全面深刻反映了這一時代。其他如書法、繪畫、雕塑、陶瓷等藝術，也都有顯著成就。

歷史詞典

封大祚榮為渤海郡王

總章元年（六六八年）唐滅高麗以後，在平壤城內設置安東都護府。原屬粟末部落後來又附屬於高麗的大祚榮聚眾遷居營州（遼寧朝陽）。

通天元年（六九六年），契丹松漠都督李盡忠謀反，大祚榮見原地不能再住下去了，又與乞四比羽聚眾東遷，憑藉天險固守。唐軍將領李楷固率軍討伐，殺死乞四比羽，卻被大祚榮打敗。

此後，大祚榮率眾在距營州二千里的東牟山築城自守。大祚榮智勇雙全，高麗人紛紛投奔，很快就發展成為占地兩千里，有戶十萬餘，士兵數萬人的大部落了。大祚榮自稱「振國王」，又依附於突厥，勢力日益強大。

玄宗即位以後，招撫大祚榮，於先天二年（七一三年）封大祚榮為左驍衛大將軍、渤海郡王，以其部所在地為忽汗州，任命大祚榮兼都督之職。從此，大祚榮專稱其國為「渤海」。

渤海國建立以後，按唐制建立政治經濟制度，並使用漢字。玄宗以後，渤海經常派人到長安朝貢，請封號，並多次派學生到京師太學學習。

大祚榮於開元七年（七一九年）三月去世，玄宗命他的兒子大武藝繼承父位。渤海國直到後唐明宗天成元年（九二六年）才為契丹所滅。

花卉紋藍色琉璃盤 唐

一行與《大衍曆》

●時間：西元六八三～七二七年
●人物：一行

一行是唐代傑出的天文學家和佛學家，所編制的《大衍曆》，在世界上最早測算出了子午線一度的準確長度，為此後幾百年間世界上最先進的曆法。同時，他也是佛教密宗的始祖之一。

一行（六八三～七二七年），本名張遂，魏州昌樂（今河南南樂）人。曾祖是名列凌煙閣的開國功臣——郯國公張公謹。少年時代的一行非常聰明，博覽群書，由於撰寫《大衍玄圖》，得到「當世顏子（回）」的美譽，名動長安。

權臣武三思想和一行結交，一行不攀附權貴，為避開糾纏，在嵩山嵩陽寺剃度為僧，法名一行。

⊙創製《大衍曆》

開元九年（七二一年），唐高宗麟德年間（六六四～六六五年）李淳風編製的《麟德曆》在幾次預報日食過程中都非常不準，引起唐玄宗不滿。《麟德曆》行用五十多年，誤差漸大，需要改革曆法。唐玄宗遍選天下善於天文學和算學的人才，想創制一部新的曆法。有人推薦高僧一行，於是唐玄宗詔令一行負責主持制訂新曆。

為了修訂曆法，一行首先對天文現象進行認真的觀測和研究，和任率府兵曹參軍的天文儀器製造家梁令瓚，以及工匠共同創製了一架黃道游儀。黃道游儀的用處，是在觀測天象時可以直接測量出日、月、星辰在軌道的座標位置。一行用它更為準確地研究日月運動，並且重新測定了恆星的位置，首次發現恆星位置和古代所測有顯著變化，推動了對恆星的觀測和研究。

開元十二～十三年（七二四～七二五年），在一行的倡導下，唐朝全國北起北緯五十一度的鐵勒（今俄羅斯貝加爾湖附近），南到北緯十八度的林邑（今越南中南部）的十三個觀測點，分別測量了北極高度和冬至、夏至、春分、秋分這幾天中午的日影長度。測算中，以太史監南宮說等人在河南所作的一組觀測最有成就。根據觀測，一行測算出北極高度相差一度，南北距離就相差三百五十一里八十步（約合今一六六．一四公里）。

這是世界上第一次測量子午線的長度，比阿拉伯人早九十年，有著十

紫微恆星圖殘卷　唐

分珍貴的科學價值。同時並糾正了《周髀算經》關於子午線「王畿千里，影差一寸」的錯誤計算公式，完全否定了蓋天說，繼而確立了渾天說，是天文科學的一大進步。測量也發現恆星位置與漢代觀測相比有一定變化，比英國天文學家哈雷在一七一八年發現恆星自行，早了近一千年。

開元十五年（七二七年），經過三年實測工作，新曆法《大衍曆》編纂而成。這部曆書共五十二卷，因依《易象》大衍之數，取名《大衍曆》。該書結構嚴謹，內容豐富，體系完善，是中國曆法史的偉大里程碑。

由《大衍曆》製作的通用曆書，隨即頒行天下。自開元十七年（七二九年）起到肅宗至德二年（七五七年）止，共通行二十九年。開元二十一年（七三三年），《大衍曆》東傳日本，在日本通用了近一個世紀。

⊙密宗大德

除了在天文學和算學方面的造詣，一行在佛學上也頗有建樹。

一行離開嵩山外出游學的過程中，凡是當時大德名僧的寺院，都前往拜訪，史傳稱「三學（經、律、論）名師，罕不咨度」，由此奠定了豐厚的佛學素養。

開元五年（七一七年），一行撰寫《大日經疏》二十卷，後成為佛教密宗「宗經」。其後，又師從高僧金剛智學習密教大法，並受金剛智灌頂。他先後受善無畏胎藏界密法和金剛智金剛界密法，成了密宗兩部密法的傳法師，佛教密宗就以一行為始祖。

歷史詞典

唐代的外來宗教

由於統治者對外來文化的兼收並蓄，唐代是中國歷史上宗教活動活躍、宗教文化高度繁榮的時期。

一方面，兩漢之際自天竺傳來的佛教，經過長期的發展，在唐代逐漸完成了中國化的過程，產生了眾多的教派，如三論宗、天台宗、法相宗、華嚴宗、禪宗、淨土宗、密宗、律宗等。佛教滲透到人們的生活中，影響到繪畫、詩歌、雕塑等社會生活的各個方面。

另一方面，又有許多世界性宗教，如景教、伊斯蘭教、祆教、摩尼教等，在這一時期傳入中國，並得到了廣泛的傳播。

景教，是天主教的一支，當時人稱為「大秦景教」或者「大秦教」，五世紀末在波斯形成。貞觀九年（六三五年），該教派的教士阿羅本來到長安傳教，得到唐太宗重視，以後在中國逐漸流行。當時唐代景教緊密依附於李唐皇室，主要在社會上層傳播，下層民眾信仰的很少。

外來宗教的傳入，使得中國內地居民的信仰多元化，並且加速了多元文化的融合過程。

伊斯蘭聖墓

唐高祖武德年間，伊斯蘭教先知穆罕默德的門徒三賢（沙谒儲）和四賢（我高仕）二人曾到泉州傳教，死後安葬在福建泉州城東門外靈山。至今靈山聖墓仍被人們視為伊斯蘭教在東方的一大聖蹟。圖為伊斯蘭聖墓外景。

唐大和尚

●時間：西元六八八～七六三年
●人物：鑑真

鑑真和尚是唐代著名高僧，佛教律宗大師。他不畏艱險，矢志不渝，六次東渡，終抵日本，弘揚佛法，傳播唐朝文化，溝通兩國人民交流。

鑑真（六八八～七六三年），俗姓淳于，揚州（今江蘇揚州東北）人。十四歲在揚州大明寺正式剃度出家，先後師從律宗高僧道岸和弘景，很快成為律宗後起之秀。鑑真不拘泥於門戶之見，學習並融合佛教各宗所長，形成自己的獨到見解。與佛教相關的語言文字、工藝技術、醫藥、思辨邏輯，甚至建築、雕塑等方面的學問，鑑真也深入研究並有很高造詣，奠定了日後東渡日本，傳播大唐先進文化的堅實基礎。

唐招提寺
鑑真在日本生活了十年，於唐廣德元年（七六三年）圓寂於奈良唐招提寺，終年七十六歲，葬於寺內。

⊙東渡日本

日本自大化革新後，以唐朝為師，多次派出遣唐使，積極學習唐朝先進文化，佛教由此東傳日本。由於缺少名僧主持受戒儀式，日本方面向唐朝提出聘請戒師的請求。

天寶元年（七四二年），日本僧人榮睿、普照來到鑑真所在的揚州大明寺，邀請他去日本弘法。五十四歲的鑑真被他們的虔誠與堅韌感動，決定東渡。但官府以海上不安全為由，拒絕鑑真的要求，同時沒收了海船，第一次東渡失敗。

第二年，鑑真率弟子十七人，及畫師、工匠八十五人出海，不料遇到大風，海船沉沒，第二次東渡又失敗。此後，鑑真第三、第四次東渡還是沒有成功。四次失敗沒有改變鑑真的初衷，他在揚州繼續準備東渡物資。

天寶七載（七四八年），鑑真率僧眾、水手再次從揚州出發，又遇風浪，漂流十四天，到了振州（今海南三亞），榮睿得病死去，普照則離開鑑真北去。鑑真身心受到極大損害，眼睛隨之失明。

一系列打擊和挫折並沒有擊倒鑑真，相反，他東渡的決心更堅定了。天寶十載（七五一年）春，鑑真回到揚州，著手籌備第六次東渡。

天寶十二載（七五三年），六十五歲的鑑真率領二十多人，乘一艘返航日本的船隻，第六次東渡，終於成功到達日本九州島。東渡之行歷時十二年，先後三十六人犧牲，只有鑑真篤志不移，百折不撓，終於實現

延伸知識

阿倍仲麻呂

阿倍仲麻呂（六九八～七七〇年），日本本州人，因為他對唐文化有一定的基礎，選派入唐留學。開元五年（七一七年），阿倍仲麻呂隨同日本第九次「遣唐使」到達長安，並進入太學學習。然後由太學推薦參加禮部的科舉考試，以優異的成績登進士第。

玄宗很欣賞阿倍仲麻呂，賜名晁衡，並留在長安當官。此後阿倍仲麻呂在唐朝政府中工作將近四十年，為中日兩國架起了友誼的橋樑。阿倍仲麻呂和中國的許多著名詩人建立了深厚的友誼，如李白、王維等。當阿倍仲麻呂準備回國時，王維一直送到海邊。

天寶十二載（七五三年），晁衡在回國途中遭遇風險，船隻漂流到越南，誤傳淹死，李白為此寫了〈哭晁衡卿〉的悼詩：「日本晁卿辭帝都，征帆一片繞蓬壺。明月不歸沉碧海，白雲愁色滿蒼梧。」表達了當時兩國人民的深厚情誼。

後阿倍仲麻呂返回長安，繼續任職。代宗大曆五年（七七〇年），阿倍仲麻呂在長安去世，終年七十二歲。阿倍仲麻呂入唐五十四年，歷仕玄宗、肅宗、代宗三朝，備受殊遇，為中日兩國友誼和文化交流做出了傑出的貢獻。

了畢生宏願。

鑑真的到來引起日本朝野極大震撼。政府派特使前來迎接慰問，邀請鑑真速往日京平城（今奈良）。在最著名的東大寺，鑑真為日本聖武上皇、孝謙天皇及皇后、皇太子和四百多名沙彌先後授菩薩戒。日本名僧八十餘人也重新受具足戒，開創了日本佛教徒登壇受戒的儀式。

鑑真也參與了興建唐招提寺的規畫工作。建成後，就在寺中講律授戒。唐代宗廣德元年（七六三年），鑑真在日本去世，終年七十六歲。

⊙傳播文明功在千秋

鑑真東渡的主要目的是弘化佛法，傳律授戒。在日十餘年，使佛教在日本廣為傳播，為弘法而設計督造的唐招提寺，更成為日本的國寶級建築。在雕塑藝術上，鑑真及弟子也留下寶貴遺產，由弟子忍基等塑造的鑑真坐像，便是其中代表，一直供奉在唐招提寺內。

鑑真隨船帶到日本的還有繡像、畫像、書帖等，其中王羲之父子的真跡成為了日本書法的準繩，對日本書法藝術產生了深刻影響。在醫藥學方面，鑑真積極傳授中草藥知識，是日本醫學界公認的先師。

一千多年來，鑑真一直受到中日兩國人民深切懷念。正如郭沫若先生詩中所讚：「鑑真盲目航東海，一片精誠照太清；捨己為人傳道藝，唐風洋溢奈良城。」

鑑真第六次東渡圖

鑑真大師五次東渡失敗後，於唐天寶十二載（七五三年）十一月十日，從揚州登船第六次東渡日本。圖為日本《東征繪傳》中描寫鑑真準備登船的情景（局部）。

口蜜腹劍

●時間：?～西元七五二年
●人物：李林甫

李林甫是唐玄宗時期著名的奸相，善於玩弄權術，打壓政敵，表面上甜言蜜語，背後卻陰謀暗害，時人稱他「口有蜜，腹有劍」。在他做宰相的十九年間，一直受到玄宗的信任，朝中再無人敢忠言直諫，唐朝的衰亡也由此開始。

李林甫（?～七五二年）出身唐朝宗室，曾祖是唐高祖堂弟、長平肅王李叔良。利用舅父姜皎的關係，李林甫結識了侍中源潔，進而攀附上源潔之父、當朝宰相源乾耀，一路升遷。此後，李林甫得到御史中丞宇文融薦舉，引之同列，拜御史中丞，歷任刑部和吏部侍郎，正式進入唐王朝權力中心。

為了升官，李林甫無所不用其極。武惠妃寵傾後宮，兒子壽王李瑁見愛於唐玄宗，皇太子李瑛漸被疏遠。李林甫通過宦官向武惠妃表示，可以幫助壽王繼承帝位，得到武惠妃的好感，時常在唐玄宗面前讚揚李林甫。近侍高力士極為得寵，李林甫又百般巴結，以為內援。通過高力士的消息，李林甫對唐玄宗的一舉一動都準確把握，出言進奏，必合聖意，先被任命為黃門侍郎，隨後升為禮部尚書、同中書門下三品，再晉戶部、兵部尚書，開始把持唐王朝的政治權力。

三彩女立俑 唐

⊙打擊張九齡

當時的宰相是名臣張九齡，他深知李林甫人格卑下，在唐玄宗想讓李林甫做宰相時，表示了反對意見。李林甫懷恨在心，但表面依然恭順。唐玄宗在位已久，怠於政事，每逢商議政事，張九齡和另一位宰相裴耀庭據理力爭，狡猾的李林甫則唯唯諾諾，處處迎合皇帝的心意，伺機準備扳倒兩位宰相。

玄宗被武惠妃所惑，想廢掉太子，張九齡認為不能輕易廢立，堅決表示不同意見。李林甫在背後挑撥說：「皇帝的家事何必讓大臣參謀？」使唐玄宗對張九齡的干預行為非常不滿。

不久，唐玄宗想對賞識的朔方節度使牛仙客加以實封，張九齡又表示不同意見。李林甫私下和唐玄宗說：

「用人只求有真本事，管他甚麼文學辭章。皇上任用人才，難道還有甚麼限制嗎？」唐玄宗對張九齡更加反感，李林甫則進一步博得了唐玄宗的好感。

張九齡和中書侍郎嚴挺之關係很好，嚴挺之的前妻被休後嫁與蔚州刺史王元琰。王元琰貪贓被捕，嚴挺之卻為之回護。李林甫便攻訐嚴挺之徇私枉法。張九齡和裴耀庭一起為嚴挺之辯解，李林甫又誣告他們朋黨為奸。最後，兩位宰相一起貶官，李林甫一躍成為宰相。

⊙嫁禍李適之

天寶元年（七四二年），李林甫為右相，李適之為左相。李適之是唐太宗的曾孫，精明強幹，以才能著稱，成為李林甫的強勁對手。為了獨攬相權，李林甫再施毒計。

當時國庫由於唐玄宗的窮奢極欲日漸空虛，唐玄宗讓兩位宰相想辦法。李林甫故意在李適之面前透露華山有金礦的消息，並告訴他：「如果開採得當，國庫必得充裕。」李適之為人狂放疏闊，不辨真偽，未加考慮就進奏玄宗。

玄宗大喜之餘，徵詢李林甫的意見。李林甫說：「這事情為臣早已知

歷史詞典

孫思邈與《千金方》

孫思邈（五八一～六八二年），著名醫藥學家。京兆華原（今陝西耀縣）人，後世尊稱為「藥王」。孫思邈在幾十年的醫學臨床實踐中，感到古代醫藥書浩博散亂，不容易檢索，於是總結唐代以前的臨床經驗和醫學理論，博採眾人之長，精心刪減，於永徽三年（六五二年），撰成醫書《備急千金要方》。

《備急千金要方》分為總論、婦科、兒科、五官科、內科、外科、解毒急救、食治養生、脈學及針灸，共三十卷。《備急千金要方》首次列出婦女科和小兒疾病的診治，並首次論述了腳氣病的治療和預防。

三十年後，孫思邈又總結後半生的臨床經驗和學習心得，撰寫成《千金翼方》三十卷，與《備急千金要方》相互羽翼。《千金翼方》著重記述本草、傷寒、中風、雜病、瘡癰等，是對《備急千金要方》的補充。《千金翼方》共收載當時所用藥物八百多種，並對許多藥物的採集和炮製作了詳細的記述。

後人通常把《備急千金要方》和《千金翼方》簡稱為《千金方》。《千金方》是唐代最有代表性的醫學巨著，被後人譽為第一部臨床醫學百科全書。孫思邈所總結的傳統醫學成就為後世留下了寶貴的醫學財富。《千金方》並流傳到國外，日本、朝鮮的多種醫學著作多有引用，在醫學界產生了深遠的影響。

狩獵出行圖
此壁畫位於唐高宗之子章懷太子墓中。以遠山近樹為背景，描繪了幾十個騎馬人物，以及駱駝、鷹犬和獵豹等景象，陣勢十分龐大。狩獵在唐代是帝王官宦經常進行的活動。

道，但想到華山是我朝王氣所在，萬萬不可穿鑿，故而不敢向陛下說。」

唐玄宗聽後，認為李林甫完全是一片公忠體國之心，而李適之考慮問題未免過於草率，不堪相位。在李林甫的處處打壓下，李適之辭職而去。

⊙為相十九年

為了獨攬相權，李林甫處處打壓政敵，連潛在的對手也不放過。

太子李瑛被廢後，李林甫支持的壽王李瑁並沒有成為太子，忠王李亨入主東宮。李林甫知道一旦李亨順利即位，自己必將失去權力，開始密謀推翻太子，製造了「東宮案」。

太子妃的哥哥韋堅很有政績，跟前相李適之關係莫逆，又得到玄宗的信任。李林甫從韋堅身上開刀，表面裝作欣賞韋堅，並拔擢韋堅做刑部尚書，以消除戒心。私下裡，卻派人處處監視，搜求「罪證」。

太子的好友河西節度使皇甫惟明進京述職，和韋堅多有交遊。李林甫派親信楊慎矜向玄宗進讒，說韋堅與皇甫惟明私宴，密謀讓太子篡位。玄宗大怒，將兩人貶出朝廷。為了斬草除根，李林甫將韋堅和皇甫惟明先後賜死，又逼迫已經貶官的李適之仰藥自盡。太子也不得不休掉韋妃，以求自保。

即使對親信，只要認為威脅到相位，李林甫也決不手軟。親信楊慎矜是隋煬帝的玄孫，時任御史中丞，充諸道鑄錢使，以善於聚財理財深得唐玄宗賞識，也使向來嫉賢妒能的李林甫深感不安。

李林甫唆使王鉷誣告楊慎矜窩藏圖讖之書，意圖恢復隋朝。為求「罪證」，太府少卿張瑄大刑逼供，術士史敬忠挺刑不過，只得「招供」。李林甫又讓殿中侍御史盧鉉攜書栽贓，於是楊慎矜兄弟三人被賜自盡。

兵部侍郎盧絢只是由於風度翩翩，得到唐玄宗幾句讚美，也遭到李林甫妒忌。李林甫擔心盧絢被委以重用，就把盧絢的兒子找來，騙他說：「你父親素有清名，聖上想派他管理交、廣兩州政務。如果害怕路途太遠，可以以老請退。」

盧絢害怕遠行，上書奏言年老，不堪重用，被貶任華州刺史。李林甫仍不放過盧絢，誣告他年老多病，不理州事，盧絢再被貶為太子詹事。

禮賓圖 唐
此圖位於太子李瑛墓墓道東壁，表現了由六人組成的禮賓行列，左邊三人為唐代鴻臚寺官員，右方三人分別為東羅馬帝國、高麗和東北少數民族的使節。此畫不僅具有極高的藝術欣賞價值，而且也為研究唐代中外交往情況提供了珍貴的資料。

做麵食泥俑群

唐代作品，此俑群高九．七～十六公分。泥俑為泥胎施彩，表現了舂糧、簸糧、磨麵、揉麵、擀麵和烙餅的家務情景。女俑上身穿窄袖口白襦，外罩半臂衣，下身繫藍裙。衣飾整潔，但神態顯得疲勞，其身分可能是豪門家婢。

對競爭對手，李林甫不僅慣設圈套加以陷害，而且還長於利用他人之間的嫌隙以達到排斥異己的目的。李挺之、裴寬、裴敦復等人，先後被趕出朝廷。人們說李林甫，「口有蜜，腹有劍」。

李林甫為相十九年，任用奸佞，排斥賢臣，這一時期，唐朝的政治也從興旺走向衰敗。

⊙晚景悽涼

李林甫在宮中的靠山武惠妃死後，唐玄宗寵愛楊貴妃。為了討好楊貴妃，李林甫援引她的族兄楊國忠為宰相，以為楊國忠不學無術、無賴成性，必然處處仰仗自己。不料，楊國忠依仗外戚的身分和玄宗的恩寵，肆無忌憚，處處攫取權力，甚至和李林甫進行了面對面的爭鬥。

楊國忠狀告李林甫與蕃將阿布思有異謀，另一位宰相、李林甫的親信陳希烈也從旁作證，唐玄宗開始疏遠李林甫。

天寶十一載（七五二年），李林甫病死家中。臨死前，拉著楊國忠的手說：「將來代替我做首相的一定是您，我的後事就拜託您了。」

李林甫死後不久，楊國忠和安祿山合謀，唆使被俘的阿布思部酋長告發李林甫與叛賊阿布思結為父子，企圖謀反。逼迫下，李林甫的女婿諫議大夫楊齊宣也出具了「證言」。

唐玄宗大怒，下詔削奪李林甫官爵，盡除子孫為官者功名，流放嶺南、黔中，又劈開李林甫的棺木，挖取含在口內的珠玉，剝下金紫朝服，另用小棺按庶人規格埋葬。惡貫滿盈的李林甫，最終落得眾叛親離的下場。

飛獅紋銀盒

謫仙人

●時間：西元七〇一～七六二年
●人物：李白

李白是中國歷史上最為偉大的浪漫主義詩人，有「詩仙」之美譽。詩作豪邁瑰麗，氣勢磅礴，既有突破現實的幻想，也有對當時民生疾苦的反映，和對政治黑暗的抨擊。他的一生也充滿了傳奇和神話。

李白（七〇一～七六二年），字太白，號青蓮居士，盛唐時代的偉大詩人。祖籍隴西成紀（今甘肅省天水附近），一說李白出生於中亞的碎葉（今哈薩克斯坦托克馬克），後隨父遷居綿州昌隆（今四川江油）青蓮鄉。李白「五歲誦六甲，十歲觀百家」，成年後，輕財重施，任俠好客，名聞川中。

胡人鬥豹俑　唐

開元十三年（七二五年），李白出蜀，順江而下，到達江陵。此後從江陵東下，歷洞庭、廬山，到金陵，抵揚州，又西入長安，小隱終南。隨後數年間，李白與洛陽、太原、東魯等地的道士、隱士交遊，遠近聞名。

期間，與當時一般宦遊士子一樣，李白也想由布衣一躍而為卿相，多次投書長吏，干謁求仕。儘管他獻出了「生不用封萬戶侯，但願一識韓荊州」的佳句，荊州長史兼襄州刺史韓朝宗卻不為所動。

⊙酒中神仙

天寶元年（七四二年），得到玉真公主和大臣賀知章推薦，李白被唐玄宗召入長安，在翰林院中待詔供奉，結束漫遊生涯，開始了宮廷侍從的生活。

唐玄宗一味貪圖享樂，政治腐敗黑暗，李白不滿於宮廷詩人的無聊生活，經常沉醉酒鄉。一次，唐玄宗找李白入宮侍奉，他正在市上飲酒大醉，竟不奉聖旨。又一次，李白侍奉玄宗飲酒，玄宗未醉而他卻已經不省人事。後來趁著酒性，李白竟然讓玄宗最為寵信的宦官高力士為其脫靴。高力士懷恨在心，找機會在唐玄宗面

雙鳳雙獅紋鏡　唐

前說李白的壞話。李白見再留朝中也是無所作為，上疏求去。

天寶三載（七四四年），李白離京遠遊。期間，李白與大詩人賀知章建立了深厚友情，這位年長四十多歲的詩壇領袖，在讀到〈蜀道難〉之時，還未讀完，就連聲讚歎，認為只有神仙才寫得出來，驚呼李白為「謫仙人」。

在隨後的遊歷中，李白結識了杜甫和高適，三人結伴周遊梁（今河南開封）、宋（今河南商丘）。這一階段的李白可謂命運多舛，先是前妻亡故，再婚許氏，許氏亡後，又娶宗氏。身家多故，國家多事，李白一面求仙學道，一面企圖為國建功，對於國家安危，仍然頗多關切。

螺鈿人物花鳥紋鏡　唐

此鏡出土於洛陽十六工區七十六號唐墓。鏡背有精美的螺鈿紋飾，為兩位長鬚高士相對席地坐於花樹前，左側一人彈阮咸，右側一人手舉酒杯，身後侍立一捧物女童。二人之間地上放有酒樽、酒壺，還有一隻白鶴反顧展翅起舞。花樹下蹲一犬，左右各有長尾鸚鵡，樹上還有飛鳥。人前地上遍佈鮮花和小鳥。所有圖像都為螺鈿鑲嵌，眉目衣紋鳥羽等細部都用細線刻畫，使圖像更顯生動。是一件罕見的唐代螺鈿精品。

⊙為君談笑靜胡沙

天寶十四載（七五五年），安史之亂爆發，李白避居廬山。永王李璘出師東巡，盛情邀請他入幕為賓。出於平定叛亂、恢復國家統一和安定社稷的良好心願，李白參加了李璘的軍隊。所作〈永王東巡歌〉十一首，內中有名句「三川北虜亂如麻，四海南奔似永嘉。但用東山謝安石，為君談笑靜胡沙」。以謝安自命，想通過追隨李璘施展政治抱負，求得一番大作為。

不料，為了爭奪帝位，永王和唐肅宗兄弟反目，兵戎相見。至德二載（七五七年），唐肅宗在丹陽（今屬江蘇）大敗李璘，永王兵敗被殺，李白也獲罪下獄，後得御史中丞宋若恩、宣撫大使崔渙昭雪，方免予治罪，流放夜郎（今貴州桐梓一帶），中途遇到大赦，得以放還。〈早發白帝城〉一詩記述了李白當時的心情。他雖有曠世文采，卻始終未得大用。

上元二年（七六一年），六十一歲的李白聽說名將李光弼正率兵乘勝追擊叛將史朝義，決定再度投軍，行到金陵（今江蘇南京），因病折回。第二年，病死在族叔當塗（今屬安徽）縣令李陽冰家中，終年六十二歲。

李白的詩歌繼承自屈原以來的浪漫主義精神，對中國文學史有革新作用，對唐代和後世都有很大影響。他的詩流傳有近千首，很多都成為傳誦千古的名篇，是唐詩中的一朵奇葩。

【長生殿上兩心許】

●時間：天寶年間
●人物：李隆基　楊玉環

唐玄宗和楊貴妃的愛情故事一直為人所傳頌，成為茶餘酒後的美談。楊貴妃在十幾年的宮廷生活中，深受玄宗寵愛，可謂「六宮粉黛無顏色，三千寵愛在一身」。

⊙天生麗質難自棄

楊貴妃，字玉環，祖籍弘農華陰，出生於成都，後遷居蒲州永樂（今山西永濟）。楊玉環幼年喪父，寄養在叔父河南府士曹楊玄璬家中，在洛陽長大成人。楊玉環從小就能歌善舞，通曉音律，又嫻熟各種器樂，傳說她在洛陽觀賞牡丹時，百花也為她的美貌失色，羞愧地閉上花瓣，「羞花」一詞由此而來。

開元二十三年（七三五年），唐玄宗的女兒咸宜公主在洛陽舉行婚禮，下嫁大臣楊洄。由於駙馬和楊玄璬同屬隋朝皇族後裔，楊玉環也應邀參加。此間，咸宜公主之弟壽王李瑁對楊玉環一見鍾情。在李瑁的請求和其母武惠妃的幫助下，十六歲的楊貴妃被正式封為壽王李瑁的王妃。

開元二十五年（七三七年），深得寵愛的武惠妃病逝，唐玄宗鬱鬱寡歡，後宮數千人竟無一人中意。近侍宦官高力士深知玄宗的心思，外出尋覓，看中壽王妃楊玉環。高力士對玄宗說楊玉環姿色冠代，比武惠妃尚勝一籌，歌舞音律更遠在其上。

開元二十八年（七四〇年），唐玄宗行幸驪山溫泉宮，從壽王府邸召來楊玉環。唐玄宗對楊玉環的色藝都十分滿意，馬上賜以湯沐。沐浴之後的楊玉環進奏《霓裳羽衣曲》時，舞姿翩翩，玄宗十分高興，當晚即贈給金釵鈿盒為定情信物，並親自為她戴上金首飾。

但楊玉環畢竟是玄宗的兒媳，為掩人耳目，唐玄宗命楊玉環自請做女道士，為玄宗的母親竇太后薦福，並親賜法號「太真」。楊玉環正式與壽王離異，住進皇宮。隨後不到一年，玄宗冊封楊玉環為妃，寵遇超過當日的武惠妃，玄宗稱其為「娘子」。

彩繪說唱俑　唐

⊙三千寵愛在一身

天寶四載（七四五年）七月，唐玄宗特意下詔，為壽王李瑁另立新王妃。八月，在鳳凰園，楊玉環正式冊立為貴妃，位在諸妃之首，僅次於皇后。

唐玄宗得到楊玉環後，曾對宮人說：「朕得楊貴妃，如得至寶也。」為此特意譜寫了一支《得寶子》的曲子。楊貴妃能歌善舞，色藝雙絕，得到唐玄宗的真愛，兩人每日形影不離。楊貴妃非常善於迎合唐玄宗的心意，整天與玄宗戲謔調情，玄宗也非常寵愛。

楊貴妃喜歡吃荔枝，唐玄宗就不惜人力物力，每年命嶺南千里迢迢馳驛傳送，即使盛夏酷暑，到長安後也色味不變。楊貴妃窮奢極欲，宮中織錦刺繡的女工多達七百餘人，為她雕刻熔造者又數百人。

兩人都喜歡音律，便選取宮女數百人於梨園學習歌舞，玄宗多次親加教正，後人視其為「梨園祖師」。

「一人得道，雞犬升天」，楊玉環的三個姐姐全封夫人，連不學無術的遠房族兄楊國忠也入朝為官，甚至躍升宰相。

《簪花仕女圖》中的貴婦像　唐

⊙從此君王不早朝

晚年的玄宗，一改開元之治的英明神武，拒諫飾非，寵信奸佞、宦官，縱情聲色，追求享受。天寶後期，政治混亂，統治漸趨腐朽，社會問題日益嚴重。加上玄宗貪求邊功，窮兵黷武，激化了與周邊的民族糾紛。盛世之下的李唐王朝，其實已經岌岌可危，與楊貴妃纏綿宮中的唐玄宗卻渾然不知。

為了追求享受，唐玄宗把國家大事先後交付給奸臣李林甫、楊國忠，左右又由宦官代理。在楊貴妃的溫柔鄉中，玄宗終日沉醉於聲色，無心過問軍國大政。唐王朝的盛世即將結束，一個大動亂的年代正在到來。

蓮花湯
唐玄宗沐浴的湯池，叫「九龍湯」，浴池中立有一對用白玉雕成的蓮花，蓮花上噴出清澄的泉水，似碎瓊亂玉，故又名「蓮花湯」。

唐代樂舞

唐代樂舞，是在繼承與集中南朝漢族樂舞傳統和北朝各族樂舞，並進一步吸收各種外域樂舞基礎上的新創造。它是兩漢、南北朝數百年間，各種樂舞較大規模的交流薈萃、融合創新結出的碩果。由於唐代，特別是盛唐時期政治相對穩定，經濟繁榮昌盛，文藝政策兼收並蓄，使得唐代樂舞達到了前所未有的高度。唐代樂舞在很大程度上吸收了外來的因素，具有很強的異域風情。

十部樂

唐太宗時，為了顯示國家的強盛，平衡國與國以及各民族之間的關係，在吸收魏晉南北朝樂舞的基礎上，創制了宮廷燕樂《十部樂》，包括《燕樂》《清樂》《西涼樂》《天竺樂》《高麗樂》《龜茲樂》《安國樂》《疏勒樂》《康國樂》《高昌樂》。這些樂舞或用於外交，或用於慶典，有鮮明的禮儀性。太常寺把各種樂制和舞制的名稱、化妝、音樂等等，都作了整理和規範。

這些曲子流傳都很廣，晚唐詩人杜牧有詩「商女不知亡國恨，隔江猶唱《後庭花》」，指的就是《玉樹後庭花》這一作品。

伎樂菩薩胡旋舞壁畫

《破陣樂》

《破陣樂》是一部著名的大曲，用於祭祀、凱旋、宴享等。最初是秦王李世民戰勝劉武周時利用舊曲填詞創作的，為軍中樂舞。後來唐太宗親自為該樂舞繪圖，並讓大臣改詞，由呂才主持教練，表現將士被甲執戟的戰陣軍容。《破陣樂》表演起來氣壯山河，聲振百里，非常激揚心志。唐代歷朝都十分重視《破陣樂》，用來懷念先人開創基業的艱辛。

鑲螺鈿琵琶

彩繪釉陶樂舞俑群

陶樂舞群俑

詩樂

中國自古以來就有以詩入樂的傳統。到了唐代，由於詩歌的空前繁榮，詩樂更上一層樓。相傳有一天，詩人王昌齡、高適和王之渙到一個酒店喝酒，來了幾個長得很漂亮的樂人，奏樂唱曲。於是三位詩人打賭，看誰的詩篇入樂的多，由此決定彼此在詩壇的地位。

王昌齡和高適的詩歌都被唱過了，王之渙毫不客氣說：「那個最漂亮的樂人唱的肯定是我的詩篇，否則我終生不與你們爭勝負。」這時，最漂亮的女樂人啟唇唱歌，果然是王之渙的〈涼州詞二首・一〉（《全唐詩》卷二百五十三）：「黃河遠上白雲間，一片孤城萬仞山。羌笛何須怨楊柳，春風不度玉門關。」結果王之渙獲勝。由此可見，在唐代詩歌和音樂的結合程度是很高的。

軟舞和健舞

「健舞」「軟舞」是唐代按照風格特點劃分的兩個舞蹈品種，多為單、雙人的小型表演性舞蹈。一般來說，「健舞」動作剛健豪邁，節奏明快，中間偶爾有舒緩的段落。「軟舞」動作優美柔軟，節奏舒緩，但是有的時候也有快節奏的舞段。

《胡旋舞》是健舞的一個重要節目，以快速、輕盈、連續旋轉的高超技藝為主要特徵。這種舞蹈在唐代風靡一時，楊貴妃、安祿山都是表演胡旋舞的好手。據說安祿山大肚垂膝，但是跳起胡旋舞來卻像風一樣敏捷、輕盈，很得唐玄宗的喜歡。

此外著名的健舞還有《胡騰舞》《柘枝舞》。軟舞以《綠腰》《涼州》和《甘州》等為代表。

坐部伎、立部伎

「坐部伎」和「立部伎」是唐代宮廷宴會樂舞按照演出形式和場合的分類。坐部伎一般在室內表演，規模較小，表演人數不多，表演者的藝術水準較高。立部伎在室外的廣場中演出，規模大，有的時候表演的人數可以達到兩百人。立部伎的表演場面宏大壯觀，但是表演者的水準就要比坐部伎差一點。

坐、立部伎的樂舞是唐代宮廷長期積累的重要節目，如《破陣樂》《太平樂》《長壽樂》《安樂樂》等。

瓷樂俑

絕域之戰

●時間：西元七五一年
●人物：高仙芝

怛羅斯之戰是影響世界歷史進程的決定性戰役，不僅僅標誌著李唐王朝對外擴張的結束，也使東西方的聯絡更為緊密，東方的技術向西傳播，西方的文明向東擴展，中亞細亞的面貌徹底被改變了。

⊙勇將高仙芝

唐天寶九載（七五〇年），安西節度使高仙芝（?～七五五年）攻克石國，將國王車施鼻押到長安處死。石國王子西逃，向阿拉伯人建立的大食帝國求援。天寶十載（七五一年），高仙芝先發制人，率大軍越過蔥嶺，發起進攻，在怛羅斯城（今哈薩克江布爾）大敗。唐朝勢力向東萎縮，再也無法超越蔥嶺。

唐墓出土的阿拉伯人俑

高仙芝本是高句麗人，父舍雞也是唐朝名將。高仙芝從小跟隨父親鎮守西域，儀容出眾，擅長騎射，屢建功勳，很快就升任安西副都護、四鎮都知兵馬使。當時吐蕃與唐朝爭奪西域地區控制權，西域小勃律國和吐蕃通婚，誘使周邊二十多個小國臣服於吐蕃，唐軍歷年征討，勞而無功。

天寶六載（七四七年），唐玄宗派高仙芝統率步騎兵一萬討伐小勃律國。高仙芝極為勇猛，不顧士兵膽怯疑懼，地勢也對敵有利，翻越坦駒嶺（今興都庫什山脈達科特山口，海拔四五七六公尺），快速突進，一舉攻克敵國，俘虜小勃律王和王后吐蕃公主。此後，高仙芝威鎮西域各國，吐蕃勢力向南退縮。

雖然打了這樣的勝仗，歷史上對高仙芝的評價卻不高。開元以來，

阿拉伯倭馬亞王朝金幣

一九六四年陝西西安唐墓出土，這是中國第一次發現的中古阿拉伯白衣大食（倭馬亞王朝）的金幣，並且是中國境內發現的最早的伊斯蘭國家的鑄幣。

商人遇盜圖

此圖出自敦煌第四十五窟壁畫，是「觀音經普門品」變相圖的一部分。圖中持矛著漢服者為強盜，戴胡人帽者為商人。本圖反映了唐代與西域通商路上的艱難險阻。

唐朝內部社會問題加劇，玄宗日益驕奢淫逸，在西線頻繁發動戰事，並非國家之福。就在高仙芝平定小勃律的當年，玄宗派大將王忠嗣進攻吐蕃堅固的要塞石堡城，王忠嗣上書表示，不願用數萬士兵的生命換取功名，因此遭到玄宗忌恨，罷免官職。兩相對比，高下立見。

⊙翻越葱嶺

高仙芝鎮守西域數年，屢次削平反唐勢力，功勞很大。但他只知懾以兵威，不知以恩德收攏當地人心，和漢代經營西域的班超等人完全無法相比，因此釀下禍患。當時吐蕃勢力雖然有所收縮，西方的大食帝國卻蓬勃發展，開始爭奪中亞地區的控制權。西域很多國家不服高仙芝的統治，便與阿拉伯人暗通款曲。

大食帝國倭馬亞王朝末年，呼羅珊（今伊朗東北部，以及阿富汗赫拉特一帶和土庫曼斯坦馬雷一帶）人民發動內戰，擁護阿拔斯家族與哈里發作戰。高仙芝乘機於天寶八載（七四九年）大舉反擊。先攻克羯師國，俘虜國王，改立王兄素迦為王。又圍攻石國，國王車師鼻提出只要保證他的人身安全，願意斷絕與阿拉伯人的聯絡，開城出降。

高仙芝答應了請求，見到車施鼻後，卻又臨時變卦，將車施鼻押送長

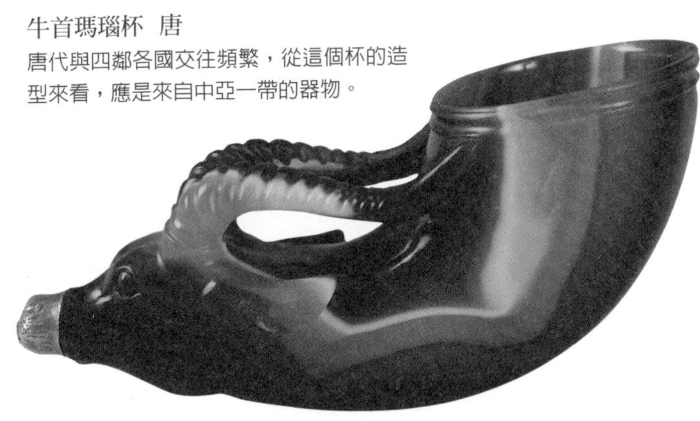

牛首瑪瑙杯　唐

唐代與四鄰各國交往頻繁，從這個杯的造型來看，應是來自中亞一帶的器物。

彩繪戴氈帽胡人騎馬俑 唐

安，斬首示眾。背信棄義的行為激怒了西域各國，紛紛遣使前往呼羅珊，請求阿拉伯人出兵驅逐唐軍。

第二年，高仙芝聽說石國王子已逃往呼羅珊，決定先發制人，率兵越過葱嶺，攻擊呼羅珊的阿拉伯勢力，將其永遠驅逐出西域地區。高仙芝一貫莽撞，不瞭解此時倭馬亞王朝已經滅亡，阿拔斯王朝建立，大食帝國迎來了第二個盛世。

⊙兵敗怛羅斯

唐朝方面，主將是高仙芝，副將李嗣業，別將段秀實，兵力包括安西都護府漢軍兩萬，以及拔汗那、葛邏祿等部兵馬一萬。阿拔斯王朝方面，統帥為呼羅珊總督、名將阿布·穆斯林，副將齊雅德·伊本·薩里，兵力包括呼羅珊宗教戰士四萬，以及阿姆河與錫爾河流域幾乎所有屬國兵馬十餘萬。雙方差距懸殊，加上唐軍遠來疲憊，失敗已是註定。

高仙芝翻越葱嶺，深入七百餘里，身處阿拔斯王朝控制範圍，客地作戰，地利、人和都對唐軍不利。四月出兵，經過三個月長途跋涉，七月到達怛羅斯城。阿布·穆斯林統軍來迎，雙方在城下展開決戰。唐軍裝備精良，作戰英勇，雖然人數上處於劣勢，卻一度壓制住阿拉伯軍，連續五天不分勝負。

以寡敵眾的戰鬥，延續時間越長，對兵力不足者越不利，高仙芝計不及此，一心想一舉消滅阿拉伯軍主力，堅決不肯退兵。第五天傍晚，高仙芝強橫的西域統治政策終於結出惡果，葛邏祿僱傭兵叛亂，從背後包圍唐朝步兵，切斷與騎兵的聯絡。阿布·穆斯林看準時機，出動重騎兵突擊唐軍大本營，高仙芝大敗，兩萬安西精銳部隊，只有數千人得以逃生。

損失慘重下，魯莽的高仙芝仍不肯罷休，打算進行最後的反擊，經副將李嗣業反覆勸說，終於作罷，避免

鳥獸山水紋鏡 唐

了全軍覆沒的危險。此戰使阿布·穆斯林認識到唐軍戰鬥力極其頑強，沒有趁勝追擊，只集中力量鞏固其在呼羅珊的統治。

數年後，阿布·穆斯林被謀殺，呼羅珊大亂，唐朝也爆發了安史之亂，雙方無力繼續挺進，勢力基本穩定在葱嶺一線。

⊙對歷史的影響

怛羅斯之戰規模並不很大，雙方動用的都是地方軍隊，即便唐軍戰敗，並不傷及筋骨——僅僅兩年後，繼任安西節度使的封常清就攻破大勃律國，將其從吐蕃的勢力範圍中剝離出來。然而怛羅斯戰役卻對交戰雙方，尤其對中亞地區產生了深刻影響。

白瓷胡人頭

首先，唐朝的勢力再也無法越過葱嶺，影響阿富汗、伊朗等地區。此後的中原王朝，包括蒙古帝國的主體元王朝，統治西界也基本固定在此。

其次，東方技術大量向西方傳播。怛羅斯之戰，唐軍幾乎全軍覆沒，軍中大量工匠被阿拉伯人俘虜，許多中國獨有的技術因此西傳。其中最重要的當推造紙術，此後不久，撒馬爾罕成為阿拉伯帝國的造紙中心，伊斯蘭文明和其後受到影響的基督教文明，因此獲得迅速發展。此外，先進的火藥技術也傳入阿拉伯，阿拉伯製造的火藥武器一度超越中國，在抵禦基督教世界發動的十字軍遠征中發揮了巨大作用。

其三，西方宗教文明逐漸滲透並基本控制中亞地區。以呼羅珊為起點，葱嶺以西的大小國家開始了整體伊斯蘭化的進程，葱嶺以東許多信仰佛教、摩尼教、拜火教的國家也受到影響，紛紛改信伊斯蘭教。到回鶻帝國全面改宗時，今天新疆地區的中西部，全部伊斯蘭化。

東羅馬金幣

技術傳播不可阻擋，古代宗教傳播則往往以強大武力為後盾，怛羅斯之戰彰顯了阿拔斯王朝的武力，唐在西域的統治受到質疑和挑戰，導致伊斯蘭化的結果。這是盛唐王朝驕橫黷武的結果，也是高仙芝魯莽求戰的結果。

漁陽鼙鼓動地來

●時間：西元七五五年
●人物：安祿山　李隆基

天寶十四載（七五五年），安祿山在范陽起兵造反。白居易在〈長恨歌〉中說：「漁陽鼙鼓動地來，驚破霓裳羽衣曲。」對於唐玄宗來說，安祿山的造反太突然了。安祿山在唐玄宗面前裝得愚鈍可愛，溜鬚拍馬無所不用其極，讓自以為聰明的玄宗沒有一點防備，安祿山的手段可謂高明之極。

⊙死罪逃生

安祿山，本姓康，名軋犖山，營州柳城（今遼寧朝陽）人。父早逝，因做女巫的母親阿史德氏改嫁突厥番官安延偃，他改姓安，名祿山。安祿山善於處理各種糾紛，又敢於同當地惡少爭鬥，以勇敢善鬥聞名幽州。後來投軍於幽州節度使張守珪帳下，由於為人狡詐，善於揣度人心，很受張守珪青睞，甚至收為義子，不斷提升。

唐玄宗開元二十四年（七三六年）三月，擔任平盧討擊使、左驍衛將軍的安祿山由於軍事失誤，犯了死罪。張守珪愛惜，想饒他不死，寫了一紙呈文，派人將安祿山押往首都長安，交朝廷處置。

擔任右丞相的張九齡看了呈文，批覆說：「昔日司馬穰苴為嚴明軍紀，不惜殺掉備受齊景公寵愛的監軍莊賈；孫武為嚴明軍紀，也曾殺了吳王最寵愛的兩個妃子；若張守珪要嚴明軍紀，使部屬統一行動，就不該免去安祿山的死罪。」

但玄宗看了呈文，認為安祿山可用，應該赦免，讓他戴罪立功。張九齡堅持說：「安祿山違反軍紀，喪師失地，影響惡劣，不殺不足以明軍紀。而且臣看他不是忠誠之臣，此時不殺，必會遺害無窮，追悔莫及。」

唐玄宗不耐煩說：「不要杞人憂天，這樣既陷害忠良，又不利於朝廷。」於是赦安祿山不死，罷去所兼各職，暫且帶兵打仗，立功贖罪。

⊙只知有陛下

安祿山回到幽州軍營，通過曲意巴結、賄賂，不久就贏得朝廷中一片讚譽之聲。天寶元年（七四二年），安祿山任平盧節度使。

第二年，安祿山入朝謝恩，玄宗恩寵無比。安祿山顯得受寵若驚，大開眼界，問這問那，玄宗笑著調侃逗弄，而他卻裝得幽默、質樸。

安祿山見玄宗開心，乘機啟奏說：「去年秋天營州蝗蟲蠶食禾苗，臣焚香祝告天神，如果臣心術不正，事奉國君不忠，願意讓蝗蟲吃掉臣的心，否則，就讓蝗蟲立即散去。沒想到話音剛落，就有一群鳥從北邊飛來啄食蝗蟲，蝗蟲馬上全部飛走。由此可見，天神也認為我對陛下忠貞不二。」玄宗看他老實的表情，對這番

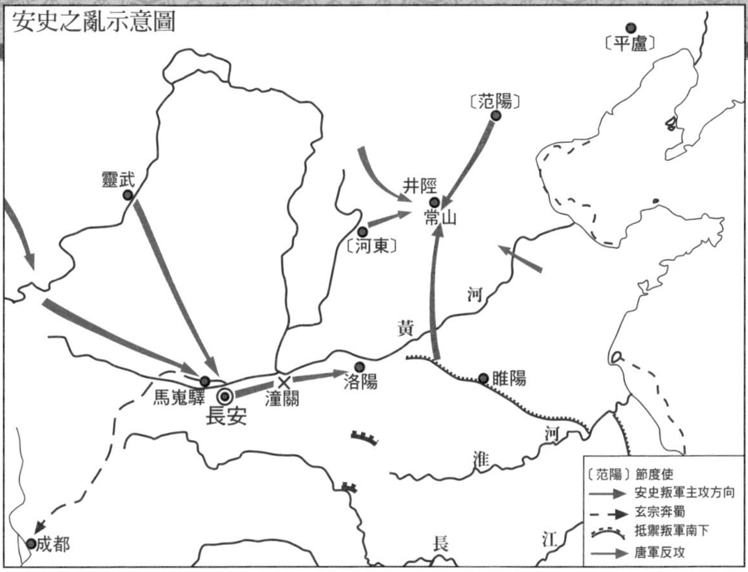

表白信以為真，非常高興。

一年後，安祿山又兼任范陽節度使。天寶六載（七四七年），安祿山再次入朝謁見，剛入宮門，就伏地奏道：「臣生長蕃戎，仰蒙皇上恩典，得極寵榮，自愧愚蠢，無法勝任，只有以身許國，報答浩浩皇恩。」

安史之亂示意圖

〔平盧〕 〔范陽〕 井陘 常山 〔河東〕 靈武 馬嵬驛 長安 潼關 洛陽 睢陽 成都 黃 河 淮 河 長 江

〔范陽〕節度使
安史叛軍主攻方向
玄宗奔蜀
抵禦叛軍南下
唐軍反攻

玄宗非常欣慰，安撫說：「卿能以身報國，是大唐的福氣，朕心甚慰！」言畢指著一旁的太子，讓安祿山上前參拜。安祿山遲疑了一下，並不向前。殿前侍監厲聲道：「安祿山，見了殿下，為何不拜？」

安祿山假裝糊塗，問玄宗：「陛下，殿下是何官職？」玄宗以為他真的不懂，笑著說：「殿下就是皇太子。」安祿山繼續說：「臣不懂天朝禮節，不知何謂皇太子？」玄宗說：「朕百年之後，當將帝位託付於他，所以叫做皇太子。」安祿山才假做歉意，說：「愚臣只知有陛下，不知有皇太子，真是罪該萬死！」然後向太子拜了幾拜。

唐玄宗不明安祿山奸詐，反而稱讚他誠樸可愛，對他的忠心感到十分滿意。

⊙胡旋舞

一次，唐玄宗命高力士設宴勤政樓款待安祿山，召集諸楊及親信大臣侍宴。

群臣畢集，盛筵排好，玄宗與楊貴妃攜手並肩，登臨勤政樓，安祿山緊跟其後。上樓後，玄宗傳召楊銛、楊錡，及楊貴妃的三個姐姐韓國夫人、虢國夫人、秦國夫人登樓，其餘百官分坐樓下。正當安祿山激動不已，樓上響起音樂，貴妃和三個姐姐各執管笛、琵琶等樂器，奏出一片清音悅耳之聲。

安祿山忘乎所以，起身離座，走到御席前啟奏道：「皇上，臣愚鈍不識音律，但覺悠揚悅耳，真是盛世元音，奇妙無比！臣想獻舞一個，以助陛下酒興。臣乃胡人，胡旋舞乃臣所長，今願在筵前獻醜。」

玄宗笑著說：「你如此肥胖，也能跳胡旋舞麼？」

安祿山傻笑了一下，挪動腳步，隨著樂聲盤旋起來。起初，玄宗覺得他有點笨拙，接著看下去，但見他騰挪旋轉，活躍如同走馬燈，以至玄宗等人看不清他的面目，只見一個大肚皮，轆轤圓轉，靈活自如。大概轉了百十回次，隨著樂聲停止，安祿山站定身子，口不喘息，面不改容，恭敬地向著玄宗行禮。

唐玄宗不住口地稱讚，指著他的大肚皮笑說：「你腹中裝的是甚麼東西，如此龐大，跳起舞來卻又顯得輕盈無比？」安祿山笑著說：「沒有其他東西，只有一顆忠於陛下您的赤心。」玄宗聽後更是喜悅，當即令楊氏兄弟與安祿山結為異姓兄弟。

宴後，百官與諸楊打道回府，唐玄宗單獨邀請安祿山入宮，相與敘談。玄宗談到興起，竟脫口而出，呼安祿山為「祿兒」。安祿山大喜，連忙向楊貴妃拜道：「臣兒祿山，願母妃娘娘千歲！」

玄宗先是驚異，繼而笑責說：「天下豈有先母後父之理？」祿山轉過肥胖的身體對玄宗說：「臣是蕃人，蕃人習俗向來先母後父。」唐玄宗不但不怪安祿山，還笑著對楊貴妃說：「由此可見他樸質可愛。」更加信任安祿山。

天寶七載（七四八年）元月，唐玄宗賞賜安祿山鐵券。天寶九載（七五〇年）五月，又賜封安祿山為東平郡王，開唐王朝將帥封王先河。

⊙只怕李林甫

為了逢迎唐玄宗的好大喜功，安祿山接連不斷地創造「軍功」。天寶九載（七五〇年），安祿山用安撫奚、契丹部落為幌子，將部落首領召到軍營宴飲，在酒中放入麻醉藥。當奚、契丹人無力反抗時，一群如狼似虎的伏兵突然殺出，大加砍殺，將十幾個部落酋長的首級割下，裝在盒中送往長安，向唐玄宗報功請賞。

玄宗被假象蒙蔽，特命在京城為安祿山修建一座府第，並告誡督造安府的官員說：「你們一定要盡忠職守，供應充足，胡人眼光頗大，不能讓他笑話我大唐。」

在唐玄宗的寵愛下，朝中大臣想辦法巴結安祿山，只有宰相李林甫能夠壓制他。每次碰到安祿山，李林甫都能像老嫗剝筍一樣，在漫不經心間將他的偽裝和野心層層剝落，一一揭穿，使安祿山如坐針氈，如芒在背。

每當有人從朝廷回來，安祿山都要問李林甫說了甚麼，如果說了自己好話，就歡喜雀躍。如果回來的人說：「宰相讓你檢點一些。」就躺倒在床上說：「哎呀，我死定了。」

樂師李龜年知道以後，學著安祿山的樣子給玄宗看，玄宗哈哈大笑，

《簪花仕女圖》 唐 周昉

此圖表現了唐朝貴族仕女遊樂的典型生活。

卻沒有說甚麼。

⊙敲碎大唐夢

安祿山得到唐玄宗的信任，除了范陽、平盧兩鎮外，又兼河東（治所在今山西太原）節度使，控制了北方邊境大部地區。他祕密擴充兵力，舉拔將領，又從邊境各族的降兵中挑選了八千名壯士，組成一支精兵，囤積糧草，磨礪武器，準備叛亂。

華清池

華清池位於驪山西北麓。唐太宗貞觀十八年（六四四年）由著名建築家、畫家閻立德，在此主持建造了「湯泉宮」，唐玄宗後來擴建為一個以溫泉為中心的「陪都」，改名為「華清宮」。因宮殿建在溫泉之上，又稱華清池。唐玄宗每年十月偕同楊貴妃來此越冬，在這裡處理朝政，接見朝臣，第二年二月或四月才返回長安。

不久，李林甫病死，楊貴妃的族兄楊國忠接任宰相，幾次三番在唐玄宗面前說安祿山一定會謀反。安祿山知道以後，哭著對唐玄宗說：「臣是蕃人，不識字，陛下提拔臣於行伍之間，臣感念陛下深恩，楊國忠欲殺臣也。」唐玄宗便沒有相信楊國忠。

天寶十四載（七五五年）十一月，經過周密準備，安祿山決定發動叛亂，帶領十五萬叛軍南下。一路上煙塵滾滾，鼓聲震地，敲碎了玄宗的安逸夢。

縱觀安祿山的起家，可以發現除了與他善於逢場作戲，外表憨直、誠樸的印象，內心卻陰險奸詐有關，更與唐玄宗李隆基好大喜功、偏聽偏信直接相關。安祿山這個陰謀家，直接造成了大唐帝國由盛而衰的轉折。

灑淚馬嵬驛

●時間：西元七五五年
●人物：安祿山　李隆基　楊玉環

當安祿山的漁陽鼙鼓真的動地而來之時，沉迷於《霓裳羽衣曲》中的唐王朝被戳穿了虛假的繁榮，曾經稱霸東亞的唐軍不堪一擊，東都失守，長安失守，唐玄宗和楊貴妃的春夢在馬嵬驛破滅了。

晚年的唐玄宗重用奸佞，最受重用的文臣是宰相楊國忠，武將則是安祿山。安祿山與楊國忠不和，楊國忠數次拉攏這個手握重兵的藩帥未成，便屢次奏說安祿山有反狀。而安祿山見唐玄宗日漸老邁，不理政事，綱紀廢毀，精兵悍將多集中在邊鎮，朝廷力量空虛，漸生叛心。

唐明皇幸蜀聞鈴處

⊙漁陽鼙鼓動地來

安祿山羽翼豐滿後，多次與親信高尚、嚴莊、史思明等陰謀策劃叛唐。天寶十四載（七五五年），安祿山以討楊國忠為名，從范陽（今北京西南）發兵十五萬，號稱二十萬，向洛陽、長安進軍，南下反唐。

中原地區多年沒有戰事，很多郡縣無兵可用，毫無應變準備。地方官吏或棄城逃跑，或開門出迎，安軍長驅南下，幾乎沒有遭到抵抗，很快占領黃河以北大部分地區。唐軍連遭敗績，名將封常清、高仙芝所率的新軍也被擊潰，東都洛陽失守，國都長安前面只有潼關天險可以阻擋叛軍。

然而楊國忠妒忌守關老將哥舒翰，生怕他立了大功，自己相位不保，就謊報軍情，讓唐玄宗逼迫哥舒翰出戰。哥舒翰明知出關不可能戰勝強大的叛軍，但無法違抗旨意，只好痛哭一場，帶兵出戰。

唐軍在靈寶與叛軍崔乾祐相遇，在山谷中中了埋伏，被殺得大敗，二十萬唐軍逃回潼關的不到八千。隨後，崔乾祐攻克潼關，哥舒翰做了俘虜。長安門戶洞開，已無險可守。

⊙六軍不發無奈何

聽到潼關失守的消息，唐玄宗君臣頓時慌了手腳，在楊國忠的建議下，唐玄宗和楊貴妃等人連夜倉皇逃出長安，試圖到蜀地避難。

中晚唐女服

此為中晚唐之際的貴族禮服，主要分為寬袖對襟衫、長裙、披帛三個部分。一般多在重要場合穿著。穿著這種禮服，髮上還簪有金翠花鈿，所以又稱「鈿釵禮衣」。

車隊行至馬嵬驛（今陝西興平西）時，扈從的六軍將士一路飢寒交迫，疲憊不堪，更憤恨奸佞楊國忠亂政誤國，招致變亂，於是發動兵變，射殺楊國忠，又盡殺其子戶部侍郎楊暄和韓國夫人、秦國夫人。餘怒未息的將士包圍馬嵬驛，喧囂不已。

唐玄宗走到驛門，慰勞軍士，命令收兵，軍士卻不遵聖旨，屹然不動。經過高力士詢問，龍武大將軍陳玄禮回答說：「楊國忠謀反，他的妹妹楊貴妃也不適宜在聖上身邊，希望陛下能割恩正法。」唐玄宗聽後，倚杖垂首而立，遲遲不肯表態，最後顫抖著說：「貴妃住在內宮，怎麼知道楊國忠謀反呢？」

京兆司錄韋諤與高力士再三陳說利害，唐玄宗為求自保，迫不得已，命高力士把楊貴妃縊死於佛堂前的梨樹下，方才平息六軍將士的憤怒情緒。

已成驚弓之鳥的唐玄宗，經歷兵變之後，肝膽俱裂，迅速起駕逃往成都，沿途百姓攔馬請留，只好把太子李亨留下主持大局。太子李亨分道北上靈武（今屬寧夏），擔負起反擊叛軍、光復兩京的重任。隨後，李亨即位稱帝，改元至德，是為唐肅宗，尊玄宗為太上皇。

寶應元年（七六二年）四月，父子失和的唐玄宗在淒涼中溘然長逝，曾經輝煌一時的開元盛世和它的開創者一起成為了遠去的歷史。

三彩梳妝女坐俑　唐

張巡守睢陽

●時間：西元七五六～七五七年
●人物：張巡

安史之亂時，張巡血戰睢陽，寧死不屈，使叛軍延誤時機，不能南下江淮，護衛了唐王朝東南半壁河山。張巡在抗擊叛軍中表現了傑出的軍事才能，表現了不泥古法、靈活多變的戰術思想。儘管最後城破身亡，張巡的膽氣與孤忠讓他被後世稱為了「唐代岳飛」。

⊙拒不從叛

張巡，鄧州南陽（今屬河南）人。幼年起就聰明過人，書讀不過三遍，終生不忘，寫文章時，常提筆落紙即成。他為人志氣豪邁，遇事不拘小節，對兵法也很有研究，有古代名將之風。

天寶十四載（七五五年）冬，河東三鎮節度使安祿山叛亂，軍威迅猛，所到之處，守將或不戰而逃，或望風投降。京師震驚，唐玄宗倉皇出逃。

譙郡（今安徽亳縣）太守楊萬石打算投降，逼迫張巡為其長史（副職）。張巡拒不聽命，誓師討伐叛軍。單父（今山東單縣）縣尉賈賁也起兵拒叛，擊敗張通晤，進兵雍丘（今河南杞縣），與張巡會合，兩人共有兩千兵力。

雍丘縣令令狐潮也想投降叛軍，率軍擊敗北上抗擊叛軍的淮陽（今河南淮陽）軍隊，將所俘將士捆於庭院準備處死。令狐潮因故出城時，士兵乘機解開繩索，殺死看守，閉城拒納令狐潮。賈賁、張巡率眾殺死令狐潮的妻子，據城自守。

⊙斬首示義

不久，令狐潮引叛軍攻雍丘，賈賁率軍出城抵禦，不幸戰死。張巡繼續領導軍民英勇抗敵。張巡平素待人忠厚，軍紀嚴明，賞罰有度，又常有奇謀擊退敵人，因而深受官兵信任。

令狐潮多次率眾進攻雍丘，初攻失敗後，又命叛將李廷望率眾四萬攻城，一時人心震恐。張巡沉著冷靜，佈置部分軍隊守城，其餘分成幾隊，親自領隊向叛軍發起突擊。叛軍猝不及防，大敗而逃。

第二天，叛軍建造與城同高的木樓百餘座，從四面攻城。張巡命人在

青玉兔形鎮紙　唐

城上築起柵欄加強防守，又捆草灌注膏油，點燃後向木樓投擲，令叛軍木樓無法逼近，再尋機進擊，使叛軍木樓攻城之策失敗。敵攻我守，相持六十天，大小數百戰，令狐潮終於戰敗退去。

不久，令狐潮又一次反撲。這時長安失守的消息已傳到雍丘，令狐潮十分高興，送了勸降信給張巡，遭到嚴辭拒絕，令狐潮羞愧而去。

張巡固守孤城，又無朝廷音訊。長安失守的消息在唐軍將士中傳開，部下的六名將領看到形勢不佳，都動搖了，一起找到張巡說：「將軍，皇上久無消息，長安失守，現在敵軍大軍壓境，雙方力量懸殊，不如暫時投降吧！」張巡表面許諾，讓他們第二天到大廳商議。

第二天，張巡於府衙設皇帝畫像，率全軍將士朝拜，然後把這六名將領喊到跟前，張巡一聲怒喝，捉住他們，責以大義後斬首，堅定了將士守城的決心。

⊙奇謀守城

敵軍長期圍困，雍丘存糧已經不多，張巡得知令狐潮將從睢陽渠（溝通汴、淮二河之渠）運米數百船經過，於是派兵夜間出戰。叛軍猝不及防，紛紛逃命。張巡不僅繳獲上千斛鹽米，並追殺叛軍無數。

糧食問題解決，但是弓箭也快用完了。一天深夜，雍丘城頭黑乎乎一片，隱約有成百上千穿著黑衣服的兵士，沿繩索爬下牆來。城下的兵士馬上就發現並報告主將。令狐潮斷定是張巡派兵偷襲，命令兵士向城頭放箭，一直到天色發白，叛軍仔細一看，原來城牆上掛的全是草人。千把個草人上插滿了密密麻麻的箭。唐軍兵士大略清點，竟有幾十萬支，這樣一來就不用為箭發愁了。

彩繪貼金武官俑　唐

過了幾天，城牆上又出現這樣的「草人」。令狐潮認為張巡又來騙箭，命令士兵不予理會。哪知道城上吊下來的並不是草人，而是張巡派出的五百名勇士。他們乘叛軍不備，向令狐潮大營突襲。叛軍來不及整隊抵抗，潰不成軍。令狐潮一連中計，氣得咬牙切齒，增加兵力攻城。

⊙每戰克捷

不久，令狐潮又勾結叛將崔伯玉圍攻雍丘。這次他先派四名使者入城勸降，都被張巡殺死。張巡率千人之眾，堅守彈丸小城四個月，抗擊數倍於己、裝備精良的敵人，每戰克捷。

此後，雍丘形勢更加惡化，無奈之下，張巡率眾沿睢陽渠向南撤退，麾下只有馬三百匹，兵三千人。睢陽（今河南商丘）太守許遠派人送來告急文書，說叛軍大將尹子琦帶領十三萬大軍將要進攻睢陽。張巡接到文書，趕緊帶兵到睢陽與太守許遠、城父（今安徽亳縣東南）縣令姚誾會合。

睢陽地理位置非常重要，是江淮地區的門戶。安史叛軍志在必得，派部將尹子琦率同羅、突厥、奚等部族精銳兵力共十幾萬人，進攻睢陽。面對強敵，張巡、許遠激勵將士固守。從早至午，接連二十餘戰，士氣不衰。許遠自認才能不及張巡，推張巡為主帥，自己主管籌集軍糧和戰爭物資。張巡任主帥後，首先清除了內部叛將田秀榮，然後率軍出城，主動襲擊叛軍，叛軍大敗而逃。張巡繳獲大批車馬牛羊，都分給將士，自己分毫不要。這次大捷後，朝廷拜張巡為御史中丞，許遠為侍御史，姚誾為吏部郎中。

蹙金繡夾半臂　唐

一九八七年陝西扶風法門寺塔唐地宮出土，是為捧真身菩薩製作的衣物模型之一，同時還有蹙金繡的夾裙、袈裟、案裙和坐墊，製工都極精緻華美。

⊙糧草斷缺

五月麥熟時節，叛軍在城外收麥以充軍糧，張巡在城牆上看到後，集結士兵，擂鼓做出要出城攻打的樣子，叛軍見狀立刻停止收麥待戰。張巡命令止住擂鼓，讓軍士休息，叛軍見城內沒有動靜，放鬆了警惕。張巡利用時機，命將軍南霽雲率軍大開城門突然衝出，直搗尹子琦大營，殺了叛軍措手不及。

又過了兩個月，城內糧草斷缺，士兵每日只能分到一勺米，只好吃樹皮和紙充飢。守軍剩下千餘人，瘦弱得拉不開弓，更兼外無救兵。叛軍瞭解情況後，決定強攻睢陽。他們先用雲梯爬城，張巡命士兵用鉤桿將雲梯頂翻，隨即從城上投擲火把焚燒雲梯。

叛軍整頓之後，又用鉤車、木馬攻城，靠近城牆時，卻被城上投下的石塊砸得七零八落。叛軍停止攻城，圍城挖壕，壕外再加築柵欄，以作長期圍困。

城中守軍多有餓死，存活的也大

彩繪跪坐女俑　唐

多疲憊不堪。為了表示堅持抗戰的決心，張巡殺掉愛妾，煮熟後犒賞將士，許遠也把奴僕送給士兵吃。城中的麻雀老鼠乃至鎧甲弓箭上的皮子都被找來吃了，睢陽城幾乎變為人間地獄。

⊙請援無望

為了加強守衛，張巡命部將南霽雲從城東門殺出，搬請救兵。南霽雲帶領三十名騎兵突出重重包圍，到臨淮（在今江蘇盱眙西北）借兵。駐守臨淮的大將賀蘭進明想要自保，不願出兵。賀蘭進明見南霽雲勇猛，想留作己用，特地為南霽雲設宴，請眾將領作陪。南霽雲心急如焚，哪裡喝得下酒，流著眼淚激動地說：「睢陽軍民已經一個多月未進粒米，我在這裡怎能忍心吃飯，就是吃了，又怎能嚥得下呀！將軍手下有的是兵，眼看睢陽城陷落，不肯分兵救援，難道是忠臣義士應該做的嗎！」說著，南霽雲咬下一個手指，然後氣憤地說：「霽雲不能完成主將交給我的使命，只好留下這個手指作證，回去也好有個交代。」

參加宴會的官員大驚，都用袖子掩住臉，有的忍不住哭了起來。

南霽雲見賀蘭進明不肯出兵，只好離開臨淮，從駐守真源（今河南鹿邑東北）的守將李賁處借得戰馬百匹，又從寧陵（今屬河南）守將處借到三千士兵，回援睢陽。到達城邊時，叛軍發現，於是包圍他們。南霽雲帶著人馬，橫衝直撞，在城下展開一場血戰。殺開重圍進城後，只剩下一千多人。

持團扇仕女圖　唐

叛軍得知張巡請援無望，加緊攻城。這時的睢陽城已經很難堅守，將士們商議突圍而去。張巡、許遠認為睢陽是江淮屏障，如果失守，叛軍將大舉南下，蹂躪江淮。而士兵飢憊不堪，即使棄城而逃也難以衝出重圍，生還希望不大，仍決定堅守。

當年十月，叛軍再次攻城，守城士兵無力再戰，睢陽城終於被攻破，張巡、許遠和許多將士成了俘虜。叛軍主帥尹子琦勸張巡投降。張巡毫無懼色，大義凜然，寧死不屈，叛軍只好把他殺死。

睢陽守衛戰有力牽制了叛軍南下，避免江南百姓遭受戰火。唐肅宗李亨即位後，下詔褒贈張巡為揚州大都督，封鄧國公。唐宣宗時，又將張巡畫像列入凌煙閣。一代忠臣，留下千古美名。

顏杲卿罵賊完忠

●時間：西元七五六年
●人物：顏杲卿

顏氏一門忠烈，顏杲卿在安史之亂中面對叛賊的淫威而不屈服，慷慨赴死，更顯大丈夫本色。

⊙假意投降

顏杲卿本是安祿山部下，安祿山叛亂後，顏杲卿就招募士兵準備反抗。安祿山的軍隊來勢很快，河北三鎮望風披靡，全部投降。顏杲卿知道不能硬拚，假意投降。安祿山對顏杲卿有過恩惠，認為顏杲卿只是手無縛雞之力的白面書生，不看在眼裡，仍舊讓他守衛常山（今河北正定）。顏杲卿接受安祿山的命令，暗中與平原（今屬山東）的族弟顏真卿連結，遙為犄角，牽制叛軍西進，並打算在叛軍敗退時，截斷叛軍退路。

安祿山渡過黃河，攻下洛陽後，顏杲卿決心起兵。他打聽到守井陘關的叛將是個糊塗酒鬼，就假傳安祿山的命令，派人帶了美酒好菜去慰勞叛軍。等到叛將喝得酩酊大醉，顏杲卿把他殺死，占領井陘關。

桃形龜紋銀盤　唐

一九七〇年西安市南郊何家村窖藏出土，相傳龜有千年之壽，古人視其為長壽的象徵，曰「龜壽」。因此常被用於器物的裝飾。

⊙叛徒告密

顏杲卿攻下了井陘關後，士氣振奮。一日，叛將高邈、何千年敗走常山，顏杲卿認為良機難得，捕殺了他們，並號令其他各郡聯兵抗賊。

顏杲卿派人分頭到河北各郡告訴郡中官吏：「現在朝廷派出大軍討伐安祿山，已經出了井陘關，早晚就到河北各郡。」河北十七郡聞風歸附，只有范陽、北平、密雲、漁陽、汲、鄴六郡尚在猶豫。

顏杲卿又祕密派人到漁陽，招降叛將范循。范循遲疑不決，部將馬遂勸說：「安祿山負恩悖逆，盡人皆知，遲早要煙飛灰滅。將軍若能獻范陽歸附朝廷，直搗安賊老巢，將立大功，良機難得啊！」范循說：「讓我再考慮考慮。」

這番密謀被叛將牛潤容偷聽，當即報告安祿山。安祿山把范循召至洛陽，梟首示眾，又派驍將史思明、蔡希德兵分兩路突襲常山。

⊙兵敗被俘

范循的死訊傳到常山，顏杲卿大驚失色，趕忙下令加緊修城挖壕，準備戰鬥，並派人前往太原請求救兵。長史袁履謙說：「賊兵未到，太守何

三彩陶天王俑　唐

必緊張？」顏杲卿說：「范循首鼠兩端，我等必受連累。」

袁履謙又說：「既然如此，何不向平原求救？」顏杲卿說：「平原太守顏真卿是我同族兄弟，賊人豈不提防？若向他求救，不但沒有好處，反而害了平原。」

至德元年（七五六年）正月，叛將史思明率領精騎五千，蔡希德帶著步兵一萬，向常山殺來。顏杲卿雖然打了幾個勝仗，但起兵只有八天，常山周圍的防禦工事都沒有修好，兵力又少，在兩路夾擊之下，抵擋不住。太原守將王承業不肯出兵援救，常山成了一座孤城。

顏杲卿與袁履謙指揮守城兵將殊死搏鬥。史思明緊緊圍困，顏杲卿帶領軍民拚死抵抗四天，糧草耗盡，士兵飢疲交困，常山終於陷落。史思明縱容叛兵殺害一萬多常山軍民，把顏杲卿、袁履謙抓住，押送到洛陽見安祿山。

⊙罵賊赴死

安祿山責問顏杲卿說：「前面站著的可是顏杲卿？今日被擒，還不知罪麼？為甚麼立而不跪？」顏杲卿昂著頭說：「我是大唐臣子，為何要跪拜你這叛國雜胡！」安祿山惱羞成怒，拿著案上的書牘砸向顏杲卿，大叫道：「你這個忘恩負義的東西！當初，你不過是一個小小的范陽功曹，我先薦你為判官，再提升為太守，我安某有甚麼地方負你嗎，你竟敢造反？」

杲卿仰天大笑道：「安祿山你這個牧羊奴，天子擢升你為三鎮節度使，朝廷何負於你，你竟敢扯旗造反。我世代為唐臣，豈能因一己之私，忘卻朝廷大恩。今日為國討賊，死而無悔。」安祿山氣急敗壞，大聲吼道：「快把他拉出去，立即處死！」

顏真卿從起兵到失敗，雖然只有十幾天，但沉重打擊了叛軍的士氣，拖延了叛軍進攻長安的時間，鼓舞了各地官吏抗擊叛軍。

菩薩立像　唐

陝西西安出土，菩薩像頭部和雙臂、腿部小腿以下已缺失，可能因遭唐武宗滅法所毀，但從保存的殘軀，仍可顯示出唐代佛教造像雕刻的高超水準。造像體態豐滿，肌膚細膩，線條明晰，衣紋流暢，仍不失為石雕佳作。

【詩聖杜甫】

●時間：西元七一二～七七〇年
●人物：杜甫

杜甫是中國文學史上偉大的現實主義詩人，詩作反映了安史之亂前後的社會現實，揭示了唐王朝由盛轉衰的歷史，所以，人們把他的詩篇稱作「詩史」。同時，杜甫也被尊稱為「詩聖」。

杜甫（七一二～七七〇年），字子美，唐代最著名的大詩人之一。祖籍襄陽（今湖北襄樊），曾祖父杜依藝為鞏縣令，後居住於鞏縣（今屬河南），杜甫就出生於此。

杜甫出生在唐王朝如日中天的「開元盛世」，為了增長見聞，他南遊吳越，北至齊趙。期間，以〈望岳〉詩「會當凌絕頂，一覽眾山小」的雄渾氣魄震驚文壇。

成都杜甫草堂

其後，杜甫在東都洛陽結識被唐玄宗賜金放還的大詩人李白，兩人同遊梁（今河南開封）、宋（今河南商丘），與邊塞派詩人高適多有接觸。

⊙歎息腸內熱

天寶五載（七四六年），杜甫來到長安，參加科舉考試。當時掌權的正是奸相李林甫，不學無術的李林甫最忌恨有才學的人，生怕他們做了官，議論朝政，對自己不利。由於李林甫暗做手腳，這一年的科試中布衣之士竟然沒有一人及第。為了掩蓋惡劣行徑，李林甫大大吹捧唐玄宗，說因為皇帝聖明，天下人盡其用，野無遺賢。這種情況下，杜甫當然不可能入仕朝廷。

困居長安的杜甫生活日漸艱難，迫於飢寒，不得不「朝扣富兒門，暮隨肥馬塵。殘杯與冷炙，到處潛悲辛。」通過向達官貴人投詩乞憐，以求溫飽。

雖然備受飢寒疾病折磨，杜甫卻不忘用如椽巨筆記錄歷史、針砭時弊。針對楊氏兄妹的奢侈荒淫、專權誤國，撰寫了〈麗人行〉，諷刺他們驕奢淫慾的腐敗生活，曲折反映了玄宗的昏庸和時政的腐敗。針對窮兵黷武的對外戰爭給人民帶來的災難，撰寫了〈兵車行〉，表達對人民不幸生活的深厚同情。

〈自京赴奉先縣詠懷五百字〉一詩更是這一歷史時期的真實寫照，「朱門酒肉臭，路有凍死骨」，權貴的豪華奢侈和窮人的凍餓而死，形成「盛世」中的強烈對比。

杜甫以詩人敏銳的觀察力，洞悉唐朝山雨欲來風滿樓的危局，為開元盛世唱響輓歌。

⊙自經喪亂少睡眠

天寶十四載（七五五年），安史之亂爆發。安祿山的叛軍相繼攻占洛陽和長安，唐玄宗匆忙逃往蜀地。剛任右衛率府兵曹參軍的杜甫，正帶著妻子兒女從奉先（今陝西蒲城）趕往鄜州（今陝西富縣），聽到唐肅宗在靈武即位的消息，匆匆安頓了家屬，隨即上路前往靈武。途中，杜甫被叛軍抓獲，掠至長安。

陷居長安時，杜甫寫下了膾炙人口的〈春望〉：「國破山河在，城春草木深，感時花濺淚，恨別鳥驚心。」表達了詩人傷時憫亂、憂國思家的真實感情。

至德二載（七五七年），杜甫逃出長安，奔向朝廷所在的鳳翔（今屬陝西）。唐肅宗對杜甫長途跋涉投奔朝廷表示讚賞，授為左拾遺。杜甫認為致天子於堯、舜的時機到來，不料不到一月，就被貶為華州（今陝西華縣）司功參軍。

他一路經新安、石壕、潼關，來到華州。途中目睹各級官吏不顧百姓身家生死，徵兵拉丁無論男女老幼。杜甫見聞婦孺老弱無助的傾訴與悲啼，同時也看到眾多百姓為了國家社稷，以可歌可泣的抗戰精神，積極支援官軍平叛的場面，寫成六首著名的「新題樂府」組詩，即〈新安吏〉〈石壕吏〉〈潼關吏〉和〈新婚別〉〈垂老別〉〈無家別〉，後人簡稱為「三吏」「三別」。這六首詩不僅反映了百姓為戰爭付出的代價和安史之亂造成的民不聊生的慘狀，同時謳歌了人民奮不顧身的犧牲精神。

不久，好友出任兩川節度使，杜甫投奔入蜀。大曆五年（七七〇年），國家形勢稍有安定，杜甫卻依然奔波於江上。藩鎮之間連綿不絕的戰爭，讓杜甫四處漂泊，長期的辛勞，使得他貧病交加。同年冬，杜甫在湘水的一條小船上，結束了苦難的一生。

杜甫留下一千四百多首詩，為後世廣闊而鮮明地勾勒出唐王朝從強盛走向衰落的歷史長卷，堪稱「詩史」。他的詩被封為學詩典範，「吟詠流千古，聲名動四夷」，不愧為一代詩聖。

歷史詞典

吉備真備

吉備真備（六九五～七七五年），日本人，本姓下道氏。在二十二歲的時候被選拔為入唐留學生，開元五年（七一七年）隨同第九次遣唐使來到長安，同行的有著名的阿倍仲麻呂等人，同年九月到達長安。吉備真備在鴻臚寺學習，受教於四門助教趙玄默。吉備真備在中國留學十七年，學習範圍廣泛，涉及天文、歷史、地理、音樂、法律、兵法、建築等各個學科的知識。

開元二十二年（七三四年），吉備真備歷盡艱辛回到日本。用唐朝廷賞賜的錢買了許多書籍、樂器、工具和武器，帶回日本。據記載有：《唐禮》一百三十卷、《太衍曆經》一卷、《太衍曆立成》十二卷，還有測影鐵尺一枚、銅律管一部、《樂書要錄》十卷。

天寶十一載（七五二年），吉備真備以遣唐副使身分再度來中國，後著有《私教類聚》五十卷。他採用漢字偏旁創造了日本文字「片假名」，對傳播中國文化，推動日本民族文化的發展貢獻卓越。

隱士李泌

●時間：西元七二二～七八九年
●人物：李泌

李泌是唐代歷史上具有傳奇色彩的一個人物，經歷了玄宗、肅宗、代宗、德宗四個皇帝，以一介布衣而助皇帝平定叛亂，雖然多次受到當政者的排擠，卻始終能夠全身而退。他權重時位踰宰相，完功後歸隱山林，一生起伏數次，始終不為權位所迷惑，堪稱大智慧之人。

⊙宰相小友

安祿山叛變後，唐玄宗逃出長安避亂，命令太子李亨領導平叛。李亨在靈武即位，即唐肅宗。朝廷始建，各方面人才奇缺，肅宗下詔求訪賢能。肅宗想到當太子時的好友李泌，似乎心有靈犀，李泌沒有接到詔書就來到靈武大營。

李泌（七二二～七八九年），字長源，京兆（今屬陝西）人。從小聰明過人，有「神童」稱號。宰相張九齡特別喜歡他，經常帶他到家裡玩。

張九齡有兩個朋友，一個是嚴挺之，一個是蕭誠。蕭誠為人圓滑狡詐，做事沒有原則，嚴挺之非常討厭他，就勸張九齡不要和蕭誠來往。張九齡卻不太愛聽嚴挺之的直諫，自言自語說：「嚴挺之這個人太死板，蕭誠比他靈活。」九歲的李泌恰巧在旁邊，認真對張九齡說：「大人起自平民，因為耿直升至宰相，怎麼反而喜歡圓通的人呢？」語出驚人，讓張九齡不敢小瞧，從此稱呼李泌為「小友」。

⊙建儲立言

李泌一來，肅宗覺得有了依靠，事事和他商量，李泌的主意，肅宗無不聽從。肅宗立長子廣平王李豫為太子，讓李豫的弟弟建寧王李談為天下兵馬元帥。

李泌向肅宗建議說：「建寧王雖然賢能，但是已經立了太子，就應該讓太子當兵馬元帥。」肅宗回答說：「廣平王已經做了太子，還需要一個小小的元帥名號嗎？」李泌語重心長地說：「陛下，假使元帥有了戰功，你不立他為太子，行嗎？」

肅宗頓時沉默，想起唐朝開國以來的教訓，不由得出了一身冷汗，暗想幸虧李泌提醒，否則玄武門之變的故事又要重演。

於是，肅宗讓李豫做兵馬元帥，李泌做李豫的行軍司馬（軍師）。肅宗對李泌說：「卿曾經侍奉過父皇（玄宗），現在朕拜您為老師。您在太子那裡可以一面籌劃軍事，一面教

刻花鎏金銀蓋碗　唐

導我們父子。」

李泌做了官，卻並不穿官服，還是穿著隱居時穿的布衣。有一次，李泌陪肅宗一起騎馬巡視軍隊，兵士在後面指指點點說：「那個穿黃袍的是皇上，穿白褂子的是山裡來的隱士。」唐肅宗聽到議論，覺得不適當，就賜給李泌一件紫色官服，強迫穿上。李泌沒辦法，只得接受。

歷史詞典

揚一益二

唐代商業發展，出現了一批著名的繁華都市。當時人有「揚一益二」的俗諺，意思是說揚州的商業在唐帝國中最為發達，四川成都（當時稱益州）名列第二。

揚州是東南一帶的名城，自古以來就非常繁華。由於交通便利，不僅是東南重鎮，而且是一個國際性的大商埠，是廣州、交州之外的又一個外商聚集寄居的地點。揚州是唐代商品經濟高度發展的一個櫥窗，從這裡可以看到當時商品經濟發展的程度。從當時人的詩歌中也可以體會到揚州的繁榮，譬如「腰纏十萬貫，騎鶴下揚州」。

至於排名第二的成都，其商業的繁華程度也不亞於揚州。當時人就曾經熱烈地讚揚益州的「羅錦之麗，管絃歌舞之多，伎巧百工之多」。

⊙平叛的戰略

肅宗當太子時，權相李林甫多次陷害，幾乎使他位子不保。肅宗即位後，便想復仇，打算挖掘李林甫的墳墓，挫骨揚灰。李泌覺得以天子而念宿嫌，會讓天下人認為肅宗心胸不廣，於是勸肅宗不應計較。

肅宗聽了，非常不高興說：「難道你忘了以前的事情嗎？」李泌回答說：「臣沒有忘記，但是臣考慮的不是這個問題。太上皇做了五十年皇帝，遭到這麼大的打擊，現在住的南方氣候惡劣，加上年歲已大，如果聽到陛下不忘舊怨，將內慚不已，萬一因此生病，天下人都會責怪陛下的。」肅宗羞愧難當，抱著李泌的脖子哭泣道：「朕慮不及此，幾成大錯。」

肅宗一心想收復長安，問李泌說：「敵人這樣強大，我們怎麼辦？」李泌說：「安祿山發動叛亂，志在搶劫財寶，根本不足為患。他手下人才沒有幾個，其餘都是被迫參加的酒囊飯袋。照我的估計，不出兩年，就可以把他們消滅。現在著急還不是時候，一定要從長遠謀劃。」

接著，李泌為肅宗定了一個軍事計畫，暫緩收復長安，派郭子儀、李光弼兩員大將分兩路進軍河北，攻打叛軍根據地范陽，使叛軍進退兩難，再發動各路官軍圍攻，消滅叛軍。

但是肅宗急於返回長安，不聽李泌的計畫，肅宗說：「現在人馬齊備，戰必勝，攻必取，為甚麼要先去攻打千里之外的范陽呢？」李泌說：「如果一定要先攻打長安、洛陽，會再度陷入困境。」

肅宗沒有聽從李泌的規勸，把郭

力士造像　唐

子儀從河東調回，強攻長安，結果打了敗仗。後來，郭子儀借來回紇精兵，集中十五萬人馬，才把長安攻下。接著，唐軍又收復洛陽，安祿山的兒子安慶緒逃到河北，叛軍大將史思明被迫投降。

兩京收復後，肅宗立即請玄宗回朝表示願意再回東宮當太子。李泌說：「太上皇肯定不會回來。」肅宗說：「怎麼辦呢？」李泌建議：「陛下應該把奏摺改一下，就說您日夜思念，請太上皇回來，好時時侍奉。」

果然，玄宗收到第一個奏章，回答說：「這裡衣食足供，我不回去了。」接到第二封奏摺，才高興說：「我要回去當天子的父親。」並立即起行。

三彩載物駱駝　唐

青釉鳳首龍柄瓷壺　唐
這是一件仿效由中亞傳來的金屬胡瓶的外貌製作的瓷器，顯示出當時中西文化互動對唐文化的深遠影響。可以看到外來的和傳統的裝飾手法融匯在一起，加上瑩碧的釉色，更顯精美異常。

⊙歸隱衡山

兩京收復，李泌功勞極大，肅宗又很倚重，引起朝中大臣的嫉妒。肅宗的寵妃張良娣和宦官李輔國互相勾結，想把李泌除掉。李泌知道後，便想隱退。

一晚，肅宗請李泌喝酒，留下過夜。李泌趁機對肅宗說：「我已經報答了陛下，請讓我回家再做個閒人吧！」

肅宗安慰李泌說：「哎，我和先生這幾年共患難，現在正想一起享受安樂，怎麼就要走了呢？」

李泌懇切說：「我和陛下結交太早，陛下重用我，信任我，但就是因為這些緣故，我不能不走。」

肅宗說：「今天先睡吧，明天再說。」

李泌說：「今天我和陛下坐在一個榻上談話，您不答應我。將來到了公堂上面，就沒有我說話的餘地了。如果您不讓走，就等於殺了我。」

肅宗雖然不願讓李泌離開，但是經不住一再請求，只好同意。李泌到了南嶽衡山，重新過起隱居生活。

⊙孤身平亂

唐代宗李豫繼位後，打算重新啟用李泌，到朝廷為官，但李泌堅持不肯接受。於是代宗對李泌說：「朕處理軍政大事十分煩勞，您住在宮外，

黑釉彩斑瓷腰鼓　唐

雖然能經常相見，但很麻煩，不如住得近一點吧！」李泌還是沒有接受。

唐德宗登基後，藩鎮叛亂又起。貞元元年（七八五年），陝虢（即陝州與虢州，今河南陝縣、靈寶）兵馬使達奚抱暉用酒毒死節度使張勸，準備自立為留後。

德宗大怒，對李泌說：「達奚抱暉占據陝州之地，切斷長安水陸交通，實在可惡。朕思來想去，還得麻煩您走一趟。」李泌回答說：「臣義不容辭。」

德宗問需要多少人馬，李泌說：「臣一人即可。」德宗感到奇怪，又擔心李泌的安危，追問究竟。李泌攔住說：「請陛下不用為我的安全擔憂，下令馬燧與我同行就可以了。」

德宗還要說話，李泌說：「現在是事發初期，人心尚未安定，我能出其不意取勝。其他人會猶豫不決，不敢前往，等到達奚抱暉大計定下，就再不能前去了。」德宗無奈，只好同意李泌前往。

李泌迅速前往陝州，達奚抱暉親自到距陝州城五里的地方迎接。李泌笑著說：「張勸暴虐無道，將軍順應天意，除此逆賊，就連聖上也稱讚啊！陝州城百姓安居樂業，軍隊兵強馬壯，全賴將軍之功。陛下和我說了，您和相關人等的職務一切照舊，不會有任何改變。」達奚抱暉心下大喜。

進城後，有士兵請求單獨向李泌稟告事情，李泌不許，說：「在此非常時期，流言四起，是很正常的。我來了，事情自然會安定。我不希望再聽到這些。」自此，人心於是安定。

幾天後，李泌把達奚抱暉請到帳中議事，對他說：「達奚抱暉，我並不是因為可憐你才不殺你。我有一條建議可保你不死，你帶著靈牌和器物去祭祀前節度使，以後不要再入潼關，找一個安身之地，悄悄接走全家老小，我保證你不會發生意外。」

達奚抱暉看到軍隊已經恢復穩定，自己威信無法與朝廷抵抗，權衡之下，為了保全一家老小，只得聽從李泌的建議，連夜逃走。

李泌歷經四帝，數次出入朝廷，而且每次都更加得到皇帝重用，但他始終不為權位迷惑，保持清醒的頭腦，實在是帝王社會中少有的智者。

真子飛霜紋銅鏡　唐

內區以鏡為中心，左面竹林前一個人坐著彈琴，右側一鸞鳳聞琴聲起舞。「真子」即真孝子簡稱，飛霜是古琴曲調十二操之一履霜操的別稱，紋飾是西周尹伯奇放逐於野的喻意。

郭子儀的保身之道

●時間：西元六九七～七八一年
●人物：郭子儀

在平定安史之亂的著名將領中，人們最熟悉的莫過於郭子儀、李光弼了。郭子儀一生歷仕玄宗、肅宗、代宗、德宗四朝，出將入相，皇帝尊稱為「尚父」。郭子儀身居高位，卻謙恭忍讓，得保善終。從郭子儀深入敵軍、單騎退回紇大軍的經歷，可以讓我們從側面瞭解他的智勇一面。

⊙單騎退回紇

永泰元年（七六五年），郭子儀手下大將僕固懷恩，由於不滿唐王朝待遇，發動叛變，誘使吐蕃、回紇、党項等部落數十萬大軍入侵。唐軍抵擋不住，回紇、吐蕃聯軍一直攻到長安北邊的涇陽（今屬陝西），長安受到威脅，舉朝震動。唐代宗急忙調兵遣將，最瞭解敵我形勢的郭子儀被急召屯紮涇陽。

郭子儀接到命令，立刻集結軍隊，總數不過萬人。此時，吐蕃、回紇聯軍對涇陽形成合圍之勢，郭子儀吩咐將士構築防禦工事，更親率兩千騎兵衝入敵陣。

回紇士兵在平定安史之亂時是郭子儀的部下，對他相當熟悉，高喊道：「前方將領是誰？」這邊的人回答說：「是郭令公！」回紇兵又問：「令公還活著嗎？僕固懷恩說大唐皇帝去世，令公也不在了，中國無主，所以我們才來攻打。現在郭令公活著，皇上也活著嗎？」唐軍士兵又回答說：「大唐天子萬壽無疆！」回紇人驚詫地說：「我們被騙了。」

郭子儀命使者對回紇人說：「想當年，回紇部隊跋涉萬里幫助大唐收復兩京，兩國休戚與共，情同手足。如今竟然不顧舊好，幫助僕固懷恩這個叛臣，實在是愚蠢的決定。背信棄

黑人俑　唐

串枝花紋六曲銀盒　唐

義，有甚麼好處呢？」回紇將領將信將疑，說道：「我們以為郭令公已經死了，否則怎麼會有今天的事情。既然令公尚在，能和我們見一面嗎？」

使者回到唐營，把回紇人的懷疑向郭子儀回報。郭子儀說：「既然這樣，我就走一趟，也許能勸說回紇退兵。」

唐軍將領覺得主帥親自到敵營去太過冒險，勸郭子儀多帶士兵。郭子儀揮了揮手，說：「不行！帶這麼多兵去，反而壞事。」命令兵士牽過戰馬，策馬而去。

回紇兵見有人從對方軍營出來，大呼：「令公來了！」立即擺開陣勢，嚴陣以待。

郭子儀見狀，脫下盔甲，丟下武器，緩緩靠近，大聲喊道：「我與諸位患難與共，如今怎麼要揮刀相向！」回紇首領一見，果然是郭子儀，紛紛下馬圍住他下拜行禮。郭子儀跳下馬來，走上去握住回紇首領的手，大家相言甚歡，重新和好。

吐蕃人聽說回紇和郭子儀的軍隊和解，害怕他們聯手反攻，連夜撤退。郭子儀立即派遣部隊追擊，大破吐蕃，解了涇陽之圍。

回鶻貴婦禮佛像　唐

⊙掌權不驕，失權不怨

郭子儀（六九七～七八一年）是唐代中興名將。至德二載（七五七年），唐肅宗鑑於反攻安史叛軍條件具備，任命郭子儀為天下兵馬副元帥，授以平定叛亂、收復兩京的重任。郭子儀指揮下唐軍將士英勇作戰，不到一個月，長安和洛陽兩京先後收復。郭子儀因功加司徒，封代國公。肅宗讚揚郭子儀說：「雖吾之家

延伸知識

回紇改名回鶻

回紇是中國古代北方與西北操突厥語的民族之一。在漠北地區建立了游牧汗國。天寶三年（七四四年）回紇君長骨力裴羅與葛邏祿併力破拔悉密，自稱骨咄祿毗伽闕可汗，位於東突厥汗國故地。唐朝政府封為懷仁可汗，回紇的中文意思是團結、聯合、互助的。

貞元四年（七八八年），回紇的合骨咄祿可汗在給唐德宗李適上表中，請求改名為「回鶻」，取「回旋輕捷如鶻」之意。漠北回鶻汗國一直存在到開成五年（八四〇年）。

高逸圖 唐 孫位

此圖為《竹林七賢圖》殘卷。孫位，生卒年不詳，初名位，後改名遇，號會稽山人，會稽（浙江紹興）人。唐末宮廷畫家。隨僖宗逃往四川，居於成都。他擅畫人物、松石、墨竹及佛道，尤以畫水著名，兼作壁畫，對五代蜀地繪畫有一定影響。孫位的畫作筆力雄壯，不以著色為工。

國，實由卿再造。」

其實肅宗並不信任這位功臣，在隨後討伐安慶緒的戰爭中，肅宗以郭子儀、李光弼皆為元勳，難相統屬，不設元帥，只用宦官魚朝恩為觀軍容宣慰使，讓一個不通軍事的卑鄙宦官來統轄諸將。結果，相州（今河南安陽）之戰唐軍慘敗。肅宗並未責怪身為觀軍容宣慰使，實際上統率九節度使的魚朝恩。

逃過一死的魚朝恩，妒忌郭子儀的軍功，把相州之敗的責任都推到郭子儀身上，在肅宗面前說了許多壞話。肅宗本就頗多猜疑，聽了魚朝恩的讒言，立刻剝奪郭子儀的兵權。郭子儀絲毫不計較個人得失，並無怨恨，惟以國事為重。

寶應元年（七六二年），唐朝朔方軍亂。病重中的唐肅宗不得不封郭子儀為汾陽王，知朔方、河中、北庭、潞、澤節度行營兼興平、定國等軍副元帥，前去平叛。郭子儀依靠威望和人格魅力，迅速安定河東。

唐代宗即位後，宦官程元振專權用事，忌妒郭子儀功高難制，極力挑撥君臣關係，郭子儀再度被罷去兵權。

大曆二年（七六七年），郭子儀父親的墳墓被一向妒嫉他的宦官魚朝恩指使手下盜挖。郭子儀深知內情，入朝時，人們都以為會發生流血事件，但郭子儀忍受了這種奇恥大辱。唐代宗問起此事，他只是說：「臣久

回鶻天王像 唐

主兵，不能禁暴，軍人殘人之墓，固亦多矣。此臣不忠不孝，上獲天譴，非人患也。」魚朝恩如此對待郭子儀，郭子儀仍是以誠相待。魚朝恩也被感動，認為郭子儀是真正的長者君子。

郭子儀再造唐室，功高蓋世，卻屢遭宦官忌妒詆毀，多次失掉兵權，但他始終不以個人榮辱為意，一心為國，實在是中唐第一名將。

⊙以身作則，持家威嚴

德宗時期，郭子儀被尊為「尚父」，加太尉兼中書令，領有河中尹、靈州大都督、單于鎮北大都護、關內河東副元帥、朔方節度、關內支度、鹽池六城水運大使、押蕃部並營田及河陽道觀察使等職，權任既重，功名復大。但郭子儀不挾權自重，對自己和家中子女約束甚嚴。

郭子儀禁止家人無故在軍營中騎馬。一次，郭子儀乳母的兒子違反軍令，被軍中執法都虞候杖罰致死。郭子儀的兒子向他哭訴，說都虞候專橫，要求懲辦此人。郭子儀不但將兒子斥退，並重賞執行軍法的都虞候。

郭子儀的兒子郭曖被代宗招為駙馬，娶昇平公主為妻。昇平公主自恃金枝玉葉，在郭子儀的壽辰時也不去參拜。郭曖非常生氣，打了公主一頓。郭子儀惶恐不已，忙捆綁郭曖，進宮請罪。唐代宗倒不以為然，反而安慰道：「不聾不啞，難做家翁。」

建中二年（七八一年），郭子儀病逝，終年八十五歲。滿朝君臣聞此，莫不震痛。郭子儀歷經玄、肅、代、德四朝，身居要職，善始而善終。

素面雙提把銀鍋　唐

被刺殺的宰相

●時間：西元七五八～八一五年
●人物：武元衡

武元衡是晚唐著名詩人，時人以其與白居易齊名。然而詩風雅正、音韻清朗的武元衡卻不是個怯懦的書生宰相，對於橫行不法的藩鎮軍閥，他表現得無比剛烈，堅決主張以武力削平強藩，維護中央政府的權威，最終死於刺客之手，實為唐代最具悲劇色彩的一代名相。

⊙溫雅書生

武元衡（七五八～八一五年），字伯蒼。是一位極溫雅沉靜、彬彬有禮的書生，對於時勢政治的見解卻頗有獨到之處。一次，唐德宗讓武元衡在延英殿對策，至晚才歸。德宗看著武元衡遠去的背影，對旁邊的人說：

貼花白瓷高足缽　唐

「元衡是具有宰相才能的人。」後來憲宗即位，立即用武元衡為宰相。

此時，唐軍將領高崇文剛剛平定西蜀藩鎮叛亂，他善治軍而不善治蜀，憲宗讓武元衡代為西川節度使。高崇文離開蜀地時，滿載軍資、金帛、伎樂、古玩，運載寶物的車輛前後相連達幾里，「蜀地幾為之空」。武元衡到任後，選賢才，安黎民，撫蠻夷，為政廉明，生活節儉，政績卓著，中外同欽，形成了鮮明對照。

蜀地有詩酒花韻、召伎宴飲的官場習氣。即席賦詩對文采風流的武元衡是小菜一碟，他的詩歌詩風雅正，音韻清朗，切合音律，每當做了一首新詩，就被譜入歌曲，廣為傳唱。

持身甚正的武元衡並不喜歡這種浮華風氣，一次宴席上，面對觥籌交錯、杯盤狼藉的情景，他不禁吟道：「滿堂誰是知音者？」

西川從事（州府佐官）楊嗣喝得大醉，聽了武元衡的詩，酒性大發，強逼武元衡用大杯飲酒。武元衡不喝，楊嗣就把酒澆在他身上，嚷嚷說道：「武大人，我用酒來給你洗澡。哈哈哈哈……」在場的人不知如何是好。

武元衡一動不動，任他澆完，才緩緩站起來，淡淡一笑，換一身衣服繼續參加酒會，沒有讓宴會不歡而散。

⊙宰相遇刺

如果以為武元衡的溫文爾雅是怯懦無用，彬彬有禮是軟弱可欺，那就錯了。憲宗覺得身邊不能缺少武元衡，於是召回京師。

當時藩鎮勢力強大，自任官吏，

自收稅賦，中央政府失去了控制權力。面對這種情況，朝中大臣分為主戰和主和兩派，武元衡是堅決的主戰派。

浙西節度使李錡想要謀反，先作試探，請求入朝覲見。憲宗馬上拜李錡為右僕射，令他入朝。騎虎難下的李錡接到詔令又不敢來，稱病拖延。

憲宗問大臣如何應對，有人說：「李錡有反叛之意，陛下應該小心對待，臣認為可以准其所奏。」

武元衡馬上反駁說：「不可。李錡自請入朝，陛下答應，他出爾反爾不來，完全掌握主動權。今陛下新臨大寶，天下矚目，如果使奸臣得遂其私，則威令從此去矣。」

憲宗權衡良久，採納武元衡的意見。李錡計窮而反，被武元衡平定。

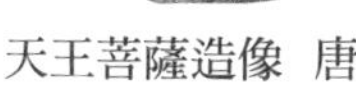

天王菩薩造像　唐

武元衡平定浙西之亂，又力主征討淮西（今河南汝南）藩鎮吳元濟叛亂。藩鎮軍閥相互勾結，成德節度使王承宗派人來朝廷請求赦免吳元濟，武元衡堅決不允許。王承宗讓人散播謠言詆毀武元衡，武元衡絲毫不為所動。於是，淄青節度使李師道派出刺客刺殺武元衡。

元和十年（八一五年）六月三日，武元衡從靖安里住所出來，天還沒有大亮，走到東門，突然有人竄出，吹滅侍者手中的火燭，從後面射來一箭，武元衡肩膀受傷，趕緊策馬前奔。又有人從樹陰處殺出，把武元衡拉下馬來，不及呼救已被殺害。

侍衛趕到，大呼：「賊人刺殺宰相啦！」城中頓時燈火通明。憲宗聽說武元衡遇刺，良久說不出話來。

鎏金八瓣人物銀杯

陝西西安何家村出土。銀杯通體鎏金，在杯體的八瓣中刻出的紋飾，四幅是男子狩獵圖，另四幅是仕女遊樂圖。這件銀杯採用唐代習用的葵口造型，而帶指墊的環柄及聯珠紋則是粟特銀器的特徵，紋飾中的仕女則為唐人風貌。由此看來這是在汲取粟特銀器造型和工藝的基礎上，採用唐人喜見的圖像和造型特點，融為一體，製成更為精美的金銀工藝品佳作。

與武元衡同時遇刺的還有裴度，幸好所戴揚州氈帽救了他（據說此後揚州氈帽風行一時）。不少大臣懾於暴徒殘忍猖狂，提議放棄對淮西用兵，罷免裴度。憲宗力排眾議，反而擢升裴度為宰相，全力主持淮西軍務，延續武元衡對藩鎮用兵的政策。經過多年努力，終於消滅割據的藩鎮，取得暫時統一。

武元衡從容對待人生，以生命為獻祭，實踐了自己的政治理想和追求。

拜相倡儉的楊綰

●時間：？～西元七七七年
●人物：楊綰

黃庭堅有詩曰：「司馬丞相昔登庸，詔用元老超群公。楊綰當朝天下喜，斷碑零落臥秋風。」每句詩都講述了一個著名歷史人物的典故，其中楊綰是唐代中期著名的宰相，他為人耿直、節儉，為官清廉，肅宗任其為宰相，天下翕然，很快朝野上下都形成了儉樸的風氣。

⊙不戀金錢

楊綰（？～七七七年），字公權，華州華陰（今屬陝西）人。青年時即以文思敏捷，詩賦出眾聞名。安史之亂後，肅宗在靈武即位，楊綰衝破重重險阻投奔。肅宗當即拜楊綰為起居舍人，負責起草皇帝文書，後升至中書舍人。

楊綰最出名、也最為後人稱道的是他的節儉。在中書省，楊綰因為年齡大被尊為舍人中的「閣老」。按照慣例，中書省辦公官署及官員俸祿等款項，他可以分得五分之四。

但楊綰覺得同一品級的官員應該享受同樣待遇，不應再以年齡排出等級，否則不利於年輕人發揮才幹，可能打擊他們的積極性，對剛成立的朝廷運行也不利。因此主動把辦公官署及其他俸祿平均分給所有中書舍人，以示公允。中書省所有人對楊綰極為尊重，齊心協力，效率明顯高於其他部門，楊綰的為人也受到朝廷上下一致讚譽。

蓮瓣紋三足蓋提樑銀罐　唐

⊙拜相倡儉

唐代宗年間，楊綰因政績突出升至吏部侍郎，專門負責考覈官吏，以決定提升或是降低官職。楊綰從不居官自傲，而是如履薄冰，公平考選所有官員，精選能人幹才，受到眾人稱讚。

元載秉政為相，滿朝文武官員都去迎合巴結，唯獨楊綰不畏權貴，也不怕孤立受到排擠，從不私訪拜會元載。元載忌妒楊綰威望高，逐漸疏遠

雙鸞銜綬帶紋銀盒　唐

楊綰。

後來國子監祭酒辭官回家，元載向代宗建議：「國子監關乎國家斯文，不可一日無祭酒，依臣之見，楊大人德高望重，祭酒之職非他莫屬。」代宗對元載的建議歷來百依百順，立即答應。國子監祭酒是一個沒有實際事務的職位，楊綰明升暗降。

元載因為犯罪被誅殺後，楊綰任中書侍郎，同中書門下平章事，成為當朝宰相之一。詔令公布，朝野一片慶賀之聲。

楊綰素來儉樸，所用車馬裝飾極為簡單，他不僅自我要求，而且也要求別人。他任宰相的命令一出，大臣都犯嘀咕：楊綰出任宰相，我們做事可要小心一點。

御史中丞崔寬是劍南西川節度使崔寧的弟弟，家中有萬貫財產，平時吃穿用行極為豪華奢侈，又在皇城南邊修了一棟別墅，裡面亭臺樓閣，建築很是精美華麗，堪稱天下第一。楊綰上任這天，崔寬就默不作聲地讓人把別墅拆掉。

中書令郭子儀聽說楊綰拜了宰相，也下令軍營中的音樂減掉五分之四。

京兆尹黎幹很受皇上寵信，每次出門都要帶一支壯觀的隨行隊伍，單馬夫騶手就達一百人。楊綰拜相的詔書下達後，黎幹馬上減少隨從人員，只剩下十多人，可見楊綰的影響巨大。其他官員因為楊綰拜相而自發節儉的不計其數。

楊綰拜相本身好像就是一道下令節儉的詔書。楊綰出任宰相沒有幾天，朝廷中就形成儉樸的風氣，這主要是他的威信和儉樸美名所致。

楊綰任職期間以德服眾，為人熱情，執法嚴明無私，因此他的節儉示範和提倡才收到如此效果。所謂上行下效，一朝一代的興衰往往是從最高統治層開始。

歷史詞典

兩稅法頒行

建中元年（七八〇年）二月，新任宰相楊炎在總結全國各地稅制改革經驗教訓的基礎上，提出一套完整的稅收方案，這就是中國歷史上的兩稅法。

兩稅法的主要內容是：統一稅目，以戶稅和地稅為核心，將租庸調、雜徭以及其他一切賦斂都納入兩稅。納稅人不分中丁，依據財產及土地占有情況劃分徵稅數量，經常往來行商地，在所在州縣賦三十分之一地稅。居民地稅分夏秋兩季徵收。夏稅徵線或折納綿帛，秋稅則徵收穀物。田畝稅以大曆十四年（七七九年）的土地數目為準，夏稅不過六月，秋稅不過十一月。

兩稅法雖然在實行一個時期後就弊端叢生，但是它順應了社會經濟發展的內在趨勢，使政府對農民的人身控制有所鬆弛，並在一定程度上改變了貧富負擔不均的現象，增加了國家的稅收。兩稅法在唐中葉以後得到確立，並為後世數百年沿用。

白瓷抱瓶胡人俑 唐

段秀實治軍

●時間：西元七六四年
●人物：段秀實

段秀實是中唐時期著名的忠臣賢士，出身書生，卻長期征戰沙場，也造就了他剛勇仁義、外柔內剛、勇毅見於平易的個性特徵。在邠州城中，段秀實也不畏強暴，嚴格執行軍法，維護地方安寧，顯示了這位老將與眾不同的治軍手段。

段秀實（七一九～七八三年），隴州汧陽（今陝西千陽）人。唐玄宗時舉為明經，後投筆從戎。怛羅斯之戰，高仙芝兵潰，別將段秀實臨危不亂，掩護大軍撤退。征討大勃律之戰，他又獻策於主將封常清，獲得大勝。平定安史之亂，他智勇雙全，屢建奇功。

⊙邠州責郭晞

唐代宗廣德二年（七六四年），段秀實得到邠寧節度使白孝德推薦，出任涇州（今甘肅涇川）刺史。當時安史之亂剛剛平定，叛將僕固懷恩勾結吐蕃、回紇大軍十萬，進擾西部邊疆，意圖攻取長安。邠州（今陝西彬縣）是長安的西北門戶，副元帥郭子儀派兒子郭晞帶兵前去協助白孝德準備防禦。

郭晞仰仗父親的地位，滋長了驕傲情緒，放縱部下兵士橫行不法，軍隊紀律蕩然無存。兵士在外搶掠，郭晞只當不知，不加管束。邠州當地的地痞流氓認為有機可乘，以為列名軍籍就可以肆意胡為，無人能管。這些流氓和士兵勾結，成群結隊在街上為非作歹，搶掠商鋪，毆打無辜。

白孝德非常頭痛，但礙於郭子儀的情面，也不好管。段秀實知道後，非常生氣，批評白孝德不應對百姓疾苦不聞不問，請求到邠州擔任掌管軍紀的都虞候。

段秀實擔任都虞候一個月，郭晞手下的十七名士兵入城買酒，不但刺傷酒店老闆，把店鋪也給砸了。段秀實逮捕了犯罪的士兵，按照軍紀斬首，並把首級掛在長矛上，豎在城門外示眾。

郭晞軍中的士兵知道後，大肆喧嘩，要找段秀實算帳。白孝德慌了神，段秀實卻摘下身上的佩刀，選了一個腿腳不便的老兵牽馬，前往郭晞營中。全副武裝的士兵看到段秀實居然親來大營，非常吃驚，段秀實責問他們：「郭尚書和（郭晞）副元帥難道虧待你們了嗎？為甚麼要作亂來敗壞郭家的名聲？」

又讓兵士稟告郭晞，請他出來答話。郭晞出來後，段秀實對他說：「副元帥功高蓋世，應當使其善始善終。您現在放縱士兵凶暴不法，如果導致變亂怎麼辦？邠州兵亂，您不加以制止，大亂從您軍中產生，人們都會說您倚仗副元帥的權勢，不約束兵士。如果國家發生大亂，郭家的功名也就到頭了！」

郭晞聽後大驚，幡然醒悟，連忙道歉，遣散兵士，又跟著段秀實去向白孝德謝罪。從此，邠州再沒有受到軍人的騷擾。

歷史詞典

韓馬戴牛

韓幹，大梁（今河南開封）人，生卒年不詳，主要活動於開元、天寶（七一三～七五六年）年間，官至太府寺丞。善畫肖像、人物、道釋、花竹，尤工鞍馬。天寶中期，韓幹被召入內廷，為供奉。

唐玄宗曾命他向陳閎學畫馬，但他重視寫生，堅持以真馬為師，遍繪宮中及諸王府的名馬。所繪馬匹，體形肥碩，態度安詳，比例準確，一改前人畫馬螭頸龍體、筋骨畢露、姿態飛騰的「龍馬」作風，創造了富有盛唐時代氣息的畫馬新風格。後人稱其所繪之馬「古今獨步」。代表作有《照夜白圖》《牧馬圖》。

德宗時，韓滉為浙江東、西觀察使，任用戴嵩為巡官，因此戴嵩得以師事韓滉學畫。戴嵩擅長畫田家、川原色景，寫山澤水牛尤為著名，人稱他得「野性筋骨之妙」。後人稱韓幹所畫的馬與戴嵩所畫的牛為「韓馬戴牛」。

⊙威名重海內

大曆元年（七六六年），段秀實在涇原、邠寧節度使馬璘軍中任都虞候。馬璘部下一名勇士犯了盜竊罪，該當處死。馬璘想赦免此人，段秀實對馬璘說道：「將有愛憎而法不一，雖韓信、白起不能為理。」馬璘認為言之有理，斬殺了這名將領。

馬璘性格急躁，如果處理事情不合理，段秀實就據理力爭，直到馬璘承認錯誤為止。有時惹得馬璘非常氣惱，以至於要殺段秀實。段秀實依然堅持原則說：「秀實罪若可殺，何以怒為！無罪殺人，恐涉非道。」馬璘對段秀實的人格越發崇敬，軍州政事都向段秀實諮詢後才實施。

段秀實在軍中也很有威信。大曆八年（七七三年），唐與吐蕃鹽倉之戰中，唐軍大敗。涇原兵馬使焦令諶與諸將狼狽而回，潰兵爭道入城。馬璘仍被吐蕃軍重重圍困。

段秀實召集潰將宣示軍法說：「軍法，失大將，麾下當斬。」隨後選派驍勇之將率領守城將士出城救援，馬璘方得倖免。

段秀實治軍有方，遠近稱之，輔佐馬璘三四年間，吐蕃始終不敢進犯邊塞。

五牛圖 唐 韓滉

永貞革新

●時間：西元八〇五年
●人物：唐順宗　王叔文　王伾

安史之亂後，唐王朝的政治統一被藩鎮割據的局面所取代，雖然名義上是統一的王朝，但朝外藩鎮各自為政，朝內皇帝多受制於宦官，雖有個別皇帝試圖改變這種局面，但由於這兩個毒瘤根深蒂固，始終難以根除，順宗時短命的「永貞革新」就是這樣一次失敗的嘗試。

⊙皇帝與民爭利

唐德宗貞元二十一年（八〇五年），昏庸又貪財的德宗李適病死。為了躲避吐蕃進犯和朱泚叛亂，德宗東躲西藏，過了一段艱難困苦的日子，但他不從中吸取教訓，反而得出逃跑時身邊一定要多帶財物的結論，回到長安後拚命斂財。各地官員為了討好皇帝，有的每月進貢一次，稱為「月進」，有的每日進貢一次，稱為「日進」。這些財物當然不會出自官員的薪俸，只能轉嫁到百姓頭上。

降三世明王像　唐

身為一國之君的德宗縱容宦官對百姓大行劫掠。他建立「宮市」制度，以為皇宮採辦物品為名派出數百名宦官，稱為「宮使」。這些人在長安街市遊蕩，看到好東西，不按市場價格付錢，只隨便給幾個錢或用皇宮倉庫裡快爛掉的綢布抵賬，賣主不敢追問，只能忍氣吞聲。白居易膾炙人口的詩作〈賣炭翁〉，副題就是「苦宮市也」。

⊙短暫的革新

德宗死後，太子李誦即位，改元永貞，是為唐順宗。順宗做太子時，曾想進諫德宗停罷宮市，屬官王叔文怕得罪皇帝會危及太子的地位，阻止了李誦進言。順宗做太子二十多年，從旁觀的角度對朝政有比較清醒的認識，即位為帝後，很想有一番作為。但早在德宗病重時，順宗已經中風，失去了說話的能力。

順宗雄心未減，即位伊始，立刻重用王叔文、王伾等人進行改革。王叔文和王伾都是順宗在東宮時的老師，時常與順宗談論朝廷弊政，深得信任。順宗即位後，他們和劉禹錫、柳宗元、韋執誼、韓泰、韓曄、陳諫、凌准、程異等人一起，形成以「二王劉柳」為核心的革新派勢力集團。這些人多是中下層官員，對朝廷的腐朽和黑暗有深刻瞭解，與一心革除弊病的皇帝一起，開始大刀闊斧的改革進程。

他們通過順宗詔令，廢除部分百姓積欠官府的租稅，停止各地官員的進奉，罷止宮市，降低鹽價，釋放宮女等。其中最重要的舉措，還是打擊貪官，抑制宦官和藩鎮勢力的膨脹。從改革措施看，革新派對當時弊政的認識相當清楚，短短幾個月時間的革新，受到百姓的擁護。

改革的措施必然損害宦官和藩鎮的利益，他們分別握有中央禁軍和地方兵權，有很大實力。革新派是一批文人，依靠的只是病重的順宗。順宗的身體在即位後每況愈下，處在宦官包圍之下。

永貞元年（八〇五年）三月，宦官俱文珍等一手操辦，將順宗長子李淳立為太子，更名為李純。太子立定之後，在改革中受到打擊的官員紛紛上表要求順宗退位。七月，俱文珍偽造敕書，罷免王叔文官職，以順宗名義下詔，讓皇太子主持政事。

八月，宦官集團逼迫順宗退位，擁立太子李純登基，是為唐憲宗。至此，永貞革新持續不到兩百天。

⊙二王八司馬

憲宗即位後，把王叔文、王伾貶黜出京，不久王伾死在貶所，王叔文也被賜死，參與改革的劉禹錫、柳宗元等八人都貶到偏遠地區做司馬，因此稱為「二王八司馬」。幾位革新政治家一生坎坷，中國文學史卻增添了許多膾炙人口的悽美詩篇，尤其是劉禹錫、柳宗元兩人，佳作連連。詩人不幸詩壇幸，正是這樣的失意，使得詩人寫出許多真切感人的絕妙好詩。

元和元年（八〇六年）正月，唐順宗病逝，年僅四十六歲。

永貞革新被扼殺後，唐朝政治更加黑暗。宦官擁立皇帝，朝官分成朋黨，本來就有相沿成習的趨勢，憲宗以後，一切都開始表面化了。

柳侯祠
廣西柳州市的公園內，有一座為了紀念唐代著名文學家柳宗元而建立的柳侯祠。始建於唐代長慶元年（八二一年），原名羅池廟，因宋代追封柳宗元為文惠侯，遂改為柳侯祠。

寫詩致禍的劉禹錫

●時間：西元七七二～八四二年
●人物：劉禹錫

劉禹錫是和白居易齊名的唐代詩人，他的〈烏衣巷〉：「朱雀橋邊野草花，烏衣巷口夕陽斜。舊時王謝堂前燕，飛入尋常百姓家。」膾炙人口，流傳至今。但是成也詩歌，敗也詩歌，詩歌給劉禹錫帶來了名聲，劉禹錫也因為寫詩而受貶。

⊙貶官朗州

劉禹錫（七七二～八四二年），字夢得，洛陽（今屬河南）人。貞元十一年（七九五年）登吏部進士科，授太子校書，踏上仕途。

二十一年（八〇五年）一月，德宗死，順宗即位，任用王叔文等人改革弊政。劉禹錫時任屯田員外郎、判度支鹽鐵案，與王叔文、王伾同是革新核心人物，稱為「二王劉柳」。革新只進行了半年，遭到宦官、藩鎮強烈反對，順宗被迫退位，憲宗即位。九月，革新失敗，王叔文賜死。劉禹錫初貶為連州（今廣東連縣）刺史，行至江陵，再貶朗州（今湖南常德）司馬。同時貶為邊區州縣司馬的共八人，史稱「八司馬」。

朗州地處西南，偏僻鄙陋，風俗與中原有很大不同。劉禹錫根本找不到可以談心的對象，寂寞無聊，辦公以外，常常遊覽山水，寫寫詩文。南方人喜歡歌舞，劉禹錫做詩的才能得以發揮，他經常寫詩，讓人編了曲子，配合百姓跳舞。劉禹錫一住就是十年。

⊙因詩致禍

日子一久，一些大臣想起劉、柳二人，覺得都是有才幹的人，放在邊遠地區太可惜，奏請憲宗，把劉禹錫、柳宗元調回長安，準備留在京城任用。

元和十年（八一五年），劉禹錫回到長安，情況已經發生了很大變化。朝廷官員中，很多新提拔的都是過去看不慣、合不來的人，劉禹錫很不舒坦。

當時京城有一座有名的道觀叫玄都觀，觀裡道士種了一批桃樹。春暖季節，觀裡桃花盛開，招引了不少遊

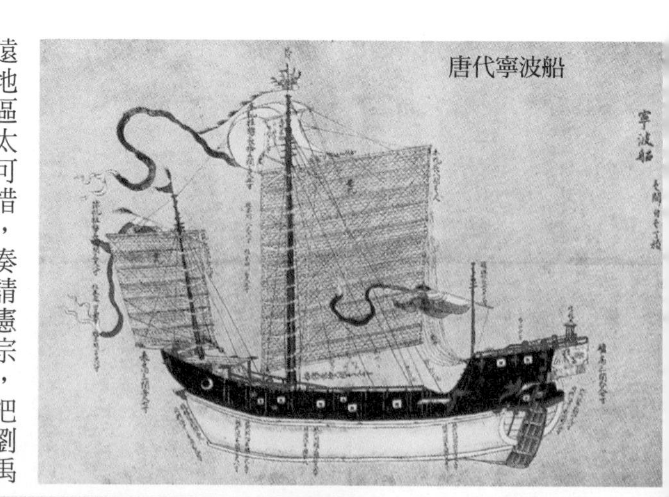

唐代寧波船

供養菩薩壁畫　唐

此壁畫位於甘肅敦煌四〇一窟北壁東側。圖中菩薩頭部微側，雙目俯視，一手托舉玻璃盤，一手下垂以兩指輕捻紗巾，姿態飄逸，神情自然。面部唇上雖有蝌蚪形髭鬚，但從表情、神態等方面來看，女性化特徵已經十分明顯。

客。老朋友約劉禹錫到玄都觀賞桃花，劉禹錫於是隨著朋友一起去了。

看到玄都觀裡新栽的桃花，劉禹錫感觸良多，回來後寫了〈遊玄都觀詠看花君子詩〉：「紫陌紅塵拂面來，無人不道看花回。玄都觀裡桃千樹，盡是劉郎去後栽。」

劉禹錫的詩本來挺出名，這篇新作品一出來，很快就在長安傳開。部分大臣對召回劉禹錫本來就不願意，讀了他的詩，細細琢磨其中含意。不知哪個說，這首詩表面寫桃花，實際是諷刺當時新興的權貴。唐憲宗很不滿意，把劉禹錫派到播州（今貴州遵義）做刺史。刺史比司馬高一級，似乎是提升，但是播州地方比朗州更遠更偏僻，是九死一生之地。

⊙顛沛流離

御史中丞裴度知道後，連忙上奏道：「劉禹錫家裡有八十多歲的母親。把他放到播州這個偏僻、人跡罕至的地方，實在值得考慮。劉禹錫罪有應得，但是臣恐怕老母親從此就與兒子生離死別。陛下這麼做，恐怕有違孝道。臣請陛下在法律以外，適當考慮特殊情況。」

憲宗還在氣頭上，說：「既然家裡有老母親，做事就更應該謹慎，免得家人擔憂。如今劉禹錫所犯的罪更重於他人，卿叫朕怎麼做呢？」裴度無言以對。

過了一會，皇帝的情緒稍微平緩，慢慢說道：「朕剛才所言，是針對劉禹錫作為人子來說的，但是朕還是不忍看到老人家傷心。」於是，改授劉禹錫為連州刺史。

以後，劉禹錫又調動了好幾個地方。十四年後，裴度當了宰相，把他調回長安。劉禹錫重新回到京城，又是暮春季節，想起當年玄都觀的桃花，有心舊地重遊。到了那裡，才知道種桃的道士已經去世，觀裡的桃樹無人照料，有的被砍，有的枯死，滿地長著燕麥野葵，一片荒涼。

想起當年桃花盛開的情景，聯想到過去打擊他們的宦官權貴一個個在政治爭權中下了臺，劉禹錫又寫下了一首詩，抒發心裡的感慨：「百畝中庭半是苔，桃花淨盡菜花開。種花道士歸何處？前度劉郎今又來。」

大臣看到劉禹錫寫的新詩，認為又在發牢騷，於是在皇帝面前說了不少壞話。過了三年，皇帝又把他派到外地當刺史。《舊唐書》說他「終以恃才褊心，不得久處朝列」，正是對他寫詩致禍的總結。

輝煌的書法

有唐一代近三百年間，傑出的書法家輩出，楷書、草書、篆書、隸書、行書如林花璀璨，鮮豔奪目。盛唐時期，書法創作上表現出一種勇於突破舊有的樊籬、創造新境界的博大精神。至晚唐時期，有志於書法者，在廣泛學習前賢的基礎上刻意創新，終於為書壇吹出一股新空氣。

歐陽詢

歐陽詢（五五七～六四一年），字信本，潭州臨湘（今屬湖南）人。一生經歷陳、隋及唐初，其主要的政治與書法藝術活動在唐初。唐太宗時，官至太子率更令，弘文館學士。詢敏悟絕倫，博覽經史，尤精三史。編著有《藝文類聚》一百卷。

其書法諸體俱能，尤以楷書為最精。書法史上以「顏、柳、歐、趙」為楷書四大家，以時序而論，歐陽詢實是最早以楷書名世的。楷書後世稱為「歐體」，用筆峻峭險勁，法度森嚴，於平正中見險絕，以其獨特的風格對後世產生了深遠的影響。

歐陽詢　夢奠帖

張旭

唐代的草書藝術，以孫過庭、賀知章、張旭、懷素四人最為有名。張旭（六七五～七五〇年），字伯高，一字季明，蘇州吳郡（今屬江蘇）人。他的主要政治和書法藝術活動都在盛唐時期。史載他初為常熟尉，後官至金吾長史，故人稱「張長史」。盛唐時期，人才輩出，張旭就是一個以草書名世的奇才。

《肚痛帖》不屬於狂草，但是傳世張旭草書中最為著名的一種。此帖書寫用筆變化莫測，但法度嚴謹，縱橫跌宕，勾連迴環，頓挫起伏，有若天成。

顏真卿

顏真卿（七〇九～七八五年），字清臣，京兆萬年（今屬陝西）人，唐開元進士，曆仕玄宗、肅宗、代宗、德宗四朝。因曾任平原太守，賜爵魯郡開國公，人稱為「顏平原」，亦稱「顏魯公」。

顏真卿的書法，初學褚遂良，後又師從張旭，參透用筆之理，從他寫的《述張長史筆法十二意》中可以看出。顏真卿得到張旭這位大師的筆法傳授，使他對書法藝術的認識更深一層。他對書法藝術的學習是相當廣泛的，對於篆隸、北碑以及當時流行民間的寫經都有體悟，最終形成了豐偉剛健、氣象博大的「唐代之書」的特色。

顏真卿的書法作品，流傳至今的墨蹟及碑刻拓本約有七十餘種。其中最為著名的楷書有《多寶塔碑》《大唐中興頌》《麻姑仙壇記》《顏氏家廟碑》《郭家廟碑》《祭姪稿》和《爭坐位稿》等。

顏真卿　《顏勤禮碑》拓片

柳公權

柳公權（七七八～八六五年），字誠懸，京兆華原（今屬陝西）人。他是唐代繼顏真卿之後的又一位大書法家，也是對後世影響最大的楷書大家之一。他的楷書，人稱柳體，歷來是學習楷書者必學的重要書體，而且往往是楷書入門必學的範本。

柳公權　《神策軍碑》拓片（局部）

李愬雪夜襲蔡州

●時間：西元八一七年
●人物：李愬

李愬雪夜襲蔡州是中國戰爭史上奇襲作戰的成功戰例。李愬利用隱晦風雪的天氣，敢於孤軍深入，攻敵不備，以少勝多。一夜之間，攻克蔡州，取得了淮西平叛作戰的完全勝利。

⊙藩鎮割據

安史之亂是唐代由盛世走向衰亡的轉折點，對於唐王朝而言影響深遠。安史之亂，唐王朝由統一集權走向分裂割據，由強盛走向衰落。藩鎮軍隊的性質前後有了很大變化，由屏藩朝廷的國家軍隊一變成為割據地方的軍閥武裝。在如何處理安史降將的問題上，唐代宗姑息養奸，形成了「河朔三鎮」和許多跋扈割據的藩鎮。

彩繪貼金文吏俑　唐

這些節度使「自署文武將吏，不供貢賦」，所有「法令、官爵、甲兵、租賦、刑殺，皆自專之」，不接受唐朝政府命令。他們父子相承，兄終弟及，或軍將自行擁立，事後脅迫中央承認，名義上是唐朝的藩鎮，實際上是獨立的小王國。

在淮西地區，李寶臣及其族姪李希烈相繼擔任節度使。李希烈更攻取汴州（今河南開封），自稱楚帝，改元武成。

這一時期，河朔三鎮以及淄青、淮蔡各鎮爆發長達六年的大叛亂（建中二年至貞元二年，七八一～七八六年），牽連在內的有成德節度使李惟岳、魏博節度使田悅、淄青節度使李納、山南東道的梁崇義、淮西的李希烈、盧龍的朱滔、涇原的姚令言、朔方的李懷光等。叛亂中，涇原叛軍竟攻入長安城，唐德宗倉皇出逃。朱滔、王武俊、田悅、李納四人相約稱王，並以朱滔為盟主。冀王朱泚更稱帝建元。雖然叛亂以雙方妥協而平息，但藩鎮的氣焰更加囂張。

淮西的李希烈被部將陳仙奇暗殺後，淮西歸降中央。李希列的部將吳少誠攻殺陳仙奇，唐德宗無奈，順勢拜吳少誠為申、蔡節度使。吳少誠死後，義弟吳少陽殺吳少誠諸子，自為節度使，朝廷也只得認可。

唐王朝表面上仍然是統一的中央

集權國家，其實已經分裂為各個由藩鎮統治的諸侯王國，唐朝皇帝只是周天子那樣的天下共主罷了。

⊙英主削藩

元和元年（八〇六年），唐憲宗即位。唐憲宗少年時即欽慕貞觀、開元時期的政治局面，有志恢復。即位後，利用德宗以來積蓄的財力，重用主張裁抑藩鎮的大臣杜黃裳、武元衡、李吉甫和裴度等人，堅決主張以軍事手段討平藩鎮割據，是唐朝後期最有所作為的皇帝，後人稱為唐代「中興之主」。

元和元年（八〇六年），唐憲宗討伐抗命的西川（今四川成都）節度副使劉闢，取得成功。同年，夏綏（今寧夏銀川）留後楊惠琳拒絕承認朝廷任命的新節度使，憲宗派兵討伐斬之，中央聲威復振。元和二年（八〇七年），鎮海（又名浙西，今江蘇鎮江）節度使李錡叛亂，迅速平定，中央威信重新樹立於東南。

元和八年（八一三年）春，經過大軍數次征討，魏博（今河北大名北）節度使田興歸附朝廷，歷經四代、割據四十九年的魏博鎮回到朝廷手中。

元和九年（八一四年），淮西節度使吳少陽死，其子吳元濟匿不發喪，偽造表奏，請以自己為留後。朝廷不許，吳元濟遣兵焚舞陽（今屬河南）、葉縣（今屬河南），攻掠魯山（今屬河南）、襄城（今屬河南）、陽翟（今屬河南）等處，企圖要挾。憲宗在主戰派宰相李吉甫、武元衡及御史中丞裴度等支持下，發兵討伐。

河北藩鎮中，成德（今河北正定）的王承宗、淄青（今山東青州）的李師道都暗中與吳元濟勾結，出面為之請赦。朝廷不許。李師道於是遣人偽裝盜賊，焚燒河陰（今河南滎陽東北）糧倉，破壞唐朝的軍需供應。又派刺客入京刺殺武元衡，砍傷裴度（時李吉

歷史詞典

唐蕃會盟碑

安史之亂以後的六十多年，唐和吐蕃一直處於戰爭狀態，致使唐朝失去大片土地，也使人民深受戰爭之苦。後來吐蕃發生內亂，國勢漸漸衰落，因此無力再對唐發動戰爭。

長慶元年（八二一年），吐蕃派專使要求會盟，表示和好的誠意，約定雙方各守邊界，互不侵犯。

會盟以後，穆宗派大理卿劉元鼎和論訥羅一同前往吐蕃。第二年四月，唐朝使者劉元鼎到達吐蕃邏些城（今拉薩），五月六日與吐蕃宰相笨闡布等大臣在邏些東哲堆園會盟。

唐蕃會盟以後，雙方信使往來頻繁。為了表示永遠和好的美好願望，長慶二年（八二二年），吐蕃在邏些城刻成《唐蕃會盟碑》。會盟碑高一丈四尺五寸（約四．八公尺），正面用漢、藏兩種文字刻寫著盟約全文，背面用藏文記述了吐蕃的起源、唐蕃會盟、和親的經過和立碑的年月等。

銀釵　唐

海獸紋銀碗　唐

甫已死），打擊主戰派。憲宗不為所動，以裴度繼任宰相，主持討伐事宜。

⊙蔡州之戰

元和十二年（八一七年），朝廷免去作戰不力的前線主將袁滋職務，以太子詹事李愬為隨唐鄧節度使。初到軍前，李愬故意示弱，表示自己懦弱無能，只是來安定地方秩序，無心攻打吳元濟。淮西叛軍自認連敗唐軍，非常輕視李愬，毫不戒備。

針對唐軍接連敗仗，將士畏戰，缺乏必勝勇氣和信心的情況，李愬慰問部屬，存恤傷病，不事威嚴，初步穩定軍心。

鎏金鳳鳥紋六曲銀盤　唐

忠武軍節度使李光顏率河陽、宣武、魏博、河東、忠武諸鎮唐軍渡過溵水，進至郾城（今屬河南），大敗淮西軍，收復郾城。吳元濟急調蔡州守軍主力，增援部將董重質防守的洄曲（今河南商水西南）。

淮西軍的主力和精銳被李光顏軍吸引，蔡州空虛。力主武力削藩的宰相裴度自請赴前線督師，並奏請唐憲宗悉去諸道監軍宦官，加強軍事統一領導。淮西地區連年交戰，糧食缺乏，叛軍軍心動搖。

為進一步瓦解淮西軍心，李愬厚待俘虜，大膽重用降將。淮西驍將丁士良、吳秀琳、李祐、李忠義等相繼被俘後歸降。唐軍士氣大振，連克多城，淮西將士降者絡繹於道。

李愬委任李祐為六院兵馬使，執掌親兵衛隊，並向降將誠懇詢問攻取蔡州之策。李祐等人為之感動，獻計說：「吳元濟的主力和精銳部隊都在洄曲，防守蔡州的不過是些老弱殘兵。如果乘虛直搗其城，出其不意，就可以一舉擒獲吳元濟。」李愬深以為然，裴度也支持他們的計畫。

十月初十日，李愬利用風雪交加的惡劣天氣，命李祐等率精兵三千為前鋒，自率中軍、後軍隨後出發。李愬只說揮師向東，除個別將領外，全軍上下都不知行軍的目的和部隊的任務。

東行六十里，唐軍趁夜全殲張柴村守軍，既防止叛軍烽燧報警，又截斷通往洄曲的道路，李愬這時宣布要直入蔡州，夜襲吳元濟。諸將大驚失

雙環髻女舞俑　唐

色，有人甚至說是中了李愬的奸計。但軍令如山，眾將只得率部向東南方向急進。夜深天寒，風雪大作，旌旗為之破裂，人馬凍死者相望於道。眾人畏懼李愬，無人抗令。

唐軍強行軍七十里，抵達蔡州城邊。近城處有雞鴨池，李愬令士卒擊打雞鴨掩蓋行軍聲。自淮西割據，唐軍三十餘年未到蔡州城下，淮西軍毫無戒備。四更時分，李祐等降將爬城開門，迎李愬率軍入城，吳元濟尚在夢中，渾然無知。

入城後，李愬派人慰撫洄曲守將董重質家屬，派他的兒子前去勸降。董重質眼看大勢已去，親自趕到蔡州向李愬投降。此日，蔡州百姓助唐軍攻打內城，吳元濟投降。申、光二州及諸鎮兵兩萬餘人相繼降唐，淮西平定。

經過唐憲宗君臣的努力，全國藩鎮至少在名義上復歸大唐王朝直接管轄，四分五裂的唐朝出現暫時中興的氣象。

鎏金雙耳圈足銀盆　唐

一九八七年陝西扶風法門寺塔地宮出土。此器係模鑄成型，紋飾鎏金。盆壁與四曲葵口分成四瓣，每瓣內各鏨兩個石榴團花，團花中有一立於蓮花上的展翅鴛鴦，兩兩相對。團花間並襯以闊葉及流雲紋飾。盆底外壁鏨「浙西」二字，表明是當時浙西道製作的物品，也反映出晚唐時期現鎮江地區金銀工藝製作的水平。

欲為聖明除弊事

●時間：西元七六八～八二四年
●人物：韓愈

韓愈是唐代著名的文學家，古文運動的創始人，唐宋八大家之首。不但善於寫文章，還是位直言敢諫的政治家，鮮明地反對佞佛崇道，維護儒家思想，他的政治和學術思想活動，在當時和後世都有很大的影響。

韓愈（七六八～八二四年），字退之，河陽（今河南孟縣）人，因韓氏是昌黎（今屬河北）大姓，又自稱昌黎人，世稱韓昌黎。

韓愈二十五歲中進士，但仕途並不順利，因為支持永貞革新、反對宦官專權而兩次遭貶。吳元濟叛亂爆發後，韓愈反對藩鎮割據，積極主張討伐，作為裴度的行軍司馬參加戰役。元和十二年（八一七年），淮西亂平，韓愈因支持裴度用兵淮西，升為刑部侍郎。

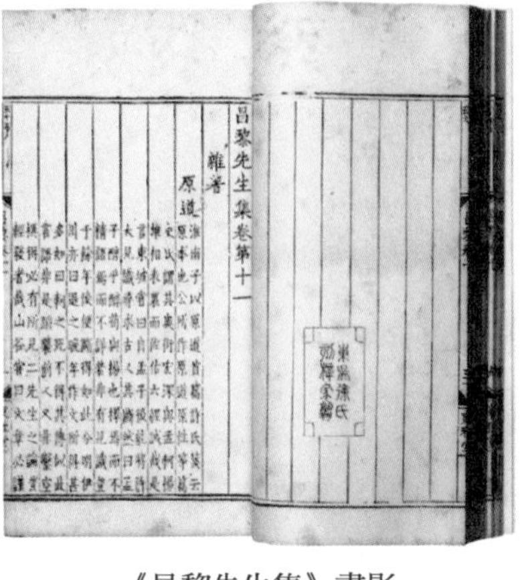
昌黎先生集卷第十一
雜著
原道

《昌黎先生集》書影

⊙諫迎佛骨

元和十四年（八一九年），晚年的憲宗一改中興之主的勤政態度，迷信佛道。聽說鳳翔法門寺護國真身塔內供奉的釋迦牟尼指骨舍利，每三十年開放一次，讓人瞻仰，能夠求得風調雨順，國泰民安，憲宗決定迎接佛骨舍利入宮供奉，掀起迎接佛骨的崇佛狂潮，舉國上下勞民傷財，不少人為之傾家蕩產。

韓愈以儒家學說正統自居，反對鋪張浪費的佞佛行為。他向憲宗上了一道奏章，勸諫憲宗不要做這種迷信的事。在表奏中，韓愈指出：佛教本是中國所無，自東漢傳入，對國家並無好處。東漢以來，信奉佛教的皇帝都很短命。主張抵制佛教，強迫僧徒還俗，焚燒佛教典籍，變寺院為民房。

自然激怒了希望達到長生目的的憲宗，說韓愈誹謗朝廷，即命處斬。裴度忙替韓愈求情，認為人才難得，群臣中也有很多人替韓愈求情。憲宗怒氣稍平，未殺韓愈，趕出長安，降職到潮州（今屬廣東）當刺史。

⊙夕貶潮州路八千

「欲為聖明除弊事」的韓愈，因為「一封朝奏九重天」，被貶斥到千里之外的潮州。那是蠻荒之地，地處偏僻，文化落後，弊政陋習極多極重，農耕方式原始，鄉村學校很少。《唐律》中明確規定不准沒良為奴，這裡卻還在買賣人口。其習俗多崇鬼神，有病不求藥，求神顯靈，來自長安的韓愈非常震驚。

針對江中鱷魚成災，百姓迷信鱷神的狀況，韓愈親作〈祭鱷魚文〉，安定民心，又「選材技吏民，操強弓毒矢」，大除其害。積極興修水利，推廣北方先進耕作技術，令奴婢可以工錢抵債，錢債相抵就放人自由，不抵者可用錢贖。

韓愈興辦教育，昌明文教，把中原先進文化帶到嶺南。為了辦好學校，捐出俸祿，用作州學學生的飲食費用。韓愈並打破資歷、年齡的界限，惟德才是舉，委任趙德代理海陽縣尉的官銜，專門管理州學。文化的傳播，使潮州地區的文明程度大為提高，潮州百姓贊韓愈為「濱海鄒魯」。

雖然韓愈治潮只有八個月，但在潮州發展史上地位最高，對後代的影響也最深遠，有關韓愈的故事在潮州百姓中廣為傳誦。

長慶元年（八二一年），韓愈返回長安做官，由兵部侍郎轉吏部侍郎、京兆尹。長慶四年（八二四年），韓愈病逝，終年五十七歲。

歷史詞典

唐武宗滅佛

唐代後期佛教勢力得到很大的發展。唐武宗於會昌五年（八四五年）七月命令全國滅佛（除割據的藩鎮外），銷毀寺廟中的銅像、鐘磬，委託鹽鐵使鑄錢，鐵像委託本州鑄為農器；金、銀等像於銷毀後上交戶部。民間佛像限一個月內送交官府，如有違犯則處罰。後來武宗特別強調，佛教既然已經廢除，其他教派也不應該保留，教徒勒令還俗。

八月，武宗頒布了抑佛令，規定西京留四寺，每寺留僧十人，東京留二寺，其餘節度觀察使所治州可以留一寺，留僧照西京例。其他刺史所在州不得留寺。並派御史四人巡行天下，督促實行。於是全國各地都出現了拆毀寺廟、驅趕僧人的事情。

據戶部統計，這次總計拆毀寺廟四千六百多所，還俗僧尼二十六萬餘人，並拆除招提、蘭若（僧尼住房）四萬多間，朝廷收回良田數千萬頃，釋放寺院奴婢十五萬人。被釋放的奴婢都編入國家戶籍。武宗滅佛大大增加了納稅人口，增加了國家財力，一定程度上緩和了社會問題。

韓愈手書「鳶飛魚躍」

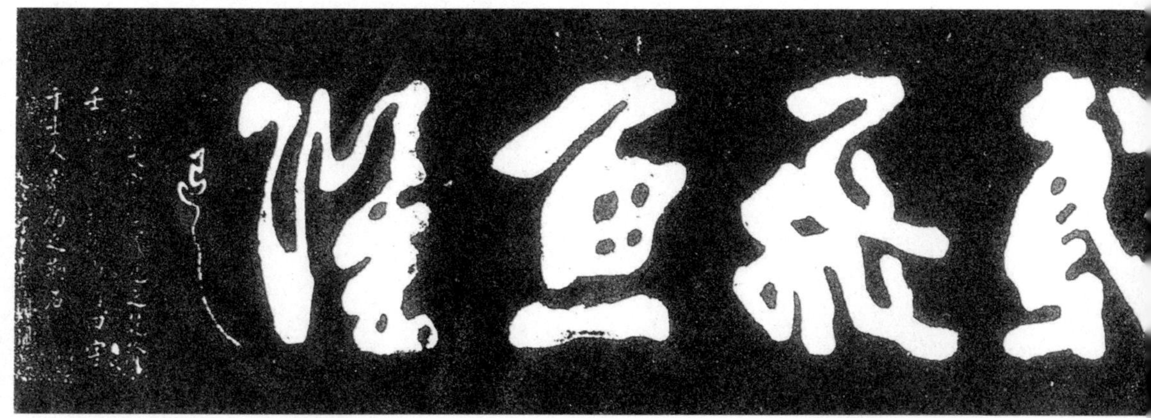

鎏金蓮花紋五足銀薰爐　唐

銀薰爐是唐代專為宮廷製造金銀器的宮廷作坊文思院的產品，外貌豪華精美，是晚唐時期宮廷藝術珍品。

⊙文壇領袖

魏晉南北朝時期流行駢體文，惟美之風極盛，時人寫詩論文，只注重平仄、音韻、偶句等外在形式，忽略了文學自身的價值，詩文在一片靡麗的氣息中毫無生命力。這種流弊一直影響到唐代，雖然著名文學家陳子昂、張說等人曾積極主張改變文體，採用明朗而樸素的文字，提倡以古代散文為典範，然而駢體文勢力強大，未能改變風氣。

韓愈認為魏晉南北朝以來，社會風氣墮落，文風也隨之衰敗，許多文人寫的文章，喜歡堆砌詞藻，講求對偶，缺少真情實感，決心改革這種文風。

韓愈倡導古文運動，強調文章不僅要從文體上進行改革，而且形式上也要採用先秦兩漢的散文來代替駢文，內容要有思想，要「言之有物」。提出「文以載道」的主張，即文道合一，以道為主，主張為道而寫文。韓愈所謂的「道」，不但是維護統治者的儒家正統學說，還是主張「憂天下」而不贊成「獨善自養」，「兼濟天下」而不贊成「獨善其身」的為官任事之道，是主張國家統一、反對藩鎮割據的社稷根本之道，關心社會現實、反對毒化社會風氣的清源正本之道，是重視人才、選拔人才、培養人才、推薦人才的為國選賢之道。

彩繪象座塔式罐　唐

韓愈的文章不僅真率大膽，敢講真話，而且慷慨激昂，憂憤甚廣。〈論佛骨表〉中，講的是「群臣不言其非，御史不舉其失」的話，〈諱辯〉文中講的是為李賀鳴不平，敢於針砭時弊，〈師說〉講不顧流俗，不怕笑侮，〈張中丞傳後敘〉中慷慨悲歌，褒揚忠義，痛斥奸賊。韓愈的散文感情真摯，表現深刻，氣勢雄健奔放，條理清晰，邏輯性極強，而且語言清新，簡潔生動。

韓愈一生寫出許多富於個性、才情和創造性的佳作，重新奠定散體文的文學地位。同時，大力提倡與呼籲文體改革，團結一批撰寫散體文的作家，使散體文創作形成一股較大的文學潮流，後人公認韓愈是古文運動的創始人。

【胡兒能唱琵琶篇】

●時間：西元七七二～八四六年
●人物：白居易

白居易是唐代燦若星辰的眾多詩人中的一個，唐宣宗〈弔白居易〉詩說「童子解吟長恨曲，胡兒能唱琵琶篇」，可見白居易詩流傳的廣泛。白居易除了是一個著名的詩人以外，也沉浮於宦海中，在各地都留下了動人的傳說，最終以刑部尚書致仕。

⊙長安米貴，居大不易

白居易（七七二～八四六年），字樂天。生活的時代主要是憲宗建中、元和、長慶時期，是唐朝經過安史之亂，結束極盛時期，走向苦難動盪的時代。白居易在歷史舞臺上的出現，充滿傳奇色彩。

據說，大約在貞元三年（七八七年），十六歲的白居易帶著詩稿，到了首都長安。白居易想通過達官顯宦或知名之士的推薦，登上仕途，於是拿著詩文拜訪當時的名人顧況。顧況是宰相李泌的朋友，時任著作郎，是一位頗有名望的老詩人。

顧況看到這位不速之客的姓名有「居易」二字，便很詼諧說：「長安米貴，居大不易！」此時正是朱泚叛亂之後，長安遭到很大破壞。連年戰爭，到處糧荒，米價飛漲。

當他讀到〈賦得古原草送別〉中「離離原上草，一歲一枯榮；野火燒不盡，春風吹又生」的詩句時，不禁大為驚奇，拍案稱絕，馬上改變語氣，鄭重說：「能寫出這樣好的詩句，『居』下去是不難的，剛才是開開玩笑罷了！」從此，白居易詩名大振。

⊙敢言直諫

這次見面後，顧況十分欣賞白居易的詩才，逢人就誇說白居易年輕了不起，白居易在長安漸漸出名。不到幾年，白居易考取進士。憲宗聽聞他的名氣，舉為翰林學士，後來擔任左

白居易手書《楞嚴經》（局部）

拾遺。白居易在仕途上一帆風順，「十年之間，三登科第，名入眾耳，跡升清貴」。

正當白居易以皇恩浩蕩，想要全力報答，他的官運卻出現了轉折。白居易的耿直惹來無數麻煩。

有一次，白居易對唐憲宗派寵愛的宦官吐突承璀做制將統領，當面提出激烈批評，惹得憲宗十分不快。

又一次，淄青節度使李師道為魏徵的子孫贖宅，白居易知道後，對憲宗說：「魏徵是太宗朝的宰相，太宗曾經賜木材為其築正室，表示敬重。現在子孫衰落，家境貧窮，陛下應該出錢為他們贖宅，怎麼能讓李師道掠美呢？」讓憲宗很沒面子。

幾次三番，唐憲宗對白居易的直諫反感至極，對宰相李絳說：「白居易是我提拔的，對我竟然如此無禮，真使我難以忍受！」

同時，白居易堅持正義，敢言直諫，也遭到宦官和世族官僚集團的排斥打擊。

元和十年（八一五年）六月三日，長安城發生了一起震動全國的事件。早晨宰相武元衡上朝，走出靖安坊東門，被一夥刺客殺死。同一時間，御史中丞裴度也在上朝的路上被刺客砍傷頭部。後來查明，刺客是舉兵反抗朝廷的淄青節度使李師道派來的。

事情發生後，京城大亂，人心惶惶。白居易滿腔激憤，認為這是朝廷

延伸知識

牡丹栽培的興起

唐代中晚期，花卉業在一些大城市及其周邊地區逐漸發展。特別值得稱道的是牡丹栽培的興起和盆景的開始出現。

牡丹的栽培大約始於武則天時期，後來受到唐玄宗的注意，名聲日盛，並逐漸影響到社會，成了一時的名花。

牡丹栽培尤以長安為盛，在詩人白居易的〈買花〉詩中云：「帝城春欲暮，喧喧車馬度；共道牡丹時，相隨買花去。貴賤無常價，酬值看花數，灼灼百朵紅，戔戔五束素……家家習為俗，人人迷不悟。」可以看出長安買花賞花的盛況。

劉禹錫〈賞牡丹〉寫道：「庭前芍藥妖無格，池上芙蕖淨少情；唯有牡丹真國色，花開時節動京城。」

到了唐代後期，由於栽培技術、繁育方法的提高，牡丹的花型從原始的單瓣品種選育出了重瓣、半重瓣的品種。《杜陽雜編》中記載，穆宗在殿前種千葉牡丹，花始開時，香氣襲人。一朵千葉，大而且紅。

陝西周至仙遊寺

白居易正是在這裡一氣呵成，寫就千古名篇〈長恨歌〉的。

雙童圖（殘片） 唐

兩個兒童正在草地上嬉戲，他們都袒露著上身，穿背帶長褲，紅靴。左邊兒童右手高舉，好像正放飛剛抓到的小飛蟲，左手還抱著一隻捲毛狗，右邊的兒童則側目注視，似有新發現，正急切想要召喚同伴。

的奇恥大辱，中午就向憲宗上書，主張緝拿兇手，以肅法紀。

⊙排擠出朝

白居易的態度完全是忠於朝廷利益，無可非難。但是，他當時只是宮官，按規定不能參與朝政。平日政敵群起攻擊他先於諫官上疏論事，是藐視朝廷規矩的僭越行為。這些人並誣告白居易「有傷名教，不宜輔佐東宮」，造謠說白居易照顧母親不周，致使母親墮井而死。群起攻訐下，白居易終於被排擠出朝廷，貶為江州司馬。

江州之貶對白居易是一個沉重的打擊。從此以後，白居易著意於佛道，少問政治，但是對百姓疾苦卻時常牽掛心頭。

元和十四年（八一九年），白居易調赴忠州（今重慶忠縣）刺史。到任不久，白居易召開官民酒會，按照當地風俗，把草蓆鋪在地上，大家圍坐一圈，用空心籐吸酒，姑娘在鼓聲伴奏下興高采烈跳舞。有些官員覺得和這些「蠻兒巴女」如此娛樂，未免失了身分，白居易卻勸來賓尊重這種習俗，與民同樂。忠州人民為了紀念白居易，特意建起「白公祠」。

寶曆元年（八二五年），白居易任蘇州刺史。蘇州是東南唯一大郡，白居易到任後，忙於政事，無暇遊山玩水，才一年多，就因為病體而罷郡。

寶曆二年（八二六年）九月，因病辭郡的消息傳開，百姓便成群結隊前來挽留，痛哭流涕，隨著船追送十幾里不肯回去。白居易一心為民，贏得「蘇州十萬戶，盡作嬰兒啼」。

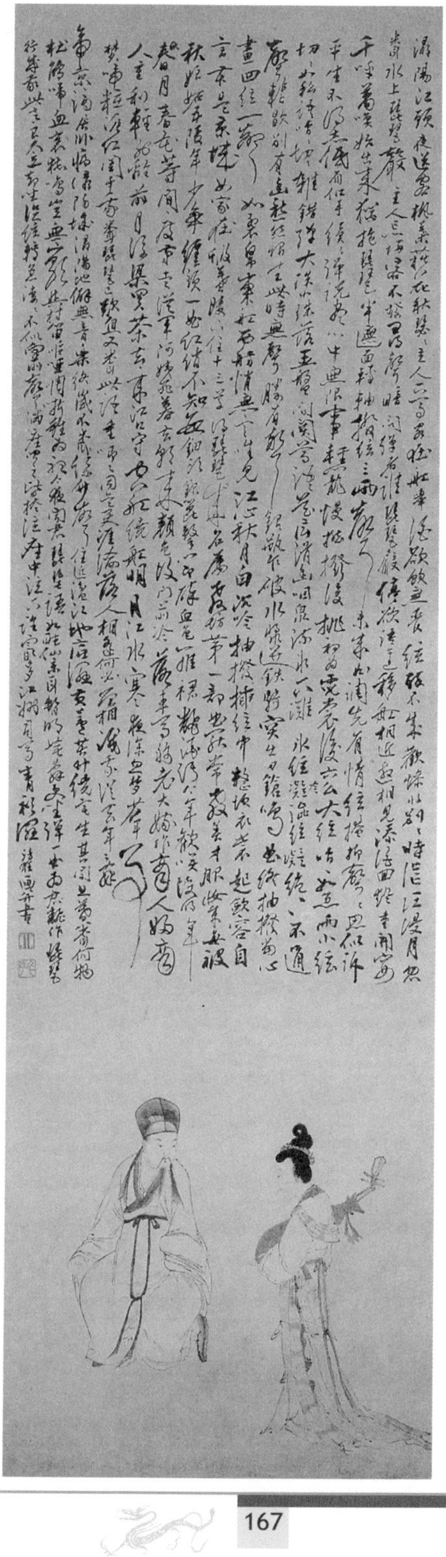

《琵琶行》圖軸　明　郭詡

唐代詩人白居易做九江郡司馬時，送客至江邊，在船上傾聽一位長安故妓彈奏琵琶，有感而作《琵琶行》。

牛李之爭

●時間：西元八〇八～八四六年
●人物：牛僧孺　李德裕

牛李黨爭是唐朝後期朝廷中的派系之爭，以牛僧孺為代表的庶族官僚集團與李德裕為代表的世族官僚集團的衝突。牛李黨爭是統治上層集團內部的衝突，在宦官操縱下為了個人利益而爭權奪勢。這種衝突進一步促使統治階層內部陷入混亂和分裂，從而加深了唐王朝的政治危機。

唐朝自建國開始，黨爭不斷出現。高宗時，就有長孫无忌、褚遂良和李義府、許敬宗之爭。愈至唐末，黨爭愈烈，捲入的士人愈多，其中尤以牛李黨爭為甚。以牛僧孺為首的牛黨和以李德裕為首的李黨，兩派官員互相傾軋，爭吵不休，從唐憲宗時期開始，到唐宣宗時期結束，鬧了將近四十年。

《元和郡縣圖志》書影

唐憲宗元和八年（八一三年），李吉甫編成了《元和郡縣圖志》，是現存最早且較完整的一部地理總志。

⊙舉人之爭

唐憲宗元和三年（八〇八年），朝廷以「賢良方正、能言極諫科」選拔人才。參加考試的兩位下級官員李宗閔和牛僧孺，在考卷裡批評朝政。

出身士族的宰相李吉甫看到後非常生氣，李吉甫本來就瞧不起科舉出身的官員，出身低微的李宗閔、牛僧孺竟敢在批評朝政之餘，連自己都敢諷刺，使他非常不快。李吉甫指說兩人和試官有私人關係，方得進用，憲宗信以為真，把幾個試官降職，牛僧孺和李宗閔也沒有受到舉用，為日後牛李黨爭埋下伏筆。

唐穆宗長慶元年（八二一年），李吉甫之子李德裕任翰林學士。這年舉行進士考試，李宗閔有個親戚應考，被選中了。沒考中的人趁機告發和李宗閔有關係的主考徇私舞弊。時任翰林學士的李德裕證實，主考錢徽被降職，李宗閔也受到牽連，貶謫外地。

李宗閔認為李德裕成心排擠，恨透了李德裕。同樣出身科舉的牛僧孺，自然同情李宗閔，結合科舉出身的官員成為一派。李德裕也和世族出身的官員結成一派，開始長達四十

唐代《地理志》殘卷

此書發現於敦煌藏經洞，首尾俱缺，現存一百六十行。起自隴右道同谷郡，止於嶺南道賀水郡。共記載州府一百三十八個，縣六百四十一個，約占當時中國郡縣總數的百分之四十。

年，幾乎與唐朝命運相始終的黨爭。

⊙黨同伐異

唐文宗太和三年（八二九年），依憑宦官的李宗閔終於做了宰相。在唐文宗面前，李宗閔多次推薦牛僧孺，有政治才幹，不宜久任外官。第二年，牛僧孺任為兵部尚書、同平章事。李牛二人援引同黨，盡逐李黨，對李德裕更是極力打擊。

李德裕在浙西觀察使任上八年，成績斐然。唐文宗調入京師，欲委以宰相。四朝元老裴度也認為李德裕有才，極力舉薦。但李、牛二人排斥李德裕，將李德裕趕到西川（今四川成都）出任節度使。

經過李德裕的經營，西川形勢顯著好轉，吐蕃、南詔不敢輕舉妄動。吐蕃維州守將悉怛謀舉城投降，淪喪四十年的維州城重歸大唐。宰相牛僧孺嫉妒李德裕功高，居然命令李德裕拒絕受降，將維州歸還吐蕃，戰略要地拱手送還，李德裕相當氣憤。

因為西川政績卓著，太和六年（八三二年），李德裕再次入朝擔任兵部尚書。李宗閔惟恐李德裕做宰相，竭力阻止。朝中黨爭激烈，李宗閔、楊虞卿等結為朋黨，干擾朝政，引起文宗極度厭惡。不久，李宗閔出為山南西道節度使，李德裕代為中書侍郎、集賢殿大學士，但牛僧孺依舊在朝中為官，牛李二黨各懷私利，黨同伐異，爭鬥不絕。

⊙牛黨獲勝

李德裕為相期間，北破回鶻，安定邊陲，決策制勝，平定叛鎮，盡絕佛教，反對蠹政害民，取得一系列政績。對於朋黨，李德裕「絕於附會，門無賓客」，一時間，朝政大為清明。但李德裕辦事專斷，遭到不少朝臣怨恨。

會昌六年（八四六年）三月，武宗病故，宣宗即位。李德裕失勢，貶為崖州（今海南三亞）司戶。牛僧孺、李宗閔再度為相，牛李黨爭以牛黨大勝告終，唐王朝卻即將走入死胡同。

歷史詞典

《元和郡縣志》

元和八年（八一三年），李吉甫編成《元和郡縣圖志》，全書從京兆府到隴右道，共寫了四十七鎮，在介紹每個鎮前都有一幅圖。但是大約在南宋的時候，這些圖亡失，只有「志」的部分保存下來。所以人們也稱為《元和郡縣志》。

這是中國現存最早、最完整的全國性地方志名著，同時也是一部以疆域政區為主題的地理總志，保存了唐代政治經濟的寶貴資料。此書繼承發展了漢、魏以來的地理志、圖志和圖經的編撰方法，敘述有章有法，內容翔實可信。以後歷代各種志書都以此為範本，所以此書也可稱為劃時代的地理著作。

唐代自貞觀以來把全國劃分為十道，此書就以道分卷，分別敘述了治所、沿革、戶額、貢賦等內容。重點敘述了各地的山川河流、形勢險要、農田水利等。

李吉甫在書中對節度使控制的府州，都標明該地歸某某節度使管轄和該節度使管轄的範圍，以便引起人們注意，作者希望達到削弱藩鎮勢力、維護全國統一的意圖非常明顯。

此書並記載了各府州的戶口資料，不僅反映了唐代戶口分佈情況，而且反映了安史之亂前後人口分佈的變化。

【甘露之變】

●時間：西元八三五年
●人物：唐文宗　鄭注　李訓

甘露之變是唐朝皇帝為反抗宦官專政所做的最後反撲，是繼王叔文事件之後唐代士人和宦官之間發生的又一次大衝突。由於謀事倉促，處事不決，這次政變最終失敗。從此宦官更加專橫，凌逼皇帝，蔑視朝官，使朝臣和宦官逐漸走向徹底對立。

太和元年（八二七年），唐文宗即位。深知前朝積弊的文宗頗有勵精圖治、中興唐室的雄心抱負，一改憲、穆、敬時期的奢華風氣，去佞幸，出宮人，放鷹犬，裁冗官，省教坊樂工，停貢奇珍異寶。同時勤於政事，每逢單日一定上朝和群臣議政，對於臣下的意見也能接納，比憲宗晚期以及穆、敬兩朝大不相同，號稱清明，朝政頗有新氣象。朝野對文宗都有所期冀，希望在他的治理下，歷經禍亂、頹敗不堪的朝政可以復興。

⊙宦官專權

宦官是皇帝周圍的雜役，一般來說，皇帝勤於政事、積極有為的時候，宦官難於插手政治。反之，政治腐敗、皇帝不理政事或難於理政的時候，宦官往往乘隙而入，染指於政，甚至左右政局。唐代的宦官專政局面就是這樣形成的。

唐代宦官得勢始自玄宗時。天寶之後，宦官專政成為唐朝後期歷史上一個十分突出的特點。肅宗李亨因強藩作亂險亡其國，疑忌將帥，用寵信的宦官李輔國統帥禁軍，開宦官掌握軍權的先例。唐代宗時期，宦官勢力進一步膨脹，充任內樞密使，掌管機密，承詔宣旨。

宦官開始逐漸控制軍隊和朝政，皇帝控制不了宦官，甚至反被宦官控制。憲宗李純被宦官陳弘志等殺害，穆宗李恆、文宗李昂等皆立於宦官之手。宦官擅權專政達到極點，成為朝政的一大弊端。

擔任右神策軍護軍中尉的宦官王守澄是參與殺害憲宗的主凶之一，由於擁立穆宗和文宗有功，大權獨攬，橫行朝廷，氣焰滔天。文宗即位後，打算懲治宦官，奪回喪失的權力。

太和四年（八三〇年），文宗任

掐絲團花紋金杯　唐

命宋申錫為宰相，令他謀劃誅除宦官。事機不密，宦官先發制人，誣陷宋申錫勾結文宗之弟漳王李湊謀反。第二年，宋申錫被貶，計畫失敗。

⊙南衙與北司的鬥爭

南衙是指以宰相為首的朝廷機關，北司是指宦官集團。玄宗以前，國家的軍政大權都掌握在宰相手中。安史之亂後，宦官勢力日益膨脹，不僅掌握軍政大權，而且還操縱皇帝的廢立。稍有作為的皇帝就會想到利用宰相壓制宦官，宦官也不甘示弱，伺機反撲，南衙北司的對立由此形成。

鎏金雙獅紋銀碗　唐

三彩陶駱駝載樂俑　唐

一九五七年陝西西安南何村鮮于庭誨墓出土。鮮于庭誨葬於唐開元十一年（七二三年），墓內隨葬的一組三彩陶俑，正代表了唐玄宗開元盛世時唐俑藝術的風貌，其中最引人注目的作品就是這件駱駝載樂俑，題材新鮮，前所未曾見過。高大的白色雙峰駝，頸部上下和前腿上端有黃毛，駝尾也是黃色，駱駝四肢強勁有力，頭部高昂，立在長方形底座板上。在駝背先墊有圓毯，再架平臺，臺上又披垂有綠緣花條紋長毯。在平臺中央是一位身穿綠衣的多鬍鬚的胡人，揮臂起舞。在舞者兩側各坐兩位樂俑，其中兩人也是深目高鼻多鬚的胡人，可惜樂俑所持的樂器多已缺失，只有一件琵琶保留下來，左側後方的樂俑，雙手作吹奏狀，所奏樂器有可能是篳篥。推測其餘二人所演奏的也是胡樂系統的樂器。這件三彩俑將千餘年前的舞樂，今日重現於我們的眼前。

釉陶戴笠帽騎馬女俑 唐

早在順宗永貞革新中，王叔文、王伾等人改革的重要內容之一就是奪取宦官的軍權。他們以素有威望的老將范希朝為左右神策京西諸鎮行營兵馬節度使，命度支郎中韓泰為左右神策軍行軍司馬，欲取代大宦官俱文珍等人的兵權。神策軍大將大都是宦官的親信，拒絕交出軍隊。

俱文珍察覺王叔文奪權的計畫後，逼迫順宗削去王叔文翰林學士之職，任為戶部侍郎。改革很快失敗，革新派紛紛遭到貶斥。王叔文先貶為渝州（今重慶）司馬，後被賜死，其他參與改革的韋執宜、韓泰、韓曄、柳宗元、劉禹錫、陳諫等人都貶為邊州司馬。

文宗雖然在與宦官的第一輪奪權中失敗，但並沒有對南衙朝官集團失去信心。太和八年（八三四年），鄭注因醫術高明，李訓因善講《周易》，得到當權宦官王守澄引薦，來到文宗身邊，成為文宗的親信。文宗因為他們均係王守澄推薦，與之密謀誅除宦官，可免猜疑，故而推心置腹。文宗以鄭注為太僕卿，兼御史大夫，李訓任兵部郎中、知制誥，侍講學士。

第二年，李訓升任宰相，鄭注則授為鳳翔節度使，作為京師外援，開始逐步打擊宦官。他們利用宦官內部派別糾紛，分化瓦解，分而治之，誅殺了大宦官韋元素、楊承和、陳弘志等人，又設計殺了宦官頭子王守澄。至此，元和逆黨全部遭誅，內朝為患的僅剩仇士良、魚弘志等數人。

⊙功敗垂成

十一月二十一日，文宗在紫宸殿舉行早朝。文武百官依班次站定後，金吾將軍韓約奏稱金吾左仗院內石榴樹夜降甘露，並舞蹈拜賀。宰相李訓率百官依次稱賀祥瑞的出現。李訓奏稱：「甘露降祥，俯在宮禁，陛下宜親幸觀之。」

文宗乘御輿出紫宸門，移駕含元殿。命中書、門下兩省官員先去觀看。李訓回來後，奏稱分不清甘露是真是假，希望遣使再驗。文宗趁勢命左、右軍中尉、樞密內臣仇士良、魚弘志等宦官前往驗證。

兩個宦官首領走出以後，李訓立即調兵遣將，部署誅殺。仇士良等諸宦官來到金吾廳，見韓約神色慌張，情態反常，心中狐疑。忽然一陣風起，吹動帷幕，仇士良發現幕後站滿手執兵器、全副武裝的兵士，恍然大悟。

仇士良久歷仕宦，經驗豐富，心知情況不妙，慌忙返奔。緊急之間，門衛未及關門，仇士良等諸宦官奪門而出，跑回含元殿。

宦官報稱有禍事發生，欲挾持文宗入內。李訓一面急呼金吾衛士上殿保駕，一面攀輿高呼「陛下不可入宮」。金吾衛士數十人和京兆府吏卒、御史臺人約數百人登殿奮擊，宦官死傷數十人。但宦官也將李訓打倒，抬著文宗進入宣政門，將宮門關閉。見此情景，滿朝臣僚慌了手腳，一時驚散。

李訓見事情難以成功，脫下官袍，穿上從吏的綠衫，單騎投奔終南山僧人宗密。宰相王涯、賈餗、舒元輿沒有參與李訓的籌謀，看見含元殿變故陡起，不明白發生何事，只逃回中書省等候消息。

仇士良等宦官挾持文宗退入內殿後，立即派遣神策軍五百人從紫宸殿殺出，分兵掩閉宮門，大加屠戮，殺死金吾衛士、吏卒近千人。

接著又在長安進行大屠殺。李訓、王涯、賈餗、舒元輿、王璠、郭行餘、羅立言、李孝本、韓約等先後被捕殺。事發時，鄭注正率親兵趕赴長安，中途得到政變失敗的消息，連忙返還鳳翔，被監軍宦官殺死。諸人都遭滅族，還有更多人牽連而死。

經過這次大屠殺，朝堂幾乎為之一空，文宗完全變成宦官集團的傀儡。

歷史詞典

李唐皇室崇道之風

道教在唐代呈現出蓬勃發展的形勢，因為被道教遵為教主的老子姓李名耳，李唐皇室認之為同姓始祖，宣揚自己為老子的後裔，以此來顯示自己的家世不凡，神化李姓皇室。因此唐代皇帝在儒、佛、道三家中特別重視道教。

從高祖李淵開始，唐朝歷代皇帝對道教都青睞有加。武德七年（六二四年），唐高祖到終南山拜謁老子廟。

太宗則明確規定：「自今以後，齋供行立，至於稱謂，道士女冠，可在僧尼之前。」太宗在佛、道都扶植的同時，由於李耳與皇族連宗，因此規定道教的政治地位更高一層。

高宗追加老子尊號為「太上玄元皇帝」，並且把《老子》一書作為考試科目。

唐玄宗時崇道之風發展至極盛，玄宗在全國遍立道觀，優待道徒，追加老君尊號為「大聖祖玄元皇帝」、「聖祖大道玄元皇帝」等，並且親自為《道德經》作注，列為諸經之首，頒布天下，令士庶都來學習，用老子之道修身治國。

三彩獅子　唐

唐代茶文化

唐朝人普遍好飲茶，尚茶成風，形成獨具中國特色的茶文化。飲茶之習殆成風俗，「始自中地，流於塞外」。茶葉並通過海陸交通流傳國外，香飄萬里，充當了中國與異域文化的交流使者。

作為茶文化發展的必然結果，唐代出現了茶聖陸羽和中國第一部關於茶的著述——《茶經》。《茶經》奠定了茶文化著述的典範，而其中所蘊涵的博大精深的茶道文化更是流傳海內外，歷久而彌醇。

▼唐・龜形銀製盒

此盒為法門寺地宮出土，用來貯藏羅出來的茶葉末。龜的背甲為盒蓋，腹及四足為盒體，以子母口相套合。形象寫實，巧奪天工。

◀陸羽烹茶圖

元代畫家趙原的這幅《陸羽烹茶圖》描繪一童子焙爐烹茶，陸羽則倚坐在榻上，峨冠博帶，悠閒散逸之極。畫幅上有「陸羽烹茶圖」以及「山中茅屋是誰家，兀坐閒吟到日斜。俗客不來山鳥散，呼童汲水煮新茶」等題字。

◀白釉連托把杯

唐代茶具。高七·六公分，杯口徑八·二公分，足徑四·一公分，托口徑十六·三公分，足徑九·三公分。此器為唐代定窯的產品，造型規整，胎體輕薄，釉質潔白光潤，裝飾更顯華貴，保存完好，較為難得。

▶鎏鴻雁流雲紋銀茶碾子

唐代飲茶之風盛行。唐人飲茶有一整套程序，如烹煮、點茶、碾羅、貯茶、貯鹽等。圖為法門寺地宮出土的唐人碾茶用的銀碾子。

◀茶羅子

名茶的製作工藝講究，甚至需要專門的工具。圖為陝西扶風法門寺出土的唐代鎏金仙人駕鶴紋壺門座茶羅子。

【一生襟袍未曾開】

●時間：西元八一三～八五八年
●人物：李商隱

李商隱的一生可以說是一個悲劇。終其一生，這位看似灑脫的詩人都在為振興家業、光宗耀祖而奔波掙扎、殫精竭慮，歷盡顛沛流離，早早地於四十五歲鬱鬱而終。「虛負凌空萬丈才，一生襟袍未曾開」，便是李商隱一生的真實寫照。

李商隱（八一三～八五八年），字義山，號玉溪生。原籍懷州河內（今河南沁陽），祖父時遷居鄭州（今屬河南），父親李嗣曾經擔任獲嘉（今河南）縣令。李商隱三歲時，父親被浙東觀察使聘請為幕僚，隨父親在江浙地區度過了童年時代。

力士像 唐

從曾祖父開始，家中一連幾代都早年病故，李商隱十歲那年，李嗣卒於幕府任上，孤兒寡母回到鄭州，「四海無可歸之地，九族無可倚之親」，返回故鄉，無異於寄居他方。

或許正是由於孤苦不幸的家世，加上文弱的體質，形成李商隱易於感傷的性格，同時也促使他積極讀書，試圖通過科舉光耀門楣。他於苦學中獲得很高的文化修養，更形成堅韌執著的追求精神。

⊙身陷黨爭

唐文宗太和三年（八二九年），李商隱拜見當時的名臣令狐楚，深受賞識，請入幕府。令狐楚的兒子令狐綯多方活動，使李商隱在開成二年（八三七年）考中進士。年底，令狐楚因病去世。

第二年，李商隱成為涇原節度使王茂元的幕僚。王茂元極其欣賞李商隱的才華，將最小的女兒嫁給他。當時朋黨爭鬥十分激烈，令狐父子都是「牛黨」成員，王茂元則被視為親「李黨」的武人。李商隱入王茂元幕府的行為，在「牛黨」看來是十足的「忘恩負義」，深為令狐綯不滿。

由於過早捲入朋黨之爭，加上個性孤介，李商隱在官場一直不得志，僅擔任過九品的祕書省校書郎、正字，以及閒散的六品太學博士，任期都非常短暫。從太和三年（八二九年）踏入仕途，到大中十二年（八五八年）去世，三十年中，李商隱有二十年輾轉於各處幕府，遠離家室，飄泊異地，萬分痛苦、憤懣之情不可抑制地於詩作中呈現出來。

⊙憂國憂民

與傳統的認識不同，李商隱並不是一個沉迷於私人情感的詩人。在晚唐的諸多詩人中，他是較為關心現實和國家命運的一個。李商隱涉及政治、民生的詩作不下百首，在其現存的總數約六百首詩中，占了將近六分之一，比例是相當高的。

著名的長詩〈行次西郊作一百韻〉中，一開始便展示了京西郊區「農具棄道旁，飢牛死空墩。依依過村落，十室無一存」的荒涼殘破景象，接著藉村民之口，揭露、展示社會的各種弊端。長詩氣勢磅礴，既有大唐王朝衰落過程的縱向追溯，亦有各種社會危機的橫向解剖，構成長達百餘年的社會歷史畫面。藩鎮的割據叛亂，宦官的專權殘暴，統治集團的驕奢，賦稅的苛重，人民生活的窮困，治安的混亂，財政的危機，邊防力量的削弱……都一一在長詩中得到揭示。

文宗太和九年（八三五年）冬天，風雨飄搖的長安城發生了著名的政變——甘露事變。第二年，李商隱揮毫寫下〈有感二首〉〈重有感〉〈曲江〉等詩，抨擊宦官篡權亂政，濫殺無辜，表達對王朝命運的憂慮，呈現出他過人的膽識。

李商隱反對藩鎮破壞國家統一，幻想能夠實現王朝中興。他贊成朝廷對藩鎮用兵，多次作詩歌頌在平叛戰爭中立功的將領。對於朝廷存在的問題，也屢屢提出尖銳的批評。針對朝廷軍隊的腐敗現象，他追根究源，認為關鍵在於宰輔不得其人。由於將反對藩鎮割據和批判朝政結合起來，李商隱的詩作於思想和深度上都要超過前人。

《鶯鶯傳》書影

歷史詞典

元稹撰成《鶯鶯傳》

元稹（七七九～八三一年），字微之，洛陽人。元稹的創作以詩歌成就最大，與白居易齊名，人稱「元白」，同為新樂府運動倡導者。

貞元二十年（八〇四年），元稹撰成了傳奇愛情小說《鶯鶯傳》，在中國文學史上產生了極大影響。《鶯鶯傳》原名《傳奇》，《太平廣記》在收錄時改名為《鶯鶯傳》，這一名稱沿用至今。因為書中有賦〈會真詩〉，所以又叫做《會真記》。

其內容主要寫張生與崔鶯鶯相戀並私訂終生，後又將她遺棄的故事。元稹年輕時也有過類似張生這樣的一段經歷，所以後來的研究者認為張生的原型是元稹本人。至於崔鶯鶯的原型則說法各異，沒有定論。《鶯鶯傳》寫的是「才子佳人」的戀愛，深受文人喜愛，故事流傳很廣泛。

宋代以後它又發展演變出許多作品。如宋代趙令疇的鼓子詞《商調蝶戀花》，金代董解元的《西廂記諸宮調》，元代王實甫的雜劇《西廂記》，明代李日華、陸采各自作有《南西廂記》等等。今天，《西廂記》已經成為許多傳統劇種的保留劇目，家喻戶曉。

心機深沉的唐宣宗

●時間：西元八一〇～八五九年
●人物：唐宣宗

在唐宣宗在位的十三年時間裡，他為延續李唐王朝的國祚做了很多努力，從而延緩了唐王朝的衰敗。但是由於種種原因，他無法、也無從扭轉這一頹勢。當大廈將傾之際，即使他再怎樣的雄才大略，也是無力回天了。

唐宣宗李忱（八一〇～八五九年）是唐朝的第十六位皇帝。原名李怡，成年後被父親憲宗封為光王，是穆宗的弟弟，武宗的叔叔。宣宗的母親原是反賊的小妾，叛亂平定後被憲宗收入宮中，產下李忱。出身卑微的宣宗自幼寡言少語，以此躲避複雜的宮廷糾纏，在皇族中有「白癡」之稱。文宗、武宗兄弟在位時，經常於宴飲享樂時逗他說話，以供取笑。

會昌六年（八四六年）武宗去世後，宦官以為「遲鈍」的李忱容易控制，擁立為皇帝。宣宗即位後，彷彿換了個人，原本失望的朝廷大臣這才看到他以前所隱藏的剛毅決斷，心懷不軌的宦官則懊悔不已。

⊙初露鋒芒

宣宗即位時已經三十七歲，傳說他在青年時期曾出家為僧，所以登基不久便將鼓動武宗「滅佛」的道士趙歸真等人處死，隨後下詔恢復天下佛寺。為了替父親憲宗報仇，宣宗令人毒死郭太后。這些事情的處理，呈現出宣宗謀定後動、一擊制敵的做事風格。

完成上兩件夙願後，宣宗開始著手解決著名的「牛李黨爭」。牛李黨爭始於憲宗年間，經過幾位皇帝，仍舊在朝廷、地方互相爭鬥不休。宣宗決心結束這場為禍王朝、綿延不絕的官場鬥爭，將李黨首領李德裕一貶再貶，直貶到天涯海角的崖州（今海南海口）。

為了督促自己勤於政務，宣宗一向不好女色。一次，江南地方官員進獻一批歌舞伎十分美麗，號稱「絕色」。

宣宗初時十分歡喜，數日後卻憂慮了，自言道：「玄宗專寵倖楊貴妃

佛光寺全景

一人，天下至今不得太平，這個教訓我豈敢忘？」宣宗把這些女藝人召集，說道：「妳們不能留在我身邊了。」左右大臣道：「可以把她們放回。」宣宗猶豫一番，躊躇道：「若是把她們放回，我必然十分思念，還是賜與毒酒吧！」

歷史詞典

佛光寺

大中十一年（八五七年），佛光寺重新建成。佛光寺位於今天的山西省五台縣豆村附近，原建於北魏。九世紀初存有三層七間彌勒大閣。唐武宗時大肆滅佛，會昌五年（八四五年）佛寺毀滅。後在原來的基礎上重建大殿，現保存完好。

東大殿是該寺的主殿，位於最上一層院落，在所有建築中位置最高。大殿位於佛光寺東端山巖下十二公尺多高的臺地上，面西，為全寺主殿。大殿內完整保存著唐代泥塑和唐代壁畫。佛光寺內，有兩座唐代石幢。一座在東大殿前，高三公尺多，為唐代大中十一年（八五七年）造。另一石幢在山門內庭院之中，唐乾符四年（八七七年）鐫造，高四．九公尺。

佛光寺大殿是中國現存最早的木結構殿堂之一，造型精美，格調雄健昂揚，雍容大度，是中國建築藝術的精品，在古代建築史上占有重要地位。

與中國歷史上擁有「佳麗三千」仍不滿足的君王相比，唐宣宗似乎稱得上是「潔身自好」，卻不免殘酷。

⊙迷信金丹的小太宗

宣宗的姪子武宗因為服用金丹中毒去世，然而長生不死的無窮誘惑讓宣宗難以拒絕，深陷其中，不但拜衡山道士劉玄靖為師，練習導引，服食丹藥，並下令整修武宗在大明宮所建的望仙臺，由於諫官反對，被迫停止。

為了得到長生不老的法門，宣宗派人到南方尋訪羅浮山人軒轅集，向他詢問「治國治身之要」。

皇帝沉迷道教，朝廷官員紛紛上書勸諫，宣宗只得解釋道：「道術再高明的方士也不能蠱惑朕，朕只是聽說軒轅集是一代高士，想和他談談罷了。」

軒轅集確實是一位有道之士，來到長安後既不向皇帝進獻丹藥，也不誇誇其談，沒有滿足皇帝長生不死的要求。

大中十三年（八五九年）五月，宣宗因長期食用丹藥，身體受到嚴重損傷，連續一個多月不能上朝處理政務，最終在八月去世。

作為一位皇帝，宣宗以勤儉治國，多次減少賦稅，注重人才選拔，使唐朝上下衝突有所緩和，百姓日漸富裕。他趁吐蕃、回紇衰微的時機，派兵收復河湟之地，打敗吐蕃，使唐朝出現「中興」局面。在唐朝歷代皇帝中，宣宗是較有作為的一位，後人稱其為「小太宗」。

佛光寺大殿內景

佛光寺可稱為唐代木構建築的代表，在中國以至世界建築史上都有重要地位。

張議潮收復河西

●時間：西元八四八～八六一年
●人物：張議潮

沙州豪強張議潮掌握時機，趁勢而動，領導當地民眾對抗吐蕃殘暴的統治，成功驅逐了河西地區的吐蕃守將，使瓜、沙等河西十一州又重新回歸唐朝的版圖。

張議潮（?～八七二年），沙州敦煌（今屬甘肅）人。張氏世為州將，為當地望族，其父張謙逸官至唐朝工部尚書。

安史之亂使得唐朝國勢日趨衰落，西北邊防十分空虛。張議潮出生時，河西地區已經完全淪喪於吐蕃之手。吐蕃貴族對河西人民進行血腥鎮壓，水深火熱的各族民眾日夜思歸母國。

青少年時代的張議潮憂國愛民，時常以名將封常清為榜樣自我激勵，念念不忘恢復之志。成年後結交當地豪傑壯士，積極籌劃準備，細心留意形勢變化，時刻準備伺機而動。

⊙驅逐吐蕃，回歸大唐

唐武宗會昌年間（八四一～八四六年），吐蕃遭受連年災荒，餓殍遍地。贊普朗達瑪遇刺身亡，權臣爭權奪利，國家大亂。

河西地區，吐蕃鄯州（今青海樂都）節度使尚婢婢不服叛亂篡權的宰相尚恐熱，為爭奪河西的統治權力，兩派勢力自相殘殺。尚恐熱擊敗尚婢婢後，對河西地區進行殘酷報復。尚恐熱的暴虐行徑，不僅激起河西人民的極大憤慨，連他的部下也怨恨不平。

此時唐朝經過一段時間休養生息，國力有所恢復，看到吐蕃國力銳減，河西各處吐蕃守將人心思變，防禦極度空虛，便決心收復河西地區。

大中元年（八四七年），河東節度使王宰率軍於鹽州大敗吐蕃軍，收復陷於吐蕃的原州、樂州、秦州和石門、驛藏等七關，大大鼓舞了河西人民起而反抗吐蕃統治。

張議潮統軍出行圖（局部）

張議潮的姪子張淮深為紀念叔父的功績而在敦煌開窟繪製。

張議潮暗中結交豪俊，密謀歸唐。敦煌的名門望族、豪傑義士，甚至佛寺高僧，都被團結在「歸國」的口號下。

大中二年（八四八年），張議潮經過周密準備，時機成熟，發動群眾，披甲執銳，與吐蕃軍在城內展開混戰，民眾紛紛響應，沙州一舉收復。

此時，河西其他州縣仍在吐蕃統治之下。為了及時向唐王朝報捷，並確保表文能夠送到長安，張議潮派遣十隊使者，攜帶十份同樣的表文，分十路赴長安。十隊使者中，九隊都犧牲在赴京途中，只有走東北道的一路，經過千辛萬苦，在天德軍（今內蒙古烏拉特前旗）防禦使李丕的協助下，於大中四年（八五〇年）來到長安。

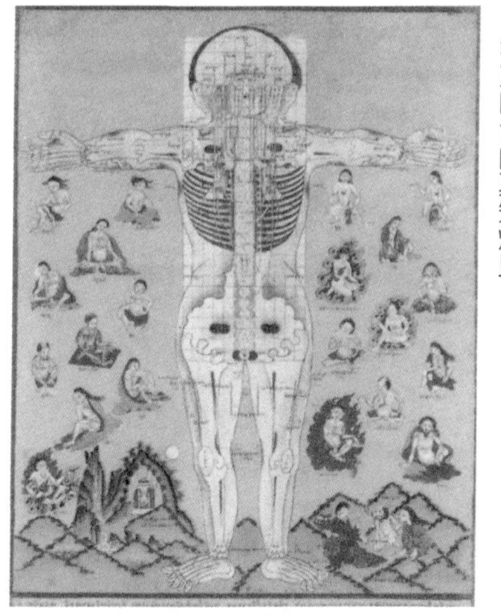

藏醫學唐卡

唐卡屬於獨具藏傳佛教特色的一種繪畫形式。題材可謂五花八門，存世有關藏醫藏藥題材的唐卡作品數量相當可觀。藏傳佛教的「五大明」中「醫方明」所指即為藏族的傳統醫藥學，此為一幅藏醫學解剖圖唐卡，其中不乏與現代醫學觀點相互吻合的真知灼見。

張議潮把沙州作為根據地，整飭軍隊，發展生產，且耕且戰。陸續收復鄰近的肅、甘、伊等州。大中五年（八五一年）八月，瓜州、伊州、西州、甘州、肅州、蘭州、鄯州、河州、岷州、廓州十州都被張議潮光復。整個河西地區除涼州之外的所有州縣，歷經百年，重歸大唐版圖。為了實現「歸國」目的，張議潮派其兄議譚率二十九人奉十一州圖籍再赴長安。

⊙鞏固河西，其功厥偉

唐宣宗特下詔令，大力褒獎張議潮等人的忠勇和功勳，於沙州置歸義軍，以張議潮為節度使，管理河西地區。

懿宗咸通二年（八六一年）三月，張議潮命其姪淮深率蕃、漢兵七千人克復吐蕃在河西的最後據點——涼州，陷沒百餘年之久的河西地區全部收復。河西走廊的暢通無阻，加強西北與中原地區的聯絡，和中外經濟文化交流。

此時唐朝國力由於政治腐敗日趨沒落，除置軍設使外，已經沒有經營河西的能力。這一重任實際上落在張議潮一人肩上，他繼續推行耕戰政策，大力加強守備，保衛勝利成果。同時，更重視百姓的民生問題，一面發展生產，穩定河西局勢，一面積極傳播漢族先進文化，使河西地區的風貌有了較大變化。

經過張議潮的努力經營，河西地區局勢穩定，生產發展。咸通八年（八六七年）二月，張議潮入朝。十三年（八七二年）八月，張議潮卒於長安，享年七十四歲。

我花開後百花殺

●時間：?～西元八八四年
●人物：黃巢

黃巢是唐末民間動亂的領袖人物，由於他的人格魅力和過人膽識，最終取代王仙芝而成為這場大動亂的總領袖。由他領導的這場大動亂摧毀了腐朽的李唐王朝，打破了唐末軍閥割據混戰的黑暗社會，成為社會由分裂向統一的過渡階段，從而推動了歷史繼續向前發展。

黃巢（?～八八四年），曹州冤句（今山東曹縣西北）人。出身於世代販賣私鹽的家庭，少讀經書，能言善辯，善於騎射，負氣仗義。幾次應試進士科，皆名落孫山。

在長安應試期間，他深刻洞悉唐王朝的腐朽黑暗，滿懷激情寫下〈不第後賦菊〉詩，詩中寫道：「待到秋來九月八，我花開後百花殺。衝天香陣透長安，滿城盡帶黃金甲。」

⊙翻卻曹州天下反

黃巢所處正值唐朝末期，中央宦官掌權，地方藩鎮割據，社會愈加黑暗。統治者腐朽透頂，驕奢淫逸，為了追求奢侈糜爛的生活，皇室、官僚和貴族加緊對人民的搜刮盤剝，苛捐雜稅越來越重。加上連年天災人禍，人民紛紛到處逃亡。

唐懿宗咸通十四年（八七三年），中原大旱，顆粒無收，百姓只能以草根、樹葉充飢，官府不但不及時賑災，反而催賦日緊。黃河下游流傳著「金色蝦蟆爭努眼，翻卻曹州天下反」的民謠，一場風暴即將到來。

唐僖宗乾符元年（八七四年），濮州（今河南范縣）私鹽販子王仙芝與尚讓兄弟聚眾數千人，於長垣（今屬河南）揭竿而起。王仙芝自稱天補平均大將軍，傳檄諸道，斥責唐朝吏治腐敗，賦役繁重、賞罰不平等罪。

第二年，王仙芝等攻陷濮州、曹州（今山東曹縣），並擊敗前來平定的官軍。黃巢與族中兄弟子姪及外甥林言等八人聚眾數千人，在曹州響應王仙芝。各地飢民爭先加入人民大軍，數月後，達到數萬之眾。

黃巢和王仙芝兩支隊伍匯合後，在敵強我弱的形勢下，採取避實就虛的流動戰術，轉戰於黃河、淮河流域，屢敗官軍，連克州縣，聲勢日大。

唐王朝鎮壓無望，轉而採取政治誘降的手段，在蘄州（今湖北蘄春）城

飛天鳳鳥紋鏡 唐

下，以「左神策軍押牙兼監察御史」官職引誘王仙芝，王仙芝一度動搖。黃巢聽到後非常憤怒，斥責王仙芝說：「當初大家公立誓言打天下，現在你卻要獨自出去做官，對得起五千兄弟嗎？」

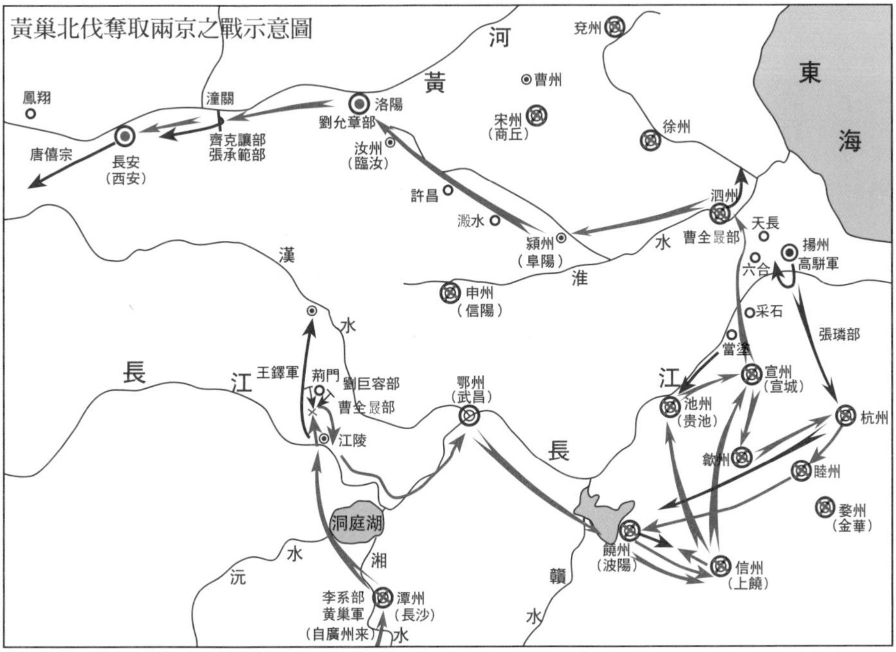

黃巢北伐奪取兩京之戰示意圖

在黃巢等人的堅決反對下，唐朝誘降失敗，但內部也出現了裂痕，怒不可遏的黃巢把王仙芝打得頭破血流後，自率兩千人馬北上，與王仙芝分道揚鑣。

隨後，王仙芝戰死黃梅（今屬湖北），眾將公推黃巢為主，號稱「衝天大將軍」，改元王霸，設官分職，初步建立人民軍政權機構。

人民軍縱橫中原、轉戰南北，在廣州，攻殺嶺南東道節度使李迢。在揚州，擊敗淮南節度使高駢，嚇得高駢謊稱中風，躲進城中不敢應戰。

大軍順利渡過江淮，向沿途官軍發出檄文說：「你們各守地界，不要觸犯大軍鋒芒。我們進擊洛陽，直取長安，只向皇帝問罪，不干眾人之事！」

諸藩鎮只顧自保，哪敢違抗，大軍如入無人之境，迅速占領洛陽，東都留守劉允章率百官投降。大軍乘勝西進，直撲潼關，唐朝上下慌作一團，僖宗每日以淚洗面。

⊙衝天香陣透長安

廣明元年（八八〇年）十一月，黃巢大軍攻取東都洛陽，旋即又攻取陝州（今河南陝縣）、虢州（今河南靈寶），向戍守潼關的唐軍發出檄文，要其不要抗拒。大軍巧妙地從一條官軍忽略設防的小道進入關內，裡外夾攻，迅速占領潼關。

消息傳到長安，僖宗在宦官田令孜所率神策軍的護衛下，狼狽逃往成都避難。

唐大明宮遺址

黃巢大軍兵不血刃，進入長安，來不及逃走的唐朝官員全部出城投降，迎接黃巢入城。長安百姓扶老攜幼，夾道觀看。黃巢坐著金色肩輿，在眾將的簇擁下，率大軍浩浩蕩蕩進入城中。尚讓撫慰市民說：「黃王起兵，本為百姓，不會像李唐皇帝那樣虐待你們，你們儘管安居樂業吧！」

十二月十三日，黃巢稱帝，國號大齊，改元金統。歷時六年，流動作戰，終於迎來全盛階段，黃巢也終於實現「衝天香陣透長安，滿城盡帶黃金甲」的夙願。

⊙獨倚欄干看落暉

黃巢雖然順利奪取唐王朝首都長安，建立政權，但卻沒有任何改革措施，穩定人心，沿途要地如洛陽等處均未派兵駐守，更未能及時追殲唐室殘餘勢力，殲滅關中潰散的禁軍，卻忙於分官封爵，享受富貴，讓唐軍有喘息的機會。僖宗得以從容佈署軍隊，進行反撲。

中和二年（八八二年）四月，唐朝宰相、充諸道行營都統王鐸統率大小十多路官軍，四面包圍長安，城裡糧食供應發生嚴重困難。由於久困封鎖，城內缺糧，形勢日趨不利。

九月，署同州（今陝西大荔）防禦使朱溫舉州降唐，唐朝又召來沙陀族的雁門節度使李克用，率領四萬騎兵進攻長安。十五萬民軍在梁田陂（今陝西華縣西）大敗，損兵數萬。黃巢見節節敗退，糧食也將不足，只好撤出長安。

次年，民軍大將孟楷攻破蔡州（今河南汝南），卻被唐軍襲殺於陳州（今河南淮陽）。黃巢為報孟楷之仇，誓拔陳州。堅城之下，連攻近三百天不克，實力消耗極大。

中和四年（八八四年）二月，李克用率沙陀兵五萬南渡黃河，馳援陳州。在藩鎮武裝及沙陀兵聯合攻擊下，黃巢被迫解陳州之圍北撤。撤退途中，在中牟（今屬河南）北又受沙陀軍襲擊，慘遭大敗，尚讓、葛從周等降唐。

黃巢率軍北渡汴水（今河南汴渠），東奔兗州（今屬山東）。六月中旬，在狼虎谷（今山東萊蕪西南）被叛將尚讓追及，黃巢自刎而死，唐末人民運動徹底失敗。

⊙歷史教訓

這場大動亂留下的歷史教訓彌足

珍貴，總結起來，失敗的原因在於：

第一，雖然打出「平均」旗號，但缺乏確實的政策措施。

第二，內部存在嚴重的「流寇主義」思想，長期採取單純的流動戰術，常以招降納叛的手段擴大軍力，只熱衷於城市的物質財富，不重視根據地和地方政權的建設。因此當唐軍圍攻長安時，城內兵糧來源斷絕，處於被動困境。

第三，占領長安後，領袖滋生了驕傲自滿的情緒，黃巢忙於做皇帝，未能及時消滅唐朝殘餘勢力，使唐軍得以重新集結，迅速反撲。

第四，後期軍事盲動主義表現十分嚴重。長安失守後，黃巢率軍轉戰河南，本應避實擊虛以保存實力，他卻放棄以往常用的游擊戰術，長期屯兵於陳州堅城之下，與唐軍作大規模硬拚消耗的陣地戰，屢戰失利，喪盡大軍有形力量。

第五，內部分裂與將領動搖投敵，尤其在處於困境時，大將朱溫叛變造成極大損失。

黃巢雖然失敗，但推動了各地動亂，沉重打擊了唐朝的腐朽統治，對後世具有深遠的影響。

歷史詞典

壯麗的唐代都城

唐代的皇帝或在長安，或在洛陽，在長安的時間約占十分之八強，其餘在洛陽。高宗顯慶二年（六五七年）以洛陽為東都，此後二十多年，高宗主要居洛陽，武則天臨朝稱制後，就定都在洛陽，直到中宗復位，才遷回長安。以後的皇帝也多有以洛陽為都城的。

長安（今西安），是全國的政治、經濟、文化中心，也是當時世界上最大的城市之一。位於關中平原，北臨渭水、灃水，交通運輸非常便利。長安城的地形南高北低，將龍首、清明等渠水引進城中，北達宮城和西內苑，解決了城市環境用水。

長安城面積八十四平方公里，規模宏大，佈局嚴謹，功能分區明確。可以分作三個部分，最北部是宮城，是皇帝、后妃和太子所住的地方。宮城的南邊叫皇城，是政府官員辦公的地方。皇城的南邊叫外郭城，也叫京城，從東、西、南三面把宮城和皇城包圍起來，是一般百姓或官僚的住宅區，也是長安城的商業區。

大明宮含元殿復原圖

大明宮在唐長安城外，緊靠北城牆東段，原是隋代禁苑的一部分。貞觀八年（六三四年），唐太宗就龍首山地形建永安宮，次年改名大明宮。

【酒仙皮日休】

●時間：約西元八三四～八八三年
●人物：皮日休

皮日休詩、書、畫無一不精，而且天生狂放，喜歡喝酒，是一個地道的書生。但是作為一個書生生於唐代末世，並且在官場慘淡經營，因此命運多舛。在黃巢起兵之後，他效力於黃巢大軍，最後由於一言不合，被黃巢所殺。

⊙窘迫文人樂飲酒

皮日休（約八三四～八八三年），字逸少，襄陽（今屬湖北）人。出仕前隱居於湖北襄陽鹿門山，此前，著名詩人孟浩然隱居於此，寫下著名的〈夜歸鹿門歌〉：「山寺鐘鳴晝已昏，魚梁渡頭爭渡喧。人隨沙岸向江村，余亦乘舟歸鹿門……巖扉松徑長寂寞，唯有幽人自來去。」皮日休在鹿門山過著怡然自得的生活，每天與好友陸龜蒙喝酒為樂。

有一天陸龜蒙來訪，皮日休高興，正是「酒逢知己千杯少」，當即吩咐妻子下酒備菜。但是家境貧寒，哪裡有好菜待客。皮日休略一思忖，說：「家裡不是還有一隻老母鴨嗎？」皮夫人瞪著眼睛說：「你的酒全指望那幾個鴨蛋，除非你不想喝酒了。」皮日休不敢斷了酒路，呵呵一笑說：「我是說鴨蛋。你去做菜吧，我自有良策。」囑咐一通，就和陸龜蒙聊天去了。

皮陸二人暢談一番後，皮夫人端上第一道菜，只見盤底稀疏鋪著幾條翠綠的柳葉，兩側綴有半片蛋黃，煞是好看。皮日休舉杯勸客，問道：「魯望兄（陸龜蒙字魯望）可知此菜何名？」陸龜蒙一臉茫然，皮日休滿面春風，笑道：「兩個黃鸝鳴翠柳。」陸龜蒙聽了，不禁莞爾。

第二道菜盤底鋪了厚厚一層空心菜，上面放著半片蛋白。皮日休高聲吟道：「一行白鷺上青天！」

文苑圖　唐　韓滉

第三道菜端上來，陸龜蒙忍不住先報了菜名：「窗含西嶺千秋雪！」這個菜在松針上撒了一層搗碎的蛋白。陸龜蒙心想，三道菜用完了一個鴨蛋，下一個菜將用甚麼招圓場呢？

第四道菜真正叫陸龜蒙大開眼界，原來是一碗煮空心菜的湯水，面上悠然浮著兩瓣蛋殼。好一個「門泊東吳萬里船」！皮陸二人相視大笑。

一個鴨蛋，一壺濁酒，喝出了兩個文人的壯志豪情。

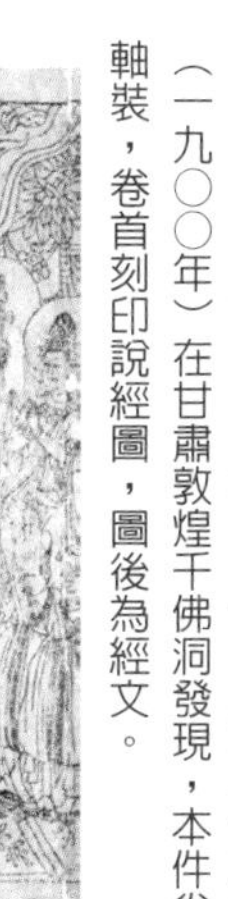

金剛經刻本（局部）

唐咸通九年（八六八年）印製，光緒二十六年（一九〇〇年）在甘肅敦煌千佛洞發現，本件卷軸裝，卷首刻印說經圖，圖後為經文。

⊙以民為本

咸通十年（八六九年），朝廷授皮日休為蘇州刺史從事，不久出為毗陵副使。一天，皮日休在路上遇到大暴雨，天色已晚，只好到附近農家借宿。敲門進入，一家正在吃飯，主人不肯為他們盛飯。隨從以為老鄉不好說話，故意與他們為難，強勢把鍋蓋揭開。裡面根本沒有飯，而是一鍋橡子野菜糊。

皮日休見狀問道：「老人家，今年糧食收成這麼好，為甚麼還吃橡子和野菜？」老人歎了一口氣，說：「收成好也抵不上官家的秤和斗啊！」皮日休又問：「為甚麼？」老人說：「一石糧食，官家只作五斗！哪裡還有我們吃的！」

這席話深深印在皮日休心中。上任不久，就到官府檢查度量衡器，罷免了貪贓的倉庫官吏，並在門邊置公平秤一桿，另一邊用大石頭刻了一個標準斗。毗陵百姓買賣糧食和秤東西，如果懷疑秤量不足，可以拿到公平秤上檢驗。百姓高興稱這秤和斗為「皮子秤」和「皮公斗」。

⊙死於文字

乾符五年（八七八年），黃巢大軍攻打到江浙，聽說皮日休的才名和官名，找來軍中辦事。黃巢讓皮日休造了一個讖言，「欲知聖人姓，田八二十一。欲知聖人名，果頭三屈律」。「田八二十一」就是「黃」字，「果頭三屈律」就是「巢」字。意思就是說，黃巢是聖人，註定要當皇帝。讖言造好後，黃巢讓人在軍隊中傳播，利用輿論稱帝。

據說黃巢的頭髮天生彎曲，皮日休這個讖言說「果頭三屈律」，好像嘲笑了他。稱帝不久，黃巢就找了一個理由殺了皮日休。

孤家寡人唐昭宗

●時間：西元八六七～九〇四年
●人物：唐昭宗　李曄

與諸多亡國之君比較，唐昭宗並非一個昏庸無能的君主。即位之後，這位皇帝幾次試圖整頓軍政，然而卻無不事與願違，支離破碎的唐王朝早已無法節制各個藩鎮，朝廷內部又陷入無休止爭鬥。唐昭宗的所作所為，最多只能使唐王朝再苟延殘喘幾年罷了！

黃巢失敗後，唐僖宗在藩鎮簇擁下回到長安，不久病逝。僖宗病危之時，大臣鑑於王子太過年幼，謀劃擁立吉王李保繼承皇位。但是，當權宦官楊復恭等人卻選擇了壽王李傑。壽王與僖宗同母，僖宗幾次出奔，他都跟隨左右，深得信賴。

彩繪女立俑　唐

女俑體態豐滿，梳博鬢偏髻，穿窄袖寬大長袍，是盛唐時期的婦女服飾和形象。

文德元年（八八八年）三月，僖宗駕崩，遺詔命皇太弟壽王繼位，改名李曄，是為唐昭宗（八六七～九〇四年）。

⊙驅逐權宦

唐昭宗即位後，眼前首要的問題就是宦官當政。控制朝政的宦官集團勢力龐大，領袖正是力排眾議、擁立壽王的大宦官楊復恭。昭宗沒有像哥哥僖宗那樣依賴宦官，登基不久，即向宰相表明不再讓宦官掌握朝政。

為了一舉消滅當朝宦官，昭宗於是籠絡楊復恭的乾兒子楊守立。楊守立本是胡人，後來成為禁軍將領，昭宗收為義子，賜名李順節，任命統領皇宮守軍，不到一年時間，又升為天武都頭，賜鎮海節度使，「俄加同平章事」。春風得意的李順節對昭宗感恩戴德，將楊復恭的不法行為悉數向皇帝報告。

掌握證據，又有大臣、軍隊支持的昭宗，隨即逼迫楊復恭退休。盛怒之下，楊復恭殺掉前來宣讀聖旨的使者，帶著其他幾位乾兒子逃出長安，聯合在外任職的乾兒子以「討李順節」為名，舉兵抗拒朝廷，不久便被藩鎮攻殺。

消滅楊復恭後，目光短淺的昭宗不滿李順節「驕橫」，設計將李順節殺死，導致禁軍與皇帝離心離德。

⊙君臣失心

景福二年（八九三年）七月，隴右節度使李茂貞在寫給昭宗的奏表中，嘲笑朝廷軟弱，顯露謀反意圖。勃然暴怒的昭宗召見宰相杜讓能，商議懲罰李茂貞。

杜讓能勸諫道：「陛下初登大寶，國難未平，茂貞近在國門，不宜搆怨，萬一不克，後悔難追。」昭宗大罵道：「王室日卑，號令不出國門，正是志士憤痛之時，朕不能坐視陵夷，卿但為朕調兵輸餉，朕自委諸王用兵，成敗與卿無干。」

在這場朝廷與藩鎮的戰爭中，禁軍戰鬥力極其低下，被打得落花流水。得勝的李茂貞進軍長安，要向皇帝問罪。忠於皇室的宰相杜讓能將發兵的「罪過」全部攬到身上，用性命為昭宗化解了危機。此後，大臣都和昭宗保持距離，各地藩鎮越發輕視朝廷。

⊙身死國亡

經歷了一系列政變和戰禍後，昭宗最終落到軍閥朱溫手裡。朱溫派遣大軍來到長安，「請」昭宗遷都洛陽。臨行前，朱溫殺光全部宦官，又脅迫長安百姓「隨行」，趁機洗劫長安城。

昭宗到洛陽後，一舉一動都處於朱溫嚴密監視下。不甘做傀儡的昭宗密謀召集各藩鎮「勤王」，讓朱溫非常不安，指使部將把昭宗殺死，將昭宗十三歲的兒子擁上皇位。

江帆樓閣圖　唐　李思訓

此圖為李思訓所作，圖中江流空闊浩渺，風帆飄舉。畫以細筆描繪山石外廓，長線勾勒峰巒結構，略作皴斫，佈以青綠重色。與展子虔《遊春圖》相比，另有一種雄渾渺遠的氣勢。

延伸知識

李思訓父子與青綠畫派

李思訓（六五一～七一八年）、李昭道父子，人稱大李將軍、小李將軍，善於山水畫。他們繼承了展子虔「細密精致而臻麗」的風格，繪山用大青綠著色，畫葉以石青綠填綴，使青綠山水趨於成熟。他們的山水畫表現法度謹嚴、筆墨精研、丘壑多變、設色富麗、境界引人、筆法勁健，顯出繁華典麗的風格，反映了盛唐時期帝國強盛、富貴瑰麗的時代氣氛，因而稱為「金碧山水」。

明代王世貞在《文藝巵言》中說：「山水畫到了大小李（李思訓父子）這裡發生了一大變化。」充分肯定他們在山水畫發展中的重要地位。李思訓父子的繪畫成就，主要在於創作意境、發揮神韻奇妙的精神，在筆法上則應用曲折多變的鉤線表現出山丘的變化；在青綠設色方面，濃郁的賦彩，成為「金碧（青綠）山水」的特徵。

唐三彩

唐三彩是盛行於唐代的鉛釉陶器的總稱，因為器物上有光亮的黃、綠、白，或者黃、綠、藍等多色釉彩而得名。其實幾種釉色互相滲化，又產生許多新的顏色，再加上年代久遠，有些顏色變化，所以呈現出來的顏色遠遠不止三種，而是絢爛多彩，富麗堂皇。

唐三彩品種多，內容豐富，概括了當時社會生活的各個方面，被譽為唐代社會的「百科全書」。

唐三彩同時是唐代對外交往的歷史見證，出土的唐三彩中有許多胡人俑以及活潑可愛的獅子俑，這些都直接反映了外國和中國的文化交流。

唐三彩對後世的陶瓷發展影響很大，諸如波斯三彩、新羅三彩等，中國的遼、宋、明和清等朝也深受其影響。

△大型三彩釉陶製燭臺

陶燈主要由座、柄、盤、盞四部分組成，盤心承托起一敞口小燈盞，猶如一個小碗置於盤上。燈柄上細下粗，燈座為覆盆狀，給人以穩重大方之感。釉色鮮豔華麗，斑紋交錯。整個器物於莊重典雅中又顯出頎長秀美。

△唐・三彩碗

◁三彩駱駝載樂俑

健壯的駱駝昂首直立，張口嘶鳴，駝背平臺上六位手持各種樂器、身著漢服的樂俑盤膝而坐，一位女俑立於中央翩翩起舞。

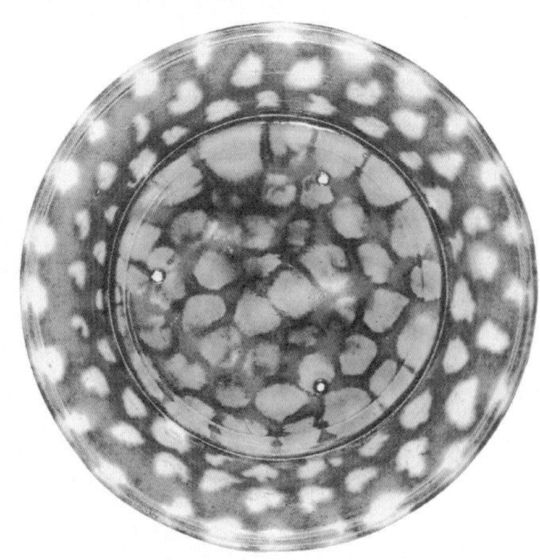

▶唐·三彩缽

直徑十七公分，缽斂口，圓腹，平底。上半部施三彩釉，以黃、綠、藍彩為主。

◀唐·三彩珠紋盤

直徑十六·五公分，盤敞口，淺腹，圈足，足內有三支釘痕，白胎，以褐綠彩為主施釉，釉彩在器表形成色彩斑斕的塊狀分佈，狀如彩珠，故名珠紋盤。

▼三彩馬及牽馬俑

民國十九年（一九三〇年）河南洛陽出土，駿馬造型雄健，剪鬃束尾，馬具完備，胸攀及秋帶綴飾杏葉狀垂飾，頗為華美。馬體三彩釉色鮮明，但並不寫實，呈藍綠色，別具情趣。牽馬俑塑造得形像極為生動，面相深目高鼻，明顯是胡人形貌，寫實傳神，也反映出中外文化互動對唐代文化的深遠影響。

▶三彩酒卮

胎呈棕紅色，形狀像鴛鴦，其背部有橢圓形開口，供盛物用。鴛鴦頭部飾白釉，冠部施綠釉，頸和腹部施棕紅色釉，兩翼及尾部用紅、黃、綠和白色釉裝飾，形態逼真，色彩豔麗，是一件十分珍貴的藝術品。

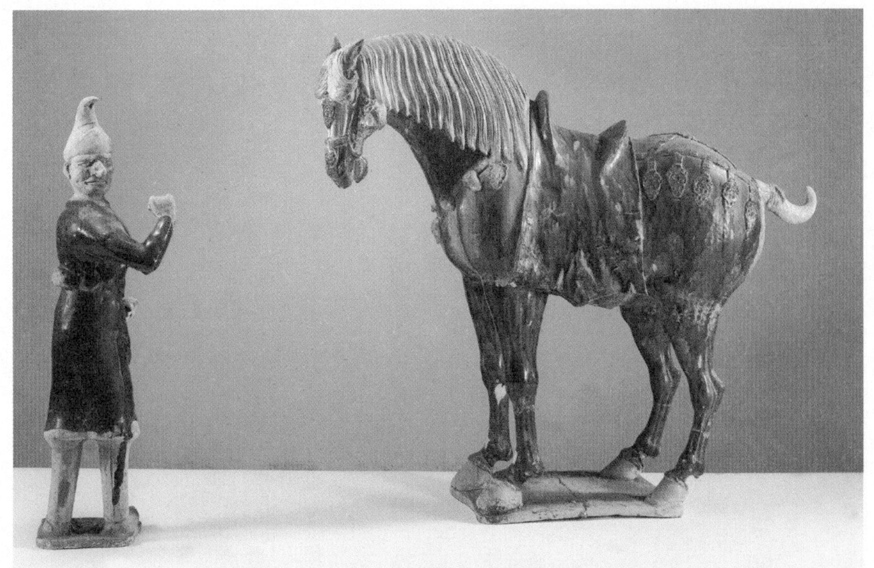

中華書局古代編輯室 ■ 崔文印編審

西元九〇七～九六〇年

五代

從天祐四年（九〇七年）唐哀帝李柷遜位，到建隆元年（九六〇年）北宋建立，短短的五十四年間，中原相繼出現了梁、唐、晉、漢、周五個朝代，史稱後梁、後唐、後晉、後漢、後周。同時，在這五朝之外，相繼又出現了前蜀、後蜀、吳、南唐、吳越、閩、楚、南漢、南平（即荊南）和北漢十個割據政權，這就是中國歷史上「五代十國」。

五代的開國之君都是前朝的方鎮，依靠軍事割據發展而起，所以這一時期的歷史特點是戰爭頻仍，政權屢有更迭。五個朝代中，後梁維持的時間最長，也只有十七年，其次後唐十四年，後晉十一年，而後漢僅僅四年，後周九年，都不足十年。

其實，即使在一朝之內，其權位之爭亦超乎尋常。如後梁太祖朱溫登上皇位才五年，就被次子朱友珪所殺。而朱友珪上臺不久，又被弟朱友貞所殺。再如後唐明宗李嗣源的兒子秦王李從榮，亦曾以兵奪權，未能成功，反丟了性命。明宗去世之後，第五子李從厚繼位，僅只一年，即被明宗的養子李從珂所奪。頻頻的兵戎相見，給百姓帶來了極大痛苦和災難。

這一段歷史，有一點值得特別注意，即在五朝之中，有三朝，即後唐、後晉、後漢的開國之君都是沙陀人。同時，北方的契丹人亦不斷擴張，互相勾結利用，逐步形成了一股強大的政治力量和軍事集團，為以後宋、遼、金對峙形成中國歷史上第二個南北朝，埋下了深深的禍根。

相對於五代來說，十國的情況則要好得多。在十國之中，除劉崇的北漢在北方（約今山西、陝西和河北的一部分）外，其他諸國皆在中國的南方，少受中原干戈的影響，政局相對穩定，政權維持的時間也遠比五代為長，如最短的前蜀亦有三十四年，是後梁的一倍，而最長的吳越，竟達八十五年之久。這對中國南方的開發有至關重要的作用。

例如吳越，就曾於天寶三年（九一〇年）修

築了捍海塘，保障了農業生產的發展，使吳越走上了富裕之路。由於北方戰爭頻仍，不少中原人士移徙南方以避禍亂，他們帶來了北方的生產技術和科學文化，促進了南方的發展。

五代在中國文化史上是一個重要時期。從出版史角度看，後唐長興三年（九三二年）至後周廣順三年（九五三年）刻成的九經，是中國第一部監本九經，宋人稱為「舊監本」或「古京本」，是中國後世一切監本九經的祖本。這部九經，歷時近二十年，中經後唐、後漢、後周三朝更替，終於得以完成。這實在是個奇蹟，反映了傳統文化在中華民族中具有高度的凝聚力。

另外，孟蜀的母昭裔，不僅刊刻了《昭明文選》《初學記》《白氏六帖》諸書，而且於廣政十四年（九五一年），經營了「廣政石經」的刊刻。這個石經和以前的石經有一重要不同，那就是，它是連同注文一起刊刻的。宋洪邁評論其「猶有正（貞）觀遺風」。

此外，後晉的劉昫等撰成了《唐書》二百卷，這就是「二十四史」中的《舊唐書》。吳越的羅隱是這一時期較有名的文學家，著有《羅隱甲乙集》，收其詩作，今已不傳。今可見者有《四庫全書》所收《羅昭諫集》八卷。西蜀的韋莊、歐陽炯，南唐的馮延巳、中主李璟、後主李煜，都擅長寫詞，均有不少名作傳世，開宋詞鼎盛之先河。南唐顧閎中的《韓熙載夜宴圖》是留傳至今的繪畫珍品，在中國繪畫史上具有重要價值。

全忠不「全忠」

●時間：西元八五二～九一二年
●人物：朱溫

朱溫自投機黃巢起家，叛齊降唐，一躍而為宣武節度使。在其後的軍閥混戰中，他立足汴州，施展合縱連橫之術，遠交近攻，步步為營，最終稱霸中原。他雖被唐朝皇帝賜名「全忠」，卻篡唐自立，成為了後梁王朝的開國皇帝。

朱溫（八五二～九一二年）是碭山（今屬安徽）鄉下一個教書先生的兒子，從小不事勞動，惟以雄勇橫行鄉里。唐乾符四年（八七七年），朱溫與二哥朱存一起參加黃巢大軍，逐漸升為大將。情勢陷於低潮時，朱溫投降唐朝，成為宣武節度使，唐僖宗賜名「全忠」。朱溫既不忠於黃巢，也從未忠於過大唐天子，可以說是一個「全不忠」的小人。

⊙叛齊降唐

朱溫在黃巢軍中驍勇善戰，屢建奇功。中和二年（八八二年），朱溫任同州（今陝西大荔）防禦使，受命扼守大齊政權東部邊防，與唐朝河中（今山西永濟西）節度使王重榮夾河對峙。

朱溫兵寡勢單，連遭敗績，同時和黃巢的心腹知左軍事孟楷不和，得不到長安救援。朱溫決心叛齊降唐，殺死監軍使嚴實，與大將胡真等以同州全境降於王重榮。僖宗獲悉後大喜，立即任命朱溫為左金吾大將軍，充河中行營副招討使，並賜名全忠。

次年，唐朝為了激勵朱溫攻打黃巢，宣布封他為汴州（今河南開封）刺史、宣武軍節度使，但要等唐軍收復長安方能赴任。朱溫加緊與各路唐軍圍攻長安。

黃巢退出長安後，被李克用的沙陀軍打敗，部眾潰散。黃巢手下將領葛從周、霍存、謝彥章和張歸厚、張歸霸兄弟等人都投奔到汴州，朱溫的羽翼自此豐滿。

⊙獨霸中原

汴州是運河要衝，雖為富庶之地，卻由於地處河南平原，無險可守。朱溫勢力的周圍強敵伺立，欲求發展，著實不易。

朱溫決定首先從威脅最大的秦宗權入手，汴州北的邊孝村一戰，秦宗權大敗而逃，歸縮蔡州。朱溫集中力量圍攻蔡州，徹底消滅秦宗權集團。

西部的威脅一旦減輕，朱溫就注視臥榻之畔的兗州（今屬山東）、鄆州（今山東東平）和徐州（今屬江蘇）。景福二年（八九三年），朱溫派大將龐師古攻克徐州，占據淮北的感化軍節度使時溥率全族自焚。

乾寧元年（八九四年）二月，朱溫率大軍攻略兗、鄆二州，俘殺朱瑄，敗走朱瑾，從此，朱溫控制了黃河以南淮河以北的大片地區，勢力超過河東軍閥李克用。

朱溫掃除東西兩方，兼併黃河以南、淮河以北地區後，開始著力經營黃河以北地區，以便對付實力強大的宿敵李克用。

光化二年（八九九年），幽州（今北京）節度使劉仁恭發兵進攻魏州（今河北大名），魏博節度使羅紹威向朱溫求救。朱溫利用機會，進兵河北，大破劉仁恭。魏博從此完全服從朱溫，成為朱溫的附庸。鎮州（今河北正定）王鎔、定州（今屬河北）王處直也隨之依附朱溫。朱溫成為當時最為強大的軍閥勢力，開始覬覦帝位。

⊙滅唐建梁

天復二年（九〇二年），與朱溫關係密切的宰相崔胤想藉朱溫之手消滅宦官勢力，矯詔令朱溫帶兵赴長安。宦官韓全誨等劫持昭宗到鳳翔投靠李茂貞。朱溫擊敗李茂貞，奪回昭宗。朱溫先滅宦官，再殺宰相，毀掉長安城，強迫昭宗遷都洛陽。接著，朱溫殺害昭宗，改立其子李柷為帝，這就是唐朝的末代皇帝昭宣帝。

天祐元年（九〇四年），唐昭宣帝任命朱溫為相國，總百揆，並進封魏王，以宣武等二十一道為魏國，兼備九錫之命。

四年（九〇七年），唐朝宰相張文蔚率百官勸進，朱溫正式稱帝，更名為朱晃，廟號太祖，改元開平，國號「大梁」，史稱後梁，升汴州為開封府（今河南開封），建為東都，以前唐東都洛陽為西都。接著，朱溫廢十七歲的昭宣帝為濟陰王，遷往曹州濟陰（今山東曹縣西北）囚禁。

次年二月，昭宣帝被殺害，歷經二十帝，二百九十年的唐王朝自此終結。

歷史詞典

白馬驛之禍

天祐二年（九〇五年）四月，天上出現彗星。占卜者說，君臣都會有災難，應該誅殺大臣以避災。

宰相柳璨趁機向朱全忠進言說：「這些人平時聚集在一起批評朝政，亂發怨言，現在應該把他們殺了以免災。」

朱溫的謀臣李振因為屢屢考進士不中，因此對那些高門學士非常嫉妒。他對朱全忠說：「這些人平常自稱清流，應該把他們投到黃河裡，讓他們變成濁流。」全忠聽了哈哈大笑。

於是裴樞、獨孤損、崔遠、趙崇、王贊、王溥等朝中重臣三十餘人皆無罪被貶，同日賜死於白馬驛。凡是縉紳士大夫不支持朱全忠的，都被誣以朋黨，貶死的達到數百人，朝廷為之一空。

白馬驛之禍是對唐廷舊臣的一次較徹底的清除，也因此結束了綿延多年的唐朝官僚集團的黨爭。為朱溫改朝換代掃清了道路。

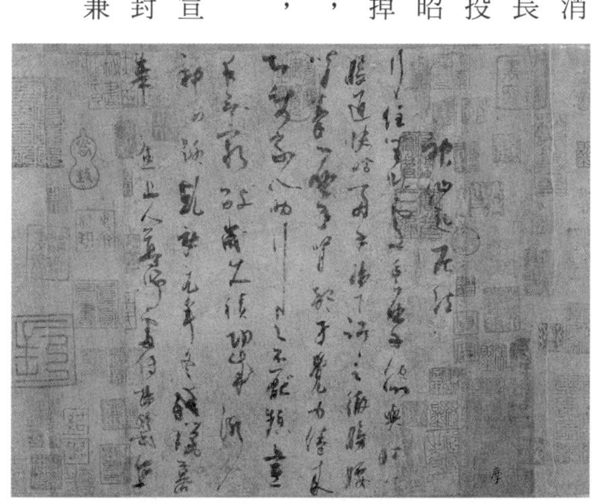

神仙起居法帖　五代　楊凝式

吃人魔王秦宗權

●時間：？～西元八八九年
●人物：秦宗權

秦宗權是唐末軍閥中最具恐怖色彩的一個。其軍中不帶米麵，把殺死的人用鹽醃上，隨軍攜帶作為軍糧。從河南到淮南，各郡縣百姓慘遭毒害。秦宗權，成為了恐怖的代名詞。

秦宗權（？～八八九年），蔡州上蔡（今屬河南）人，初為許州牙將。廣明元年（八八〇年）十月，許州大將周岌逐忠武節度使薛能代之，秦宗權趁機驅逐蔡州刺史，占據蔡州。

同年冬，黃巢率軍入關，唐僖宗逃離長安，出奔四川，秦宗權率蔡州軍跟隨監軍楊復光攻擊黃巢，以功授奉國軍（蔡州軍號）節度使。

中和三年（八八三年），黃巢退出關中，進入河南，秦宗權迎戰失利，投降黃巢。

⊙兩腳羊充軍糧

第二年，黃巢被沙陀軍大敗於山東，在狼虎谷（今山東萊蕪西南）殉難。完全失去控制的秦宗權野心極度膨脹，蔡州自此成為他的根據地。

光啟元年（八八五年）二月，秦宗權在蔡州稱帝，大封親信，建立小朝廷，並分兵攻占陝（今河南三門峽市西）、洛（今河南洛陽）、懷（今河南沁陽）、孟（今河南孟州南）、唐（今河南唐河）、許（今河南許昌）、汝（今河南臨汝）、鄭（今屬河南）等二十餘州，一時成為中原地區實力較為強大的軍閥集團。

秦宗權為人極其殘酷，所克州縣，人民均遭屠戮，房屋城池亦遭焚毀。在他肆虐的區域內，西至關內，東極山東青、齊二州，南出江淮，北至河北衛、滑二州，魚爛鳥散，人煙斷絕，荊榛蔽野。接近「三光」的抄掠屠殺，造成民眾對秦宗權集團極度仇恨。

秦軍所過之處，百姓或被殺絕，或逃散殆盡，部隊的後勤補給，甚至軍糧都成了問題。秦宗權並不恐慌，派手下將領四出擄掠，捕殺百姓，把屍體用鹽醃製，充作軍糧。這個軍閥集團，成為當時害民最烈的強盜集團。

⊙多行不義終自斃

秦宗權的野心並不止於小小的蔡州，他的重要目標，首先便是奪取中原地區。得中原者得天下，中原的中心便是汴州（今河南開封）。占據這裡的軍閥，是跟秦宗權一樣，原屬黃巢大軍而後叛變的宣武軍節度使朱全忠。秦宗權意在攻取汴州，盡得中原，朱全忠

開平元寶　後梁

則意欲穩定汴州，盡占河南，以圖發展。為擴大各自勢力，兩個軍閥集團在河南進行了兩次規模較大的兼併作戰。

光啟三年（八八七年），秦宗權集中全部兵力進攻汴州，部將張晊、秦賢各率數萬人馬作為先頭部隊，駐紮於汴州城西北。此時，朱全忠的兵力得到加強，張、秦二人卻渾然不知，毫無防備。朱全忠搶先突然出擊，小勝秦軍，斬獲萬餘人。

武德軍十二生肖鏡　五代

此鏡圓鈕，花瓣紋鈕座。紋飾分三圈，內圈為八卦紋，中圈為十二生肖，外圈為纏枝花。內圈有銘文置於八卦紋間，共八字，為「武德軍作院羅真造」。「武德軍作院」為前蜀武德軍所設作坊。

隨後，朱全忠得到兗州節度使朱瑄、鄆州節度使朱瑾兄弟的支持，義成軍也趕到汴州增援。朱全忠立刻指揮宣武、兗、鄆、義成四鎮軍馬，在汴州城北郊的邊孝村向秦宗權發起進攻，大破秦軍，殺死兩萬餘人，秦宗權乘夜逃跑。

經此一戰，秦軍實力大損，歸縮蔡州。這樣的機會，朱全忠絕對不會放過。

文德元年（八八八年），朱全忠集中力量圍攻蔡州，自任蔡州四面行營都統，率軍進至滑州（今河南滑縣）。朱全忠的大軍相繼攻克黎陽（今河南滑縣北）、臨河（今河南濮陽）、李固（今河北大名東北）三鎮，又占據洛州和孟州（今河南孟縣），解除了西顧之憂。

惟光天元年夏六月壬寅朔
大行皇帝登遐粤十一月三日
神駕遷座于永陵禮也嗚呼攢塗
書撤冊靈將舉
玄堂啓扉龍輴戒路六合悲慘萬

前蜀王建哀冊　五代

五月，朱全忠大軍大敗秦軍於龍陂（今河南汝南南），進逼蔡州城下，攻入北門。十二月，經過長達數月的圍困作戰，秦宗權被其愛將中叢執送汴州。

龍紀元年（八八九年），朱全忠將秦宗權檻送京師。唐昭宗受俘之後，命京兆尹孫揆將秦宗權斬首。

臨刑前，秦宗權還在檻車裡伸出腦袋向孫揆辯解：「尚書大人，您看我秦宗權是造反的人嗎？我只是對朝廷一片忠心，無處投效罷了。」這個愚蠢辯護，惹得圍觀百姓捧腹大笑。

「隨風倒」張全義

●時間：西元八五二～九二六年
●人物：張全義

張全義原名言，降唐後唐昭宗賜名全義。投降後梁後，張全義主動請求梁太祖朱溫為其賜名。後梁滅亡再降後唐，為討好新朝，去後梁所賜名，請准恢復原名全義。如此趨附權勢而反覆改名者，史不多見。

張全義（八五二～九二六年）出身農家，曾經參加黃巢大軍。失敗後張全義投降唐朝河陽節度使諸葛爽。諸葛爽死後，大將劉經與張全義立諸葛爽之子諸葛仲方為留後。劉經與諸葛爽另一大將李罕之爭奪洛陽澠池（今屬河南），派張全義前去抵敵，反覆無常的張全義與李罕之結為同盟，掉轉矛頭進攻劉經，被劉經打敗。李罕之自領河陽節度使，封張全義為河南尹，治理洛陽。

在洛陽任上，張全義顯示出很高的行政才能。洛陽經過唐末戰亂，特別是秦宗權的殘酷暴行後，荊棘滿道，白骨遍地，居民剩下總共不到百戶，四野竟然沒有耕種的農夫。

為了發展，張全義從帶來的百人中挑選十八人作為屯將，在洛陽十八個屬縣的村落中樹旗張榜，招撫流散逃亡的民眾，勸耕農桑，恢復生產，並且規定初時不收稅租。對犯法之人，除殺人犯外，其餘從輕處罰。

洛陽人口增長後，張全義挑選壯士教以戰陣，以禦寇盜。數年中，洛陽得到恢復，人民生產生活漸得富足。

⊙後梁魏王

洛陽形勢穩定後，張全義卻與原先的患難之交上級李罕之決裂了。文德元年（八八八年），張全義趁李罕之攻打河東，後方不備，襲取河陽，自任節度使。失去根據地的李罕之投奔李克用，引沙陀軍回攻。張全義無力抵擋，只好向朱溫求援，這才解圍。張全義自此依附朱溫。

朱溫挾唐昭宗東遷洛陽前，令張全義修繕洛陽宮殿。時任河南尹的張全義為感救命之恩，非常賣力。朱溫篡唐，張全義怕朱溫不放心，主動避讓權位，得到朱溫信任，讓他兼任忠武軍節度使，判六軍諸衛事。

朱溫建梁稱帝後，張全義再兼河陽節度使，進封魏王。朱溫對這位後梁重臣恩愛有加，賜名「宗」，希望他以輔弼周天子的召公為榜樣，為後梁王朝效勞。張全義一直小心謹慎，竭盡全力做好朱溫的後勤供應，甚至忍辱到常人難以接受的程度。

乾化二年（九一二年），朱溫兵敗蓨縣（今河北景縣），撤軍途中經過洛陽，在會節園避暑。期間，張全義的妻女都被朱溫強暴，兒子張繼祚憤恨不已，想刺殺朱溫。張全義卻勸止道：「當年我被李罕之兵圍河陽，以木屑為食，死在旦夕，幸得梁兵援救，才有今天的富貴榮華。這個恩德不能忘！」張全義卑身曲事，以求保全，才得以在梁朝進爵封王，位極人臣。

⊙後唐齊王

一朝天子一朝臣，張全義委曲求全，雖然得到梁太祖朱溫的信任，但到梁末帝朱友貞時，卻遭到猜疑。張全義請求到河北指揮對後唐的作戰，未被採納，於是決心另尋出路。

梁末帝的統治極其黑暗，統治集團上下離心離德，梁朝滅亡已成大勢所趨。張全義派弟張全武私下和後唐多方交往，以為後路。

後唐莊宗李存勗攻占梁都開封，張全義從洛陽趕去覲見。為表示和舊政權斷絕和對新朝廷的效忠，他請求改去梁太祖朱溫所賜之名，並請莊宗到洛陽行郊天之禮。為了盡快求得新政權的「諒解」，張全義透過關係厚賂莊宗的劉皇后，使劉皇后認他為義父。張全義在後唐受到尊崇，先被封為魏王，後改封齊王，任守太尉、中書令、河南尹並兼領河陽。

久踞洛陽的張全義因榮華富貴變得庸碌無為。處理政務完全沒有當日作風，遇到百姓上訴的官司，就以先訴者為得理，被冤枉的人非常多，輿論譏諷他的無能。

後唐同光四年（九二六年）二月，鄴都軍將趙在禮在貝州（今河北清河）兵變，攻取魏州（今河北大名）。莊宗李存勗計畫親自征討，大臣則主張大將李嗣源前往鎮壓。李嗣源遭莊宗猜忌已久，率軍到魏州後竟與變兵相呼應，準備南下奪取政權。張全義聞變後，憂懼不食而死，終年七十五歲，謚號「忠肅」。

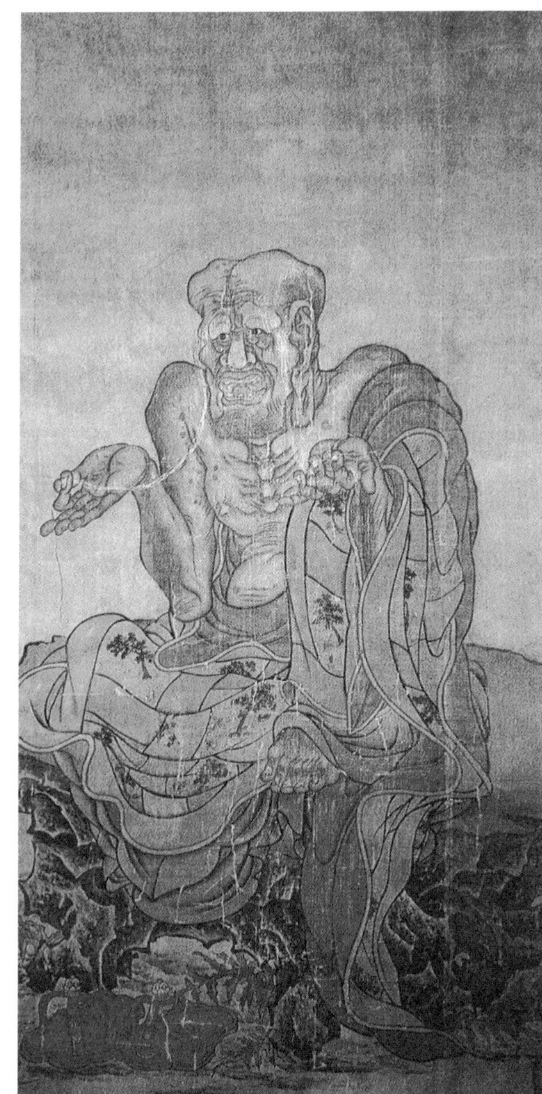

十六羅漢之阿氏多　五代　貫休

【生子當如李亞子】

●時間：西元八八五～九二六年
●人物：李存勗

年僅二十四歲的後唐莊宗李存勗（小字亞子），憑藉過人的膽略、超人的驍勇，伏兵三垂岡，夾寨敗梁軍，潞州解重圍，一戰揚名天下知。連他的對手朱溫也不得不讚歎道：「生子當如李亞子！」

後唐滅後梁及蜀示意圖

圖例：第一階段　第二階段　第三階段　決河泛區　0　25　50公里

李存勗（八八五～九二六年）是沙陀族軍閥李克用的長子，五代時期後唐王朝的創建者。五代初期，李存勗指揮整個沙陀軍事集團，先後消滅兼併中國北方及中原地區大大小小眾多軍閥勢力，成為五代史上第一個入主中原的少數民族（沙陀族）出身的最高統治者。

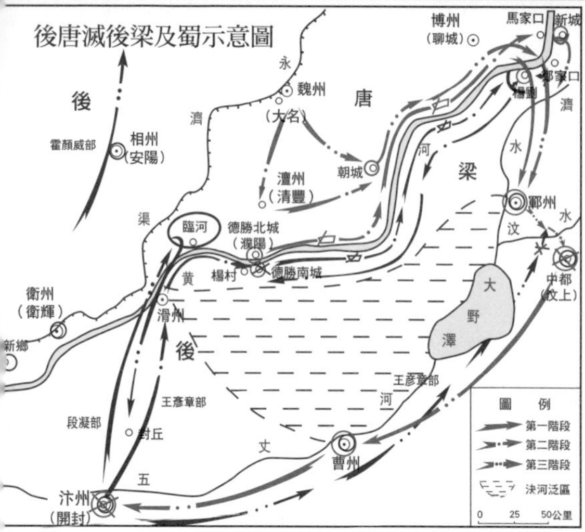

李存勗自幼生長於軍營，與戎馬為伍，膽識過人。唐乾寧二年（八九五年），河東節度使李克用奉詔討伐叛逆軍閥王行瑜，十一歲的李存勗隨軍出征。

李克用派李存勗到南山晉見避難於此的昭宗，昭宗勉勵李存勗說：「你將來一定會成長為國家的棟樑，記住要為唐室盡忠效力。」昭宗慨歎其相貌英武，並對左右說：「此子可亞其父。」李存勗的小名「亞子」便由此而來。唐昭宗還不曾料到，日後李存勗所建立的功業，要遠遠超過他的父親李克用。

⊙百戰平河北

梁開平二年（九〇八年）正月，李克用病死，李存勗襲晉王位。即位不久，叔父李克寧覬覦王位。掌握部分兵權的李克寧在義子和悍妻的慫恿鼓動下陰謀發動叛亂，武裝奪位。在張承業等顧命大臣的協助下，李存勗當機立斷，伏兵誅殺李克寧等人，穩定河東局勢。

李克用臨死時，交給李存勗三支箭，囑咐要完成三件事：一是討伐劉仁恭，攻取幽州（今北京）。二是征討契丹，解除北方邊患。三是消滅世敵朱溫，恢復唐朝社稷。李存勗謹記在心，每次出征前都把箭從家廟中請出，隨身攜帶。自此，他開始了統一北方的戰爭。

這時最危險的就是潞州（今山西長治）的形勢。朱溫親率後梁大軍圍困潞州一年，潞州若失，河東不保。

李存勗以自己新立，梁軍必然放鬆戒備，親率大軍從太原出發，疾馳六日到三垂岡（今山西長治北郊二岡山）下。

靜待至次日凌晨，李存勗親率先鋒乘霧偷襲後梁軍夾寨。後梁軍戒備鬆懈，睡夢中突遭晉軍攻擊，倉促不能迎戰，驚慌潰亂。晉軍乘勢分兵兩路，由大將周德威、李嗣源率領，猛攻梁營。後梁軍大敗，損失將士萬餘，丟棄糧資器械無數，晉軍取得潞州解圍戰的全勝。

此戰李存勗樹立起威信，初步扭轉了晉梁之爭中的頹勢。朱溫聞訊，不禁慨歎：「生子當如李亞子，我的兒子只如豚犬而已！」

經過柏鄉之戰、蓨縣之戰等諸多戰役，晉軍相繼攻占邢（今河北邢台）、魏（今河北大名北）、博（今山東聊城東）、衛（今河南衛輝）等州，將後梁軍從黃河北岸完全清除。後梁軍上到朱溫，下到各級將士，都對晉軍產生恐懼心理。晉軍消滅劉仁恭、劉守光勢力後，攻取幽州，穩定後方，對後梁占有壓倒性的優勢。

⊙夾河滅後梁

朱溫死後，後梁政局越發動盪。後梁末帝朱友貞即位後，夾河對峙的梁、晉兩軍迎來了連續十年的苦戰。

龍德三年（九二三年）四月，李存勗在魏州稱帝，改年號同光，國號不用晉而用唐，表示是唐朝的合法繼承人，以增強反梁的號召力，史稱「後唐」，李存勗日後廟號莊宗。此時，唐梁戰局依然處於膠著狀態。

李存勗經過縝密研究分析，果斷決策，採取長途奔襲的戰術，避實就虛，出敵不意，直搗後梁都城開封。十月二日，李存勗親率精兵從楊劉（今山東東阿東北）渡過黃河，與已經深入敵境的後唐軍在鄆州（今山東東平西北）會師。後梁君臣聞訊大驚，急忙調兵北上。

李存勗趁梁軍渡河北上、汴梁防守空虛之機，不顧歸路被斷、後方不穩等不利因素，以李嗣源率領輕騎為前鋒，星夜兼程六百里，歷時八天，直搗敵巢，攻克汴梁，梁末帝自殺，後梁滅亡。李存勗完成滅梁大業，廢開封府為汴州，定都東都洛陽。

同光三年（九二五年），李存勗再滅前蜀，後唐達到全盛時期，李存勗也登上個人功業的巔峰。

延伸知識

王建稱帝建前蜀

後梁開平元年（九〇七年）九月，後梁建立不久，王建也在成都自立稱帝，國號大蜀（後曾一度改漢），史稱前蜀，是為高祖，仍用唐昭宗天復年號，次年改元武成。

王建，字光圖，年輕時以屠牛、盜驢、販私鹽為業，人稱「賊王八」。後在唐末乘亂而起，歷任忠武軍（鎮許州）和神策禁軍都將、壁州（今四川通江）刺史、永平軍（鎮邛州，今四川邛崍）節度使等，先後攻占劍南東、西兩川、山南西道（治興元府，今陝西漢中）之地及荊南（鎮江陵府，今湖北荊州）五州，進封蜀王。

王建割據川蜀期間，實施了優禮文士、守境息民的政策，促進了當時社會經濟文化的恢復和發展。前蜀建國前後政局較為穩定，百姓安居樂業，成為繁華安定的經濟文化中心。但晚年漸趨奢侈，多內寵，重用宦官，殺戮功臣，加上用兵頻繁，促使政權走向腐朽。其子王衍即位不久，即為後唐所滅。

不認父親的劉皇后

●時間：西元八八五～九二六年
●人物：劉皇后

劉氏是後唐莊宗的皇后，為人善權謀，工心計。本性貪婪，吝嗇無比，為求后位而不認生父，聚斂財貨竟收受賄賂，干預朝政至輒殺股肱。而莊宗也是治國乏術，用人無方，稱帝僅三年就眾叛親離，身死族滅，這與劉皇后的倒行逆施也有很大的關係。

劉氏（八八五～九二六年）出身魏州成安（今屬河北）的貧寒農家，母親早亡，父親以游方郎中兼占卜為生。

劉氏五六歲時，被李克用部下袁建豐擄走，獻給晉王妃曹氏（李存勗的生母），做了一名小侍女。由於劉氏乖巧伶俐，成年後，曹夫人賜給李存勗為妾，不久便得到李存勗的寵愛，封為魏國夫人。

此時李存勗已經襲封晉王，內闈中早有正妃韓氏和次妃伊氏。但劉氏生下兒子李繼岌，母以子貴，李存勗對劉氏加倍寵愛，領兵征戰時也讓劉氏隨軍同往。從小就聰明伶俐的劉氏殷勤侍奉，李存勗對她越發親近，韓氏和伊氏被冷落一旁。

⊙求后位不認生父

隨著後唐政權的建立，劉氏的野

秋山晚翠圖軸　五代　關仝

五代後梁畫家關仝繪。關仝，長安（今陝西西安）人，工畫山水。此圖畫作者最喜歡的秋山、寒林、晚翠等景物，所作山水上突奇峰，下瞰窮谷；畫面上的懸崖峭壁，屹立萬丈，險峻非凡，人跡難通；畫中還有一道飛瀑急湍而下，觀之乃為奇絕幽豔，史稱他的畫：「筆愈簡而氣愈壯，景愈少而意愈長。」

延伸知識

城市格局的改變

唐末五代的戰亂及社會經濟的發展，打破了舊有城市原四周有圍牆、定時開關的封閉式的「坊（居民區）市（商業區）制」，城市面貌發生變化。

汴州在唐末五代已形成當時新的政治經濟中心，城市經濟迅速發展，新的城市格局開始確立。作為一新興起的都城，汴州城市肆商業與唐代長安、洛陽有明顯的不同，不再限定在特定的「市」內，而是分佈全城，與住宅區混雜。沿街開設各種店鋪，形成熙熙攘攘的商業街，也有的商業街沿河佈置，唐代封閉式的坊市分離制至此發展成敞開型的坊市合一。並且，坊已成為小的街區名，坊門只是懸掛坊名表明街區所在而無圍牆。另外，管理商業、手工業的政府機構亦分散設在城內各處。

城區在原址新擴建外城時，只定出官府倉庫、軍營地域，其餘由私人營建，一般沿街店鋪及貴族宅第後面，建造密集院落式住宅，整體佈局不是十分方正規畫，道路的劃分也有自發傾向，而且並未與街坊劃分統一規畫。嚴格封閉式的坊市制逐漸退出中國城市歷史舞臺。

青釉夾耳瓷罐　五代

心愈發膨脹，不滿足只做李存勗的寵妃，想成為後唐王朝母儀天下的皇后。但她自知出身低微，無法與出身名門的韓氏、伊氏相比。

正當劉氏為出身苦惱之時，失散多年的父親前來相認，給劉氏出了道難題。此時正值立后的緊要關頭，相認與否關係到她的切身利益，孰重孰輕，的確需要仔細思量。

聽到劉氏父親前來相認的消息，李存勗很高興，他本是著名的孝子，自然想促成失散多年父女的重逢。李存勗首先把當年的當事人袁建豐找來對質，袁建豐辨認後，告訴李存勗：「這個人很像當年所見的劉夫人的父親，當時留著黃鬍鬚，所以我還能認得出來。」

聽到這個消息，劉氏心中猶豫。骨肉親情，血濃於水，她的確想認父親。但此時是爭奪皇后位置的重要關頭，先前李存勗就曾想立她為后，只是曹太夫人認為她出身低微，否決了這一請求，如果認了無錢無勢的父親，努力許久即將到手的皇后位置就可能拱手送人。

權衡利弊，劉氏決定不認父親，她告訴李存勗，親眼看到父親死去，此人一定是招搖撞騙、賺取富貴的刁鑾之徒。李存勗見劉氏如此堅決，於是相信，將劉老人亂棍打出。

不久，積極拉攏宦官和朝內權臣，劉氏如願以償，成為莊宗的皇后。

⊙斂財貨擾亂朝綱

劉氏被冊封為皇后之後，不但沒有成為莊宗的賢內助，反而和莊宗一道聚斂錢財，甚至更加貪婪、吝嗇。

後唐的國庫分成內外二府，外府收納經常性財政收入，供給軍政費用，內府則收藏各地貢獻，供帝后支用。莊宗夫婦任命的租庸使孔謙為了得到莊宗的寵信，一味橫征暴斂，滿足宮廷揮霍的需要，造成外府極度空虛，內府卻十分充實。朝廷要發軍餉政費，數目不夠，皇帝夫婦卻不肯拿出錢來。

同光三年（九二五年），中原災荒嚴重，軍糧難以為繼，大臣深恐軍心動搖，請發內庫供應諸軍。劉氏交出日常使用的兩個銀盆和三名幼年皇子，說宮中別無積蓄，讓大臣把皇子賣了以充軍需，嚇得群臣趕緊退出。莊宗也不以為然，還是每日到郊外打獵。

有皇帝夫婦做榜樣，各級官吏紛紛效仿，層層加重剝削，百姓流離失所，士兵忍餓受凍。景進、孔謙、段凝等奸臣因為善於貢獻而得到重用。國家的危機越來越大，莊宗夫婦卻只顧眼前享樂，全然不覺即將威脅到自身生命的殘酷現實。

⊙梨園天子「李天下」

莊宗李存勗自幼曉暢音律，消滅後梁後，自以為天下太平，不理朝政，經常自傅粉墨與伶人共戲，並取了藝名——「李天下」。

有一次，莊宗在上臺演戲，連喊兩聲「李天下」。一個伶人上去賞了他一個耳光，周圍人都為伶人捏了把汗，以為必死無疑。莊宗問伶人為何如此，伶人道：「『李』（理）天下的只有皇帝一人，你叫了兩聲，還有一人是誰呀？」莊宗不以為忤，反而予以重賞。

伶人得以恃寵怙勢，出入宮掖，侮弄朝臣。其中為害最烈、氣焰最囂張的是伶官景進，連莊宗夫婦的寵臣、三司使孔謙都要稱其為「八哥」。其他將相大臣自然忌憚，只能討好景進。

大批伶人被授以官職，得到重用，甚至作為皇帝的耳目，刺探群臣言行。伶人郭從謙被任命為親軍從馬直指揮使，正是此人，日後要了莊宗的性命。

除了重用伶人，宦官這個曾經為禍唐朝的毒瘤也被莊宗拿來作為心腹。同光元年（九二三年）十二月，莊宗定都洛陽後，恢復唐朝舊制，訪求唐朝宦官數百人送到京城，以為宮內各執事，甚至任為諸道監軍，監視各地藩鎮將領。

宦官為迎合莊宗窮奢極欲的心理，夥同伶官強搶民女充實後宮，甚至在魏州搶走駐守將士的妻女千餘人。唐代後期的宦官跋扈之勢重新出現，引起朝臣強烈不滿。

⊙誅無辜失撫將士

莊宗自顧享樂，劉皇后聚斂無度，伶人和宦官為首的奸佞之徒把持朝政，後唐的政局，自開國以來就異常敗壞。

奸佞進而賢臣退，奸佞猶不覺滿足，還要殺戮賢臣。樞密使郭崇韜是後唐的股肱重臣，輔佐莊宗消滅後梁，平定前蜀，獲賜鐵券，拜侍中、兩任節度使而為使相，進封趙郡公，權超宰相。

郭崇韜以安邦定國第一之功位兼將相，處理事務時無所迴避，對禍亂朝政的宦官集團尤其痛恨，與莊宗所信任的宦官問題叢生。宦官誣陷郭崇韜貪污受賄和心有異志，劉皇后也討厭郭崇韜，讓兒子李繼岌在蜀地處死了他。

琉璃堂人物圖（局部）
五代 周文矩
此卷描繪了唐代詩人王昌齡與其詩友在江寧縣丞任所琉璃堂廳前聚會吟唱的故事。圖中共畫有十一人：僧一人，文士七人，侍者三人。

郭崇韜和五個兒子先後被誅，家產籍沒。後唐大將朱友謙及部將史武等七人受到牽連，皆遭滅族。另一戰功卓著的大將李嗣源也險遭殺害。

後唐功臣宿將人人自危，諸鎮怨憤，流言四起。將士不得撫慰，軍餉軍糧都成問題。軍士乏食，甚至於典妻賣子。莊宗建國之後的一系列倒行逆施，造成國內各項問題迅速激化，郭崇韜被妄殺，更成為點燃火藥的導火索。這一切，昏聵的莊宗夫婦全然不覺。

⊙水能載舟亦覆舟

同光四年（九二六年）正月，叛亂事件接連發生。參與平蜀的大將康延孝在回師途中舉兵造反，數日之間眾至五萬，滄州軍亂，魏州軍亂，河朔州縣告亂者相繼。

二月，莊宗命李嗣源率親軍到魏州平叛，李嗣源被親軍脅逼，與叛軍聯合，倒戈進攻京師，天下大亂。深得莊宗信任、伶人出身的親軍從馬直指揮使郭從謙也率眾譁變。混戰中，莊宗被流矢射中身死。

莊宗被殺後，劉皇后逃到晉陽（今山西太原）做了尼姑，李嗣源沒有放過這位禍國殃民的昔日皇后，迫其上吊自盡。

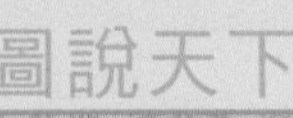

兒皇帝石敬瑭

●時間：西元八九二～九四二年
●人物：石敬瑭

石敬瑭是歷史上有名的「兒皇帝」，為了等待奪權時機的成熟，韜光養晦，費盡了心機。最終，以出賣燕雲十六州為代價，求得了契丹的外援，滅唐建晉。石敬瑭出賣燕雲十六州，不但遺禍本朝，而且深遠地影響到了後世諸朝。

石敬瑭（八九二～九四二年）是沙陀李克用部將臬捩雞之子。為了抬高身價，冒充是春秋時衛國大夫石碏之後，故而姓石。梁晉爭霸時，石敬瑭追隨李氏父子，頗有戰功。大將李嗣源非常器重石敬瑭，不但把女兒嫁給他，還讓他統率號稱「左射軍」的親軍，視為心腹愛將。魏州之變，石敬瑭積極支持李嗣源爭奪帝位，親奪汴州（今河南開封），為李嗣源立下奇功。

李嗣源即位為帝後，石敬瑭因為佐命奪權有功，任為保義軍節度使（鎮陝州，今河南三門峽），賜號「竭忠建策興復功臣」，兼六軍諸衛副使。李嗣源在位八年間，石敬瑭不斷受到重用。

長興三年（九三二年），石敬瑭任河東節度使（郡治在今山西太原），兼大同（今屬山西）、振武（今屬山西）、彰國（今山西應縣）、威塞（鎮新州，今河北涿鹿）等軍蕃漢馬步軍總管，成為後唐政權在北方地區軍權最重的將領。

⊙出賣燕雲十六州

後唐明宗李嗣源死後，子李從厚與義子鳳翔節度使（今屬陝西）潞王李從珂爭奪皇位。石敬瑭捉住出逃的李從厚，幽禁於衛州（今河南衛輝），向李從珂邀功。但李從珂即位後，對手握兵權的石敬瑭非常猜忌。

清泰三年（九三六年），石敬瑭決定發動叛亂，召集幕僚將領商議。掌書記桑維翰提出乞求契丹支持，正中石敬瑭的心意。石敬瑭讓桑維翰起草降表，稱臣於契丹主耶律德光，請求以兒子對待父親的禮節對待小十歲的耶律德光，又約定事成之日，割讓盧龍（今屬河北）一道及雁門關以北諸州給契丹。

這些條件，特別是稱子、割地，實在太失國格、人格，連心腹將領劉知遠都說：「恐異日大為中國之患，悔之無及。」石敬瑭卻認為非如此不能博得耶律德光的歡心。

耶律德光接到石敬瑭的奏表，大喜過望，答應出兵，隨即親率五萬騎兵由雁門關入援石敬瑭，大敗後唐軍，任命石敬瑭為大晉皇帝。石敬瑭投桃報李，割讓幽（今北京）、涿（今屬河北）、薊（今天津薊縣）、檀（今北京密雲）、順（今北京順義）、瀛（今河北河間）、莫（今任丘北）、蔚（今山西靈丘）、朔（今屬山西）、雲（今山西大同）、應（今屬山西）、新（今河北涿鹿）、媯（今爲官廳水庫）、儒（今北京延慶）、武（今河北宣化）、寰（今朔州東）十六州給契丹，並答應每年贈送帛三十萬匹。

在契丹軍的幫助下，石敬瑭擊敗後唐諸路大軍，渡河南下。李從珂見大勢已去，登洛陽玄武樓自焚而亡。

後晉定都汴州（今開封），升為東京開封府。

⊙甘心為子

石敬瑭在位七年，始終對契丹低頭稱兒，奴顏婢膝。

石敬瑭同契丹太宗耶律德光通信都用表，表示君臣有別，稱耶律德光為「父皇帝」，自稱臣，為「兒皇帝」。契丹使臣來京，石敬瑭拜見接詔。每年除按照原約貢獻金帛，逢年過節，或有婚喪喜慶，都另外贈送禮物。耶律德光以下，契丹太后、皇子、將相大臣都能得到財物。

契丹方面稍不如意，派人前來問罪，石敬瑭總是忙不迭地賠禮道歉。後晉使者去到契丹，契丹人卻非常驕倨，說話難聽。滿朝上下都認為可恥，石敬瑭卻滿不在乎。

山鷓棘雀圖　五代　黃居寀

契丹取得燕雲十六州後，分置南京道和西京道，以幽州為南京、雲州為西京。石敬瑭割讓十六州，將北邊險要之地拱手相讓，造成契丹統治者南攫的有利條件，從此中原王朝在與契丹的軍事對抗中處於無險可守的被動地位。這一遺禍，不久就要由石敬瑭的繼承人來承當。

劉知遠建後漢

●時間：西元九四七年
●人物：劉知遠

劉知遠在後唐、後晉兩朝待機而發，最終趁契丹滅後晉之便，稱皇帝，建後漢，終成大事。但此人亦是十足軍閥，暴虐有餘而治國無術。由他建立的這個王朝只延續了四年便亡國了，成為中國歷史上最短命的王朝。

劉知遠（八九五～九四八年）出身沙陀軍事集團，與後唐建立者李存勗、後晉建立者石敬瑭同屬沙陀族。年輕時家境貧寒，曾為晉陽（今太原）李氏贅婿，後投入後唐軍中，累軍功而為偏將，與石敬瑭一起隸屬李嗣源麾下。

德勝（今河南清豐西南）之戰，石敬瑭的馬鎧斷裂，幾乎被梁軍追上，劉知遠把坐騎換給石敬瑭，自己騎上石敬瑭的戰馬殿後。石敬瑭非常感激劉知遠的救命之恩，兩人關係越發親近。石敬瑭任河東節度使時，特地把劉知遠調到屬下，擔任押衙，作為親信。

⊙後晉王朝的開國功臣

後唐閔帝應順元年（九三四年），李從珂起兵作亂，攻入洛陽，閔帝李從厚倉皇出逃，與石敬瑭在衛州（今河南衛輝）相遇。為防萬一，劉知遠事先做了周密安排，發生衝突時，親自護衛石敬瑭，隨後又率兵把閔帝的侍從全部殺死，幽禁閔帝。此後，石敬瑭任命劉知遠為馬步軍都指揮使，成為河東軍的兵馬總管。

李從珂即位後，統治依然黑暗腐朽，後唐王朝大廈將傾。清泰三年（九三六年），石敬瑭決心叛亂，召集幕僚將領商議。大家都恐懼不敢表示意見，只有劉知遠和桑維翰極力贊成。桑維翰提出向契丹稱兒臣割土地以換取援助。劉知遠卻認為日後必為中原大患，沒有被石敬瑭採納。

在契丹的支持下，石敬瑭發動叛亂。李從珂立刻派大將張敬達進圍太原。劉知遠以五千之眾死守孤城，擋住五萬唐軍的多次進攻，終於盼來契丹援軍。劉知遠英勇善戰，不但得到石敬瑭的賞識，連遼太宗耶律德光都十分讚賞，認為人才難得。

攻取洛陽，建立後晉後，石敬瑭立刻任命劉知遠為侍衛親軍都虞候，掌管禁軍。不久，又升任檢校太保、侍衛馬步軍都指揮使，領忠武軍（鎮許州，今河南許昌）節度使。後又調任河東節度使。在河東，劉知遠充分利用這塊根據地發展勢力，漸有坐大之勢。

石敬瑭死後，姪石重貴即位，對劉知遠一再加官進爵，先是加檢校太師，進位中書令，繼而又封太原王，兼北面行營都統。

這位負責北部邊防的重臣私心自用，在契丹軍三次南下中原的戰爭中，從未發兵勤王，甚至連皇帝的詔令也敢違抗。晉遼戰爭中，他採取坐觀成敗、相機行事的策略，處處保存實力，除非契丹軍隊侵入轄區才作反擊，其餘一概不問。

⊙開國皇帝

開運三年（九四六年），耶律德光再次率軍南下，侵入後晉。後晉主帥杜重威臨陣投降，契丹順利進占開封，後晉滅亡。次年，耶律德光在東京（今河南開封）登基，改國號遼。遼軍的野蠻行徑激起中原軍民強烈反抗，僅百餘日，就被迫北撤，耶律德光病死於途中。

期間，劉知遠向耶律德光上了三封奏表，表示恭順，以便窺探風色。耶律德光明知劉知遠騎牆觀望別有所圖，但因中原不穩，無力西顧。左右勸劉知遠趁遼軍立足未穩，舉兵進取，但他看清形勢，認為契丹在中原不能長久統治，北返只是時間問題。

石重貴君臣被擄走，劉知遠裝模作樣假意出兵井陘，搶回皇帝。軍士爭呼萬歲，想擁立為皇帝，劉知遠又命左右遏止。直到郭威、楊邠等親信大將再三勸進，他才表示接受建議。

開運四年（九四七年）二月，劉知遠在太原即皇帝位，仍採用石敬瑭的天福年號，稱這年為天福十二年，以表示對石敬瑭的懷念，爭取契丹和各路軍閥的支持。六月，劉知遠率軍趕到洛陽，正式改國號為漢，史稱「後漢」。第二年正月，劉知遠改年號為「乾祐」。不到半個月，劉知遠病死。這種先稱帝，後改年號，再改國號的做法，在歷史上絕無僅有，可見他用心良苦。

後漢王朝沿襲後晉的暴虐統治，有過之而無不及，與時代和人民的要求背道而馳，盡失人心，不到四年就亡國了。

龍紋玉帶　前蜀

延伸知識

劉崇建北漢

後周廣順元年（九五一年）正月，後漢高祖劉知遠之弟、北京（即太原府，今太原西南）留守劉崇也在太原稱帝，仍沿用後漢的國號，史稱「北漢」，宋人稱之為東漢。

劉崇（八九五～九五四年），沙陀族，太原人。後晉時，任河東步軍都指揮使、麟州（今陝西神木北）刺史、河東馬步軍都指揮使兼三城巡檢使等。後漢開國，任北京留守，加同平章事，隱帝時，抵制朝廷，開始割據。郭威建後周，他也據河東建北漢，所轄僅河東地區北部并（即太原府）、汾（今山西汾陽）等十二州。

劉崇在位期間，依附於遼，以叔父之禮事遼永康王兀欲，奉承備至，並常借遼兵襲擊後周，以「報仇復國」。但因北漢地狹物薄，內供軍國，外奉遼朝，賦繁役重，致使政局動盪，民不聊生，百姓紛紛逃入後周境。北漢歷劉崇、劉承鈞、劉繼恩、劉繼元四代，廣運六年（九七九年）為北宋所滅，存二十九年。

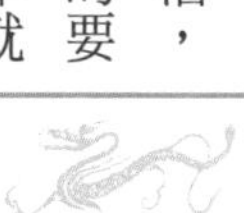

郭威稱帝

●時間：西元九五一年
●人物：郭威

郭威以武將身分，上演黃袍加身的擁戴鬧劇，再次證明了五代時期軍權決定政權的自然規律。但與前朝開國君主不同的是，郭威是五代時期難得的明君。

郭威（九〇四～九五四年）家境貧寒，很早就失去了父母，由姨母韓氏撫養。十八歲時，郭威在潞州（今山西長治）投軍，後收編進後唐軍隊，加入李存勗的親軍「從馬直」。劉知遠任後晉侍衛親軍都虞候時，郭威主動歸隸其下，深受器重。不論劉知遠調任何處，郭威都跟隨左右，成為劉知遠的心腹。

契丹滅後晉時，郭威和蘇逢吉、楊邠、史弘肇等人力勸劉知遠稱帝，成為後漢的開國功臣。劉知遠臨終前，以郭威與楊邠、史弘肇等為顧命大臣，輔佐年僅十八歲的兒子劉承祐（後漢隱帝）。劉承祐繼位後，以郭威為樞密使，掌握軍政大權。

平定河中節度使（鎮河中府，今山西永濟西）李守貞、永興節度使（鎮京兆府，今陝西西安）趙思綰、鳳翔節度使王景崇（鎮鳳翔府，今屬陝西）的三鎮之亂中，郭威親臨前線，身先士卒，與士兵同甘共苦。士兵立功，即與厚賞，作戰負傷，他親自慰問。不管誰提建議，他都能和顏悅色接待。即使有人得罪了他，他也不介意。因此，深得部下愛戴。

平叛後，隱帝要給郭威重賞，他卻說破賊不是一人的功勞，朝中將相安定朝廷、供給軍需有功，大臣與各地駐軍將領和州縣官吏也有功勞，讓隱帝一併嘉獎他們。郭威不貪圖賞賜，推恩及人，大大提高了威望。

鄴都起兵，黃袍加身

乾祐三年（九五〇年），郭威出任鄴都（今河北大名北）留守、天雄軍節度使（鎮鄴都），並以樞密使名義節制河北各州軍事。

就在郭威出鎮之時，後漢朝廷內部發生巨變。劉承祐不願再受顧命大臣控制，與舅父李業等定計，先殺在京的史弘肇、楊邠、王章等顧命元老，又派人到鄴都殺郭威。

郭威得知汴京事變，用親信魏仁浦之策，偽造詔書，說隱帝要他誅殺眾將，引起眾將憤慨，聽命於郭威。郭威以「清君側，殺李業」為口號，在鄴都起兵，率軍渡河南下。

劉承祐派兵抵禦，又盡殺郭威在

雲紋瓷罌　五代

京的全部家屬。隨後，隱帝不聽母親李太后建議與郭威和好的勸告，冒然領兵出征，被亂兵殺死，郭威乘勝入城。郭威沒有立刻稱帝，而是讓李太后下令，立劉知遠的姪子劉贇為嗣，穩定局面。

局勢穩定後，郭威使人謊報契丹大軍再次南侵，率軍北上出征。軍行澶州（今河南濮陽），諸軍將士鼓譟，扯裂黃旗為郭威加身，大軍迅速南返汴京。此時，劉贇被亂兵殺死。在「不得已」的情況下，郭威受詔監國。後來，趙匡胤奪取後周江山，全部搬演了郭威的做法。

第二年，郭威正式即帝位，建立後周王朝，改元廣順。

⊙勤儉天子，一代明君

從皇權更替的角度來看，後周與梁、唐、晉、漢四代以及許多割據國家，並無不同，都是軍權決定政權。但從王朝統治者的作為來看，情況就完全不同了。後周王朝儘管歷經不過兩代，為期不滿十年，但卻大事改革，使中原地區的政治、經濟、軍事顯露出一派嶄新的氣象，為後來北宋的興盛奠定了基礎。這一局面的奠基者，就是後周太祖郭威。

郭威幼年孤貧，深知民間疾苦，即位後立刻著手革除前朝弊政，減輕賦稅和刑罰，廢除後漢盜竊一錢便要處死的酷法，停止徵收荒謬的牛租，改革牛皮和鹽稅的徵收辦法，取消營田務，釋放農奴，減免歷朝斗餘、稱耗、羨餘等額外稅收，極大地減輕了農民的負擔。

郭威為人勤儉，即位後下令：乘輿服飾不得過分華麗，宮中物品力求樸素，並禁止各地貢獻珍巧纖華的物品及各種珍禽異獸。

臨終前下詔要求身後薄葬，不得差配百姓，陵寢不用石柱，不要守陵宮人，不用石人石獸，只立一石碑，鐫字云：「大周天子臨晏駕，與嗣帝約，緣平生好儉素，只令著瓦棺紙衣葬。若違此言，陰靈不相助。」這種精神在中國歷代帝王中，是非常難能可貴的。

郭威身體力行的榜樣精神，激勵著世宗柴榮完成他未盡的事業。後周兩代皇帝的革故鼎新，以及優良品質，成為光照五代黑暗時代的璀璨明星。

滄州鐵獅子

後周廣順三年（九五三年），山東匠人李雲鑄成著名的滄州鐵獅子。鐵獅子位於今河北滄州東南二十公里的開元寺內，神態威武，當為寺內文殊菩薩的坐騎。鐵獅子的鑄成，標誌著中國製造大型鑄鐵件技術的提高。

「長樂老」馮道

●時間：西元八八二～九五四年
●人物：馮道

馮道是五代史中最有爭議的一個人物。他在後唐、後晉、遼國、後漢、後周五個朝代八個皇帝手下當過官。他處事圓滑，精通為官之道，能在亂世風雲中始終於政治屹立不搖，因此自稱「長樂老」。

⊙厄運的觸動

馮道（八八二～九五四年），字可道，博學多才，當時和後世，無論敬仰還是鄙視他的人，對他的才學都十分敬佩。據說馮道自幼沉穩忠厚，不挑剔吃穿，除了孝順雙親，只知以讀書為樂，即使「大雪擁戶，凝塵滿席」，也照樣學習不誤。

馮道於唐昭宣帝年間（九〇五～九〇七年）入仕，曾給父親的恩人劉守光做幽州掾。馮道走上仕途正追上了唐王朝山河日下，社會形勢日趨敗壞。馮道憑藉書生意氣，想用先賢的微言大義規勸暴戾的劉守光止戈息兵，尊道勤王。劉守光大怒，打入大獄。

這次厄運給馮道很大觸動，在獄中認識到：在那個時代下，作為一個書生政客，想用先賢之道令天下止戈息兵是不可能的。從此以後，馮道選擇了一條順從於天道，盡心於所職，盡責於百姓，「獨善其身」的人生道路。

⊙後唐的良臣

劉守光被晉王李存勗俘虜殺死後，馮道被收入河東。河東名臣張承業很欣賞他的文章，保舉給李存勗做掌書記。後梁和後唐沿黃河反覆激戰時，大將郭崇韜對李存勗說，將領的飯食太奢侈，陪吃的人也太多，導致供應不足，請李存勗下令降低標準。李存勗大怒，說：「我讓部下吃的飯食都不能做主，你們另選一個主帥，不如不做了！」

李存勗命馮道起草，馮道久久不能下筆，李存勗再三催促，馮道慢慢勸道：「臣是刀筆吏，不敢不聽大王的命令。如今大王屢立戰功，形勢大好，郭崇韜言語有失，不聽就行了，何必要盡人皆知呢？假如敵人得知，一定認為我們君臣不和，那就讓他們有了可乘之機，請大王三思為好。」

李存勗頓時醒悟，消了氣。不久郭崇韜來向李存勗謝罪，事情就此平

都省銅坊銅鏡　五代

息，大家都佩服馮道的膽量。

李存勗稱帝後，先升馮道為郎中、翰林學士，滅後梁後，又授戶部侍郎。不久，父親去世，馮道按禮制回鄉守孝。期間，家鄉鬧饑荒，馮道將家裡的財物全部拿出周濟鄉親，自己住在茅草屋裡，當地官吏送來的東西他都沒有接受。契丹素聞馮道大名，想偷偷將他搶走，由於邊境守軍嚴密防備，沒有得逞。

⊙勸諫明宗

守孝期滿，馮道回到京城，這時的後唐皇帝是明宗李嗣源。李嗣源久聞馮道大名，問近臣安重誨：「先帝時那個馮郎中在哪裡？」安重誨說：「馮道剛復任，在翰林供職。」明宗說道：「朕非常熟悉這個人，是個好宰相！」

因為李嗣源的賞識，馮道不久便升為宰相。馮道盡心輔佐，經常找機會向李嗣源進諫。一次，李嗣源問起治國之道，馮道就說：「陛下以德得到天下，應當日慎一日，以答謝天下百姓。臣早年侍奉先皇時，曾奉命出使，過大山的關隘時由於險要，所以非常小心拉緊韁繩，人和馬都沒有事。但到了平地上，就覺得不用小心，結果從馬上摔下來，傷得不輕。此事雖小，但所含的道理很大，陛下不要覺得天下太平，五穀豐登，就可以鬆懈，想多享受一些，而是應該兢兢業業，使江山永固。」李嗣源非常贊同。

過了幾天，李嗣源又問馮道：「這些年收成不錯，百姓過得好嗎？」馮道說：「穀貴則餓農，穀賤則傷農，這是常理。臣記得近代舉人聶夷中的一首《傷田家詩》：『二月賣新絲，五月糶秋穀。醫得眼下瘡，剜卻心頭肉。我願君王心，化作光明燭。不照綺羅筵，偏照逃亡屋。』」李嗣源說：「此詩甚好。」讓侍臣記錄下來，經常誦讀，以提醒自己。

一次，李嗣源拿出心愛的玉杯給馮道看，上面刻有一行字「傳國寶萬歲杯」，馮道說：「這是前世有形之寶，王者則有無形之寶。仁義就是帝王之寶，古人說：『皇帝的寶座叫做位，怎樣守住這個位叫做仁。』」李

歷史詞典

《大周刑統》

後周顯德四年（九五七年）五月，周世宗命中書門下對當時行用的七種格式律令及編敕加以總結，重新刪定，以制定簡明易懂、適應時勢的法典。中書門下差侍御史知雜事張湜等十人，負責法書的重編工作，次年七月完成，又經兵部尚書張昭等十人「參詳旨要，更加損益」，宰相范質、王溥「據文評議」，然後定名為《大周刑統》，詔行於全國。

《大周刑統》計二十一卷，以律為主。律條有辭旨難解的，加以釋文，義理簡明易懂的，則略之。律條之後有相近的式令，式令之下又附有相關的格敕。對於不適應現狀，或不完備的律條，則別立新條於其下；文理深奧，慮人疑惑者，則別以朱字訓釋。至於朝廷的禁令、州縣的常科，各以類分，悉令編附，頒布後與「律疏令式通行」。

《大周刑統》的制定和實施，是後周世宗政治改革的一項重要內容，是後周健全立法以達到大治的有效措施。《大周刑統》後成為《宋刑統》的編纂基礎。

菩薩頭像　五代

此菩薩頭像雖為殘片，仍可見其華麗豐盛的冠飾，臉型已從晚唐的肥胖逐漸向北宋的清俊、娟秀發展。

嗣源基本上是個文盲，聽不懂馮道這些話，等他走了，找來別的人一問，才明白馮道是在勸諫，對馮道更加器重。

⊙出使契丹

後晉天福元年（九三六年），後晉高祖石敬瑭打敗後唐末帝，入主中原，仍然拜馮道為宰相。不久，石敬瑭派馮道出使契丹。契丹原來想搶馮道，沒有得逞，現在直接要馮道去，名義是出使，實際是想把他要走。

石敬瑭不願讓他去，但又沒有辦法，非常矛盾地說：「卿德高望重，年事已高，此次出使，不可深入沙漠。」馮道說：「臣受陛下恩，有何不可！」

契丹君主聽說馮道要來，打算親自迎接，有大臣勸阻說：「哪有天子去迎接宰相的禮節啊？」契丹君主這才沒有去。

南臣北使，馮道無日不在想念南邊的祖國。為回到中原，馮道用心周旋。有一次，契丹國君話中流露出留他的意思，他說：「南朝為子，北朝為父，兩朝為臣（因爲後晉皇帝認契丹爲父，所以說南朝爲子，北朝爲父），豈有分別哉！」

得到賞賜後，馮道便都換成薪炭，有人問他為甚麼這樣做，他說：「北地太冷，我年老難以抵禦，所以早做準備。」像要久留的意思。

見馮道這樣，契丹君主很感動，決定放他回去，馮道三次請求留下，契丹仍讓他走。馮道又在驛館住了一個月才啟程，路上故意走得很慢，契丹的官員讓住就住，兩個月才走出契丹邊界。

左右隨從不解，問：「能夠回家，我們都恨不得插上翅膀飛，您還要住宿停留，為甚麼這樣啊？」馮道說：「縱使你急速返回，契丹的良馬一夜就能追上，根本逃不掉，慢慢走反倒能安全返回。」大家對馮道的智慧歎服不止。

⊙為百姓說話

出使契丹順利歸來後，馮道受到石敬瑭進一步重用，政務不管大小，石敬瑭都問馮道如何處理。

一次，石敬瑭竟問起馮道軍事方面的事來，馮道謙遜說：「陛下久經沙場，神威睿智，軍事討伐之事，自行裁斷即可。臣只是一個書生，為陛下守歷代的成規，不敢有絲毫差錯。軍事之事，臣確實不知。」石敬瑭見馮道無意軍事，更加放心讓他管理政務。

石敬瑭死後，姪子石重貴繼位。石重貴不喜歡馮道圓滑的作風，打發到地方上做節度使，馮道並無怨言。

馮道知道不能得到所有人的認可，只要認定對百姓有益，便願意做。有一次，馮道問客人說：「外面的人怎麼評論我呀？」客人遲疑了一會說：「是非各半。」馮道聽了哈哈大笑：「你太抬愛我了。依我看，外邊不認同的人大概十之有九吧！以前的孔聖人，還有人詆毀呢，更何況我這個沒有氣節的人呢！」但是卻始終不改變做事的原則。

不久，石重貴和契丹開戰，後晉不敵滅亡。馮道為了安境保民而投降，耶律德光拜為太師。

馮道見遼太宗耶律德光，耶律德光問：「你為何來見我？」馮道答道：「無城無兵，安敢不來？」耶律德光又問：「你是何等老子？」馮道答：「無才無德，癡頑老子。」耶律德光聽了大笑，又問：「天下百姓如何救得？」馮道說：「現在的百姓，即使如來佛也救不得，惟皇帝救得。」耶律德光若有所思，少殺了不少中原百姓。

⊙有爭議的一生

南方相繼建立後漢、後周政權，馮道一直在朝中擔任宰相，於後周世宗柴榮登基不久後去世。

馮道一生經歷變患無數，無論順境逆境，都以平常心對待。他曾經著〈長樂老自敘〉，其中一段話概括了他做人的心得：「靜思本末，慶及存亡，蓋自國恩，盡從家法，承訓誨之旨，關教化之源，在孝於家，在忠於國，口無不道之言，門無不義之貨。所願者下不欺於地，中不欺於人，上不欺於天，以三不欺為素。賤如是，貴如是，長如是，老如是，事親、事君、事長、臨人之道，曠蒙天恕，累經難而獲多福，曾陷蕃而歸中華，非人之謀，是天之佑。」馮道的所作所為，歷代都有很大的爭議。

地藏菩薩像　五代

圖中的地藏菩薩結跏趺坐，右手持錫杖，左手持摩尼寶球，身披袈裟，頭上覆有間巾。地藏菩薩像的雕繪在唐代比較普遍，常見的有菩薩形和沙門形，這類戴巾帽的地藏菩薩像出現得比較晚。畫中菩薩像的線條輕鬆流暢，飄逸優美。此類造型代表了敦煌十世紀前後較流行的地藏菩薩樣式。

開國息兵「田舍翁」

●時間：西元八八八～九三七年
●人物：李昪

李昪是五代十國較有作為的一個君主，當時南方諸國創業之君無出其右者。李昪在位期間，長期推行「息兵安民」國策，造就了江淮地區和平安定的社會環境，促進了南唐經濟文化的繁榮發展，但也引發出一系列的消極後果。

李昪（八八八～九三七年）家世貧賤，八歲時，父親死於戰亂。成為孤兒的李昪流浪於濠州（今安徽鳳陽）、泗州（今安徽泗縣東南）一帶。軍閥楊行密攻打濠州時俘獲李昪，愛他聰慧有奇貌，打算收為養子，遭到兒子反對。楊行密只好讓部將徐溫收養李昪，改名徐知誥。

⊙刺史任上顯政績

唐末占據江淮地區的是吳王楊行密。楊行密去世後，徐溫相繼除掉楊渥、張顥，逐漸掌握軍政大權。天祐十五年（楊氏一直沿用唐昭宗年號，以示不承認後梁），徐溫擁立楊隆演為吳王，改元武義。這個獨立建國的舉動，作用在於通過挾天子以令諸侯的辦法，加強徐溫法號命令的權威。徐溫讓長子徐知訓駐守揚州（今屬江蘇），自己坐鎮潤州（今江蘇鎮江），隔江控制朝中大權。

徐知誥長大，待人溫厚而有謀略，對徐溫也很孝順，深得養父的器重與喜愛。他擔任樓船軍使，率水軍駐屯在金陵（今江蘇南京）。

宣州（今屬安徽）之役，徐知誥部立下大功，升任昇州（今江蘇南京）刺史。當時江淮初定，地方長官多為武夫出身，只知搜刮民財供養軍隊。徐知誥與眾不同，勤儉好學，重視儒生，以寬仁為政，得到民眾讚譽。

徐溫以齊國公兼兩浙招討使的身分鎮守潤州，潤、宣、常（今屬江蘇）、池（今安徽貴池）、黃（今湖北黃岡）等六州都為他的轄地，聽說徐知誥治理昇州甚有政聲，便前往察看，見到府庫充實，城垣修整，打算將治

南唐後主李煜行草書

白瓷盒　五代

所遷到昇州，讓徐知誥做潤州刺史。

徐知誥不願意，幾次要求宣州，徐溫不答應。謀士宋齊丘勸徐知誥說：「在揚州掌權的徐溫長子徐知訓為人傲慢昏聵，對老臣舊將橫加侮辱，不久必定生變。你如果去了宣州，離揚州很遠，一旦有事，無法及時應付。潤州離揚州一水之隔，用不了一個晚上就可以安定大事。」徐知誥經此點撥，迅速赴任。

不久，徐知訓因為恣意欺凌吳王，侮辱百官，為大將朱瑾所殺。徐知誥聞訊，搶先進入廣陵（即揚州），平息動亂。隨後，徐溫讓徐知誥代替徐知訓治理揚州。

⊙攀附李氏

徐知誥在揚州任上，依然像原先在昇州任上，廣施惠政，寬緩刑法，推廣恩信，收攏民心。完全改變徐知訓盛氣凌人的狂妄做法，對待吏民都很和藹，廢除苛捐雜稅，鼓勵人民生產，並經常派人到民間瞭解疾苦，遇有婚喪匱乏，設法予以周濟。

為了更好地治理政務，以及為將來有所進取儲備人才，徐知誥廣泛吸納有才幹的文人，加以重用，特地修造延賓亭，用以接待四方之士。宋齊丘、駱知祥、王令謀等名士都成了他的重要謀士，其他流落在其境內的士人，他也都加以任用。儘管徐溫身居金陵遙秉大政，江淮人心卻大多歸向

青瓷蓮花盞托　五代

歷史詞典

錢鏐修築捍海石塘

錢鏐（八五二～九三二年），字具美，杭州臨安（今屬浙江）人。年輕時販私鹽為生，後應募為兵，歷任杭州都指揮使、杭州刺史、鎮海軍（初鎮潤州，今江蘇鎮江，後鎮杭州）節度使、潤州刺史、鎮東（鎮越州，今浙江紹興）和鎮海兩節度等。唐末封越王和吳王，後梁初立（九〇七年），受封吳越王，次年境內使用自己的天寶等年號。

後梁末年（九二三年）封吳越國王，正式建國，都城杭州，領有杭、越等十三州，置鎮海、鎮東等七節度，約包括今浙江、上海（除崇明等島）及蘇州地區，是一個表面臣屬後梁而實際獨立的弱小政權。

錢鏐據吳越之地四十一年，是五代十國中在位時間最長的君主。在位期間特別重視水利事業，修築了不少重要水利設施，其中捍海石塘尤為著名。這是一段竹籠石塘，位於杭州候朝門外（今杭州六和塔到艮山門一帶），興修於天寶三年（後梁開平四年，九一〇年）。因海潮湍急，日夜沖擊，無法版築，於是採用石囤木樁法，「造竹器，積巨石，植以大木」（《宋史·河渠志》），橫為塘，「又以木立於水際，去岸二九尺，立九木，作九重」，由是「潮不能攻，沙土漸積，塘岸益固」（《吳越備史·雜考》），防治海潮、保護杭州城收到良好效果。吳越民間也因此稱他為「海龍王」。

從唐代的土塘到五代的竹籠石塘，是中國海塘修築技術的一大進步。

徐知誥。

徐知誥的威信漸漸讓徐溫如芒在背，他派次子徐知詢到廣陵，準備謀取政權。恰在這時，徐溫突然病死，徐知詢只得中途折返。徐知誥立即接管金陵，囚禁徐知詢，代替徐溫的權臣職位，掌握吳國實權。

乾貞元年（後唐天成二年，九二七年）十一月，楊溥僭號稱帝，任徐知誥為太尉、中書令，掌握實權。徐知誥效仿徐溫的做法，坐鎮金陵。在朝中，徐知誥以謀士王令謀、宋齊丘分別擔任左、右僕射同平章事，控制朝政。在廣陵，則以其子徐景通任司徒、同平章事，留守根據地。朝內朝外，楊吳政權被徐知誥完全控制。

其後，他受封為齊王，進位太尉、錄尚書事，加九錫，建天子旌徐知誥改金陵為西都，以廣陵為東都，依南朝齊、梁故事開國，用宋齊丘、徐玠為左、右丞相。至此，徐知誥做好了改朝換代的所有準備工作。

天祚三年（後晉天福二年，九三七年），吳主楊溥遜位，徐知誥正式即帝位，國號大齊，改元為昇元元年，以金陵為都城。這時他使用的姓名還是徐知誥。

昇元三年（九三九年）正月，徐知誥恢復原姓李，改名昪，自稱唐憲宗之子建王李恪的四世孫，編製出從李恪到自己的詳細譜系，改國號為唐，史稱「南唐」，李昪史稱前主，廟號烈祖。

⊙息兵安民

李昪自幼孤貧，深知民間疾苦。長期的社會接觸，造就了他柔順、堅韌、精明、勤謹、富有同情心和善解人意的品性作風。他一生艱苦樸素，不為聲色所惑，造就了較為清明的行

地藏十王圖　五代

畫中地藏菩薩左手持錫杖，右手持寶珠，坐於中央，周圍一圈是在地獄中司掌冥判的十王在確定人死後的歸屬。其中八個王身著傳統文官服飾，右上角身著將軍盔甲的是第十王即五道轉輪王，左下角為身著帝王服飾的第五王即閻羅王。地藏菩薩的下方繪有道明和尚和金獅子，與諸王等大，身邊有一牛頭獄吏牽著一男子，從旁邊的鏡中可窺知此人生前犯過殺生罪狀。畫家採用了多個場面組合起來的構圖方法，排列有序而緊湊。

重屏會棋圖

旗。除原有六州，加領江州（今江西九江）、信州（今江西上饒）、饒州（今江西波陽）、海州（今江蘇連雲港）四州。

政風格。

李昪即位後，江淮地區連年豐收，軍餉兵糧充足。群臣趁勢建議趁北方混亂之機，興兵北伐，恢復唐朝原來的疆土。

李昪告訴他們說：「我從小生長在軍旅之中，經常見到戰亂給百姓帶來的嚴重危害。能使百姓安定，我就放心了，其他還要奢求甚麼？」一直盡力與後晉保持正常關係，禮尚往來。

昪元四年（九四〇年），南唐邊將不遵命令，進入後晉安州（今湖北安陸）搶掠，被晉軍擊敗，損失將士兩千餘人。為避免類似事件再度發生，引起大規模戰爭，李昪拒絕接收遣返戰俘，讓後晉依法處置，並致書石敬瑭澄清事件發生之原因。

昪元六年（九四二年），吳越發生特大火災，宮室、府庫和兵器鎧甲幾乎燒盡。群臣又提出趁此良機，攻滅吳越。李昪不但不許，反而遣使慰問，給與賑濟，使原為仇敵的兩國關係得到根本扭轉。

對周邊其他小國，南唐也實行睦鄰友好政策，保持良好關係。李昪，是想使周邊國家安定，創造和平的環境，有利於本國的穩定和發展。但卻不為世人理解，部下馮延巳曾經大言不慚對李昪說：「田舍翁安能成大事！」

終前主一朝，息兵安民作為基本國策，得到很好的貫徹執行。長期和平的結果，不僅人民生活安定，負擔減輕，生產發展，而且也減弱了武人在政治生活中的作用，從內部穩定了李昪所建立的國家。經過幾十年的經營，南唐成為「十國」當中經濟文化最為發達的地區，李昪也不愧是「十國」中最為傑出的政治家。

任何政策都有利有弊，息兵安民政策的消極後果也十分明顯。削弱了南唐的軍事實力，導致綜合國力下降，造成平定中原的可能性和有利時機喪失。南唐最終成為北方政權的刀下魚肉，社稷不保。

韓熙載的夜宴

●時間：西元九〇二～九七〇年
●人物：韓熙載

韓熙載原本也胸有大志，想成為有作為的政治家，但遭到南唐權貴的忌恨，為求避禍，假託聲色，縱逸放浪。終後主一朝，韓熙載不得大用。眼見南唐傾覆，有識之士無力改變現實，只能在燈紅酒綠中自我麻醉。

韓熙載（九〇二～九七〇年），字叔言，濰州北海（今山東濰坊）人。後唐同光年間（九二三～九二六年）登進士第，書畫文章名重一時。後唐莊宗末年，平盧軍叛亂，韓熙載的父親韓光嗣被亂軍強推為平盧軍留後。明宗李嗣源即位後，韓光嗣被誅，韓熙載渡江投奔吳國。

⊙雄心壯志不得用

韓熙載初到江淮，得到後唐前主李昪賞識。胸懷大志的韓熙載如魚得水，想有所作為，報答李氏父子知遇之恩。

中主李璟時期，韓熙載直諫敢言，勇於任事，令人欽佩。當時南唐國內，陳覺、馮延巳、馮延魯、魏岑、查文徽「五鬼」用事，唆使中主變更「息兵安民」的國策，悍然用兵鄰國。南唐攻閩勝利後，「五鬼」在當地橫征暴斂，燒殺掠奪，中主對此不聞不問。

「五鬼」之首的陳覺愈發膽大妄為，竟然假傳聖旨私調軍隊，再對吳越興兵。南唐軍大敗潰逃，中主僅將他們流放了事。韓熙載認為如此處置國法難容，上疏請誅斬陳覺、馮延魯以謝國人，中主不納忠見。韓熙載遭到太傅宋齊丘等人忌恨，貶為和州司馬。

不久，野心勃勃的宋齊丘被罷免，韓熙載重回中樞。交泰元年

韓熙載夜宴圖（局部）　五代　顧閎中

（九五八年），南唐大錢貶值。韓熙載提議鑄造鐵錢，提高幣值，一枚新大錢，當十枚舊錢，一枚新小錢，當二枚舊錢。新錢鑄成，廣為流通，穩定了南唐經濟，韓熙載因此拜戶部侍郎，出任鑄錢使。

對於北方形勢，韓熙載也有獨到見解。後晉末年，契丹滅晉，中原大亂。韓熙載請求中主趁此良機，掃蕩淮北，直取中原。措置得當，則得志中原並非不可能之事。中主不聽韓熙載的意見，失此良機。

其後，中主準備趁後周立國未穩，出師北伐。韓熙載勸諫道：「郭氏有國雖淺，為治已固，我兵輕動，必然有害無益。」中主不聽，南唐軍再遭敗績。

⊙夜夜笙歌自醉人

中主死後，後主李煜即位，不思救國圖強，終日沉湎於酒色，高談佛理，賦詩作畫，南唐朝政越發敗壞。韓熙載多次進諫，李煜卻認為其論荒誕，甚至懷疑身為北人的韓熙載有所圖謀。

韓熙載壯志未酬，眼見君上有猜忌之心，朝內紛爭不斷，有了憂讒畏譏之意。清楚知道南唐滅亡只是時間問題，再進忠諫，不但於事無補，甚至會遭到殺身滅族之禍。

為了迷惑後主以自保，韓熙載索性一反正直敢諫的常態，仰狂自放，和南唐其他大臣一樣墮落，每日沉湎酒色歌舞。韓熙載在家中蓄養了四十多個姬妾，以供談笑取樂。又將朝廷俸祿盡數散發給妻妾，自己則穿著破衣衫，挎著破籃子，到各姬妾的住處乞討，以為笑樂。

對各房姬妾，他不加管束，由其來去，甚至私通外人也不加阻止，還說：「不敢阻止人家的興致！」朝中大臣以此取笑，都認為韓熙載完全變了。

後主對此雖有耳聞，但並不放心，便派著名的畫家顧閎中夜裡到韓府探察。顧閎中看到韓熙載正擁著妻妾歌女宴飲取樂，賓客也縱酒狂歡，回來後，便畫了一幅畫，用五個場景勾畫出當晚韓熙載的活動，這就是日後大名鼎鼎的《韓熙載夜宴圖》。後主觀此，大為放心。

開寶三年（九七〇年），韓熙載去世。五年後，南唐亡國。

做個詞人真絕代

●時間：西元九三七～九七八年
●人物：李煜

從本質上來說李煜是一個文人，而且是一位很有才華的詞人，在書法、繪畫和散文方面也具有相當的造詣，但是，他並不適合坐在皇帝的位子上，南唐最終因為他的庸碌而亡國。

⊙繼位為君

李煜（九三七～九七八年），字重光，南唐中主李璟第六子，歷史上稱他為李後主。南唐這個五代時期的割據政權，控制著今天安徽、江蘇、江西、湖南等幾個省份的大部分地區。

作為這片土地的統治者，李煜從小就顯露出令人羨慕的才華，不僅文章出眾，而且擅長書法和繪畫，加上為人和善，備受眾人喜愛。李煜的五個哥哥死得早，痛傷白髮人送黑髮人的李璟只得將最小的兒子立為太子。

李璟並非有為君主，與兒子李煜一樣，李璟的才華也主要呈現在填詞上。李璟統治時期，南唐迫於後周的強大壓力，割讓了長江以北全部領土。北宋建立後，李璟準備將都城遷到南昌，以避鋒芒。不久，李璟病逝，二十五歲的李煜接手了父親留下的帝位。

⊙苟安一隅

李煜被譽為五代最有成就的詞人，但卻是中國歷史上極不稱職的皇帝之一。即位後，南唐年年向宋朝稱臣納貢，苟安於一隅之地。歐陽修在《新五代史》中批評李煜：「性驕侈，好聲色，又喜浮圖，好高談，不恤政事。」

李煜崇信佛教，即位後用宮中錢財招募閒人出家為僧，一時金陵僧人有數萬之眾。退朝之後，他就換上僧人的衣服，混在僧侶間誦讀經書。僧人犯罪不會依照法律受到制裁，只要誦佛念經就可以得到赦免。

面對來自北方的威脅，南唐將領林仁肇上書李煜，願意領兵北上收復失地。為避免軍事行動失敗後遭遇北宋報復，林仁肇並為君主想好開脫的理由：他起兵時，後主向外發布消息說林仁肇叛變，假如北伐勝利，得利的是南唐；如果失敗，後主可以殺掉林仁肇全家，推卸責任。這樣一份處處為南唐著想的奏摺，被李煜不可思議地拒絕。

大臣盧絳進言道：「吳越是我們的仇敵，將來一定會配合宋攻擊我們，應當先下手滅掉，免去後患。」李煜卻說：「吳越是宋的屬國，怎麼能輕舉妄動呢？」盧絳說：「陛下可以用屬地叛亂的名義向吳越乞求援兵，等援兵到了，陛下發兵阻擋，然後派人領兵偷襲，必定能一舉滅掉吳越。」這個建議也被李煜拒絕。

⊙囚虜生活

北宋開寶四年（九七一年），北宋消滅割據嶺南的南漢政權。南唐北、西、南三面為北宋包圍，東方的吳越又是北宋的屬國。為了延緩滅亡，李煜向北宋進貢巨額財寶，又自我貶損，將南唐諸王降為國公，朝廷機構都改變名號。這些舉動不能阻止宋軍的進攻，開寶七年（九七四年），宋太祖派遣大軍攻滅南唐，李煜押到汴京，開始囚虜生活。

期間，李煜創作了大量哀怨憂傷的詞，這些作品成為他藝術生涯的最高成就。李煜的詞，被俘前題材比較陳舊，受晚唐五代詞人影響很深，作品並非出自切身體驗，略顯做作。

被俘後，他的作品發自內心，寫的是從未有人寫過的作為亡國君主的故國之思，流露出追惜年華、感慨人事變遷、哀歎命運等容易引起共鳴的情緒，藝術感染力大大加強。李煜採用前人絕少運用的白描手法，以清新的語言描述情懷，形成獨特的風格。

兩年後，李煜被宋太宗毒殺，絕代詞人歸於黃土。

江行初雪圖　五代　趙幹

此圖為作者僅有的傳世作品。表現朔風凜冽、雪花飄飄的冬日江岸，漁夫冒著嚴寒張網捕魚的情景。全卷佈置以蘆葦、寒樹、坡岸、板橋等景物，漁民活動其間，或撐舟，或撒網，或於蘆棚中避寒，或在船上炊食，江岸有騎驢之行旅，寒冷畏縮之狀極為生動感人。

「白馬三郎」王審知

●時間：西元八六二～九二五年
●人物：王審知

王審知是五代時期傑出的政治家。治理福建的數十年間，他採取了一系列有實效的治國方略，保境安民，重視人才，積極開發，使原先比較落後的閩地成為環境相對安定、經濟發展、人民安居樂業的區域。

王審知（八六二～九二五年），字信通，光州固始（今屬河南）人。王審知出身農戶家庭，大哥王潮是一個小小的縣吏，二哥王審邽在家務農，王審知排行第三。

唐末中原大亂，以黃巢為首的大軍縱橫中原，轉戰江淮，各地戰亂風起雲湧。壽州（今屬安徽）屠夫王緒攻陷光州，自稱將軍，聽說王潮兄弟勇敢有才能，便招至軍中，以王潮為軍正使，王審知為都監。

⊙白馬三郎

當時豫南一帶勢力最大的軍閥集團是盤踞蔡州（今河南汝南）的秦宗權。秦宗權為了擴充勢力，任命王緒為光州刺史。後來，王緒怕被秦宗權吞併，引兵南下，涉淮渡江，進入江西，流動作戰，攻掠州縣，最後進入福建。

行至漳州（今屬福建），王緒以道險糧少，傳令軍中不得攜帶老弱同行，有違犯者斬。王潮兄弟都是孝子，只有他們攙扶著母親董氏一起行軍。

王緒知道後非常惱怒，認為王氏兄弟不遵將令，責備他們說：「軍中都有法令，沒有無法之軍。你們違抗我的軍令，不殺母親就是不守軍法！」命人斬殺王母。

王潮兄弟不為所屈，爭辯說：「人人都有母親，沒有無母之人。我們侍奉母親如同侍奉將軍，你既然要殺我們的母親，就等於要殺我們，請先殺了我們吧！」

眾將士紛紛為王氏兄弟求情，王緒只好作罷，全軍上下都很敬重王潮兄弟的孝道與膽識。

王緒不善用人，對於有才能的將校，怕他們反叛，常常藉故殺掉。光啟元年（八八五年），王潮利用眾心不服，設計將王緒擒住，奪得部隊領導權。王潮治軍紀律嚴明，不但深得軍心，而且受到福建人民的擁護。

泉州刺史廖彥若貪暴，百姓聽到王潮的軍隊秋毫無犯，要求他前去討伐，解民倒懸。光啟二年（八八六年），王潮攻克泉州，招聚流民，減輕賦稅，發展生產，整軍經武。福建觀察使陳巖推舉王潮為泉州刺史。

景福元年（八九二年），陳巖病死，女婿范暉自稱留後，王潮派王審知率兵討伐。在王潮的督促下，王審知親率士卒攻克福州（今屬福建），王氏占據福建全境。唐朝任命王潮為福建觀察使，王審知為副使。王審知人才出眾，相貌英武，平時愛騎白馬，軍中贊為「白馬三郎」。

⊙閩國賢王

乾寧四年（八九七年），王潮去世，王審邦即位。王審邦嫉妒弟弟功高，想陷害他。王審知解除了二哥的官職，後梁開平二年（九〇九年），朱溫封王審知為閩王。

王審知治閩二十八年，尊重中央權威。曾有人勸王審知稱帝，遭到斷然拒絕：「寧為開門節度，不作閉門天子。」

王審知多次表示擁護中央政府，遣使納貢，唐朝和後梁對他都很器重。王審知採用少樹敵、保安寧的方略，將輸貢作為維繫與周邊諸割據政權友好關係的重要手段。凡遇內亂，有求於外力幫助，貢奉更加豐厚。在戰亂頻繁的年代裡，王審知通過輸貢、聯姻等手段，巧妙營造出良好的外部環境，促進閩地安定，形成民不見兵革殆三十年的局面。

王審知注意發展當地文教事業，大力興辦學校，重視人才的培養、選拔和任用。只要有一技之長，即便是村僻野人，都千方百計網羅重用。

由於出身民間，對百姓疾苦比較瞭解，他生活勤儉，又選任良吏，省刑惜費，輕徭薄斂，與民休息，積極鼓勵人民生產，支持海上貿易，促進商品流通。

王審知的治閩方略產生了明顯的效果，出現「千家燈火讀書夜，萬里桑麻商旅途」的昇平景象，三十年間一境晏然。閩地相對安定的局面與中原地區四分五裂、生產力遭受嚴重破壞、社會秩序紊亂形成鮮明對照。由於經濟發展，中原人民大舉入閩。據統計，從唐末至宋初，福建人口增長了六倍以上，其中相當一部分是在王審知主政時期遷徙入閩的。宋初，閩地經濟文化水準步入國內先進地區行列，這與王審知的努力不無關係。

歷史詞典

《舊唐書》

後晉天福六年（九四一年），後晉高祖石敬瑭詔命戶部侍郎張昭遠、起居郎賈緯、祕書少監趙熙、吏部郎中鄭受益、左司員外郎李為光等人修唐史，以宰相趙瑩監修。趙瑩罷相，宰相桑維翰、劉昫也相繼擔任監修。

出帝天運二年（九四五年）書成，計兩百卷，其中本紀二十卷，志三十卷，列傳一百五十卷，記述了唐代二十二君二百八十九年史事，是現存最早的系統記錄唐代歷史的一部史籍。當時，因避諱石敬瑭而稱《李氏書》，或稱《前朝李氏紀志列傳》，以時相劉昫署名。至北宋歐陽修、宋祁等人的唐書修成，才名之為《舊唐書》。

從正式編修到完成雖不過四年多，但實際上，後梁末帝龍德元年（九二一年）已開始籌集唐代史料，從籌集史料到全書撰成，實經歷了後梁、後唐、後晉三代，歷時二十五年。

《舊唐書》的完成，以監修宰相趙瑩居功為多，從籌集史料，佈署人力，到制定規畫，確定體例，落實方案，用力極多。

《舊唐書》是五代官修唐史成就的集中呈現，保存了唐代的基本史料，尤其是原始材料，在〈食貨志〉及民族關係的編撰方面亦有突破，但也存在編纂草率、記載不完備等問題。

【柴榮的北伐】

●時間：西元九二一～九五九年
●人物：柴榮

後周世宗柴榮是五代十國時期最英明的君主，堪稱照耀黑暗時代的一顆璀璨明星。他刷新政治，改造軍隊，發展生產，懲治腐敗。在北伐戰爭中，柴榮親自指揮收復三州三關，為五代以來對遼作戰所取得的最大勝利。後周也成為最有希望恢復統一的王朝，並奠定了日後北宋統一南北的堅實基礎。

柴榮（九二一～九五九年），邢州龍岡（今河北邢台西南）人。柴榮本是後周太祖郭威的內侄，後收為養子。郭威的兒子都被後漢隱帝殺死，柴榮成為他唯一的繼承人。由於柴榮的忠誠堅毅，以及非凡的軍政才能和吏民中的良好口碑，成為郭威最為信任和倚重的心腹。

郭威死前，以柴榮為晉王、開封府尹兼功德使，加開府儀同三司、檢校太尉、兼侍中，判內外兵馬事，柴榮控制了最高軍事指揮權。顯德元年（九五四年）正月，柴榮即帝位，是為後周世宗。

四天王木函彩畫（兩張） 五代

⊙勵精圖治

柴榮即位之初，就立下了三十年規畫：「以十年開拓天下，十年養百姓，十年致太平。」柴榮在位雖然只有五年，成績卻相當可觀。他在政治、經濟、軍事諸方面進行了一系列的改革：

在經濟方面，柴榮關心民間疾苦，採取許多恢復和發展經濟的措施。後周鼓勵開荒，將中原無主荒地分配給逃亡人戶耕種，優待從契丹返回的逃戶，促使逃戶及早回歸和荒棄莊田的開墾利用，有利於農村經濟的恢復和發展。柴榮豁免人民以前所欠的兩稅，並取消兩稅外的苛捐雜稅和徭役。

為了確保軍民交通，柴榮恢復以開封為中心的水路交通網，先後疏濬葫蘆河、汴河、五丈河等，促進了開封的繁榮。為了增加勞動力和兵源，柴榮採取抑制佛教、打擊寺院經濟的措施。

在軍事方面，柴榮整頓軍隊紀律，治理驕兵悍將，堅決處斬了臨陣脫逃的大將樊愛能、何徽等七十餘人，嚴肅軍紀。提出「兵務精不務多」的原則，整頓禁軍，淘汰弱羸，革除唐朝後期以來豢養冗兵之弊。

在政治方面，柴榮繼承郭威節約簡樸的作風，率先垂範。打破常規，破格任用有才能的人，充實政府主要部門，又整頓弊病較多的科舉制度，使有真才實學的人進入政府機構發揮作用。柴榮注重法制建設，對五代時期以嚴酷出名的法律徹底修訂，廢除隨意處死的條款和凌遲之類的酷刑，制定出較為完善的《大周刑統》。

柴榮的改革，使後周國力強盛，奠定了統一的基礎。

⊙南征北戰

柴榮登基不久，北漢主劉崇效仿石敬瑭，乞師契丹聯合滅周。遼穆宗派大將楊袞與劉崇合兵十萬，南下進攻後周。聯軍進至太平驛（今山西屯留東北），突破後周昭義節度使李筠部阻截，乘勝進逼潞州（今山西長治）。

柴榮不畏強敵，領兵出征。兩軍對陣於巴公原（今山西晉城東北），交戰之初，後周將領樊愛能、何徽引騎先遁，後周右軍陣潰，步卒千餘人解甲降北漢。柴榮力挽危局，親冒矢石率兵陷陣，後周大將張永德、趙匡胤、白重贊等率部奮擊，諸將合力拚殺，斬殺北漢驍將張元徽。遼軍潰散，北漢軍隨之奔逃，劉崇僅率百餘騎逃歸晉陽。

隨後，柴榮採納部郎中王朴「先易後難，先南後北，各個擊破」的計策，確定先攻後蜀，再征南唐，最後滅亡北漢的統一方略。顯德二年（九五五年），後周西征後蜀，黃花谷（今陝西鳳縣西北）之役，大敗北路行營都統李廷珪所率後蜀軍主力，收復秦（今甘肅天水）、成（今屬甘肅）、階（今甘肅武都）、鳳（今陝西鳳縣）四州。大大威懾後蜀，為再征南唐解除翼側威脅。

顯德二年到五年（九五五～九五八年），柴榮三次親征南唐，以圍點打援之策，疲憊、消耗南唐軍，繼而新建水軍，水陸並進，盡殲南唐淮上水軍，直搗長江，奪取了長江以北淮南十四州、六十縣，逼迫南唐中主劃江為境。不但使南唐俯首就範，而且震懾南方各割據勢力，為北伐契丹掃除後顧之憂。

⊙北伐契丹

隨著對後漢、後蜀和南唐戰爭的勝利，後周王朝版圖日漸擴大，經濟日益繁榮。契丹正值昏庸無能的遼穆宗耶律璟執政，此人號稱「睡王」，其昏聵可見一斑。柴榮看準契丹的弱點，決心提前北伐。

顯德六年（九五九年）二月，柴榮正式率軍北伐。遼穆宗耶律璟聽到消息，急忙派南京（今北京）留守蕭思溫為兵馬都總管，率軍阻截後周軍，被殺得大敗。遼軍畏戰避戰，任由後周掃蕩燕南州縣。後周軍經獨流口（今天津靜海北），轉兵逆流西進，至益津關（今河北霸州），守將終廷輝投降，莫州刺史劉楚信、瀛州刺史高彥暉先後望風歸降。

四十二天間，後周兵不血刃，盡復關南（今河北白洋淀以東大清河流域以南至河間一帶）三州三關十七縣故地。柴榮準備乘勢直取幽州（今北京），卻突然身染重病，只得匆匆南歸。

這年六月十八日，後周世宗柴榮帶著他的抱負和遺憾，在開封去世，享年只有三十九歲。

花蕊夫人的悲歌

●時間：約西元八八三～九二六年
●人物：花蕊夫人

花蕊夫人是後蜀後主孟昶的寵妃，才貌雙全。在後蜀亡國後，她也被俘入汴京，而一首〈述亡國詩〉讓這位豔絕塵寰的美人名留千古。

花蕊夫人（約八八三～九二六年），本姓徐，後蜀大臣徐匡璋之女，四川青城（今四川都江堰）人。她色藝雙全，尤善詩詞，得寵於後蜀後主孟昶。孟昶以「花不足以擬其色，蕊差堪狀其容」，賜號「花蕊夫人」，封貴妃。

⊙離恨綿綿，春日如年

孟昶是後蜀前主孟知祥之子。孟昶即位初期頗有作為，但在國家形勢好轉後，便開始驕奢淫逸，大建宮闕，廣納美女，成為和前蜀後主王衍一樣的腐朽君主。

花蕊夫人入宮後，孟昶更加不理朝政，每日惟求風流快活，置國事於不顧。孟昶日日飲宴，覺得珍饈佳餚都是陳舊之物，沒有味道，難以下箸，花蕊夫人別出心裁，做成「酒骨糟」、「月一盤」等許多美食取悅孟昶。

花蕊夫人喜愛牡丹花，孟昶便命官民人家大量種植，並說：「洛陽牡丹甲天下，今後必使成都牡丹甲洛陽。」為了討好花蕊夫人，孟昶不惜財力，派人前往各地選購優良品種，在宮中開闢「牡丹苑」。孟昶與花蕊夫人日夜盤桓花下，更召集群臣，開筵大賞牡丹。

不久，花蕊夫人轉而喜歡芙蓉花，孟昶又讓成都城內無論官民，家家都要種植芙蓉花。每當芙蓉盛開，沿城四十里遠近，如同鋪了錦繡一般，成都因此得名「芙蓉城」，至今尚別稱為「蓉」。

為了兩人的享樂，孟昶在摩河池上築起水晶宮殿，以楠木為柱，沉香作棟，珊瑚嵌窗，碧玉為戶，四周牆壁用數丈開闊的琉璃鑲嵌，其奢靡可

宮中圖（兩張） 五代 周文矩

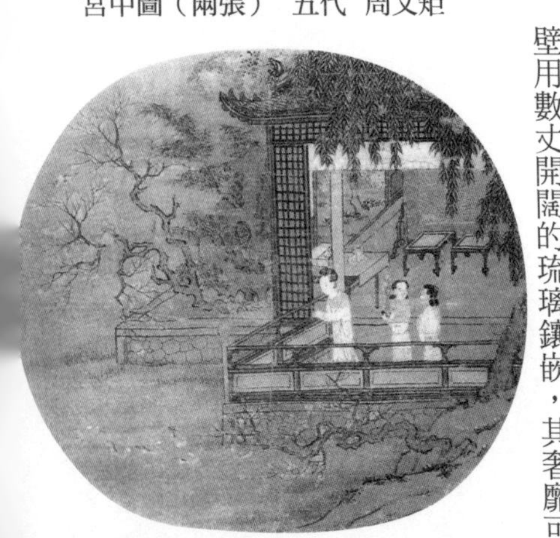

見一斑。兩人在其間填詞作詩，纏綿悱惻。

好景不長，北宋乾德三年（九六五年），宋軍攻克成都，後蜀國滅，花蕊夫人隨孟昶被俘送汴梁。北行至葭萌，夜宿驛站，她感懷國破家亡，在館壁上題下半闋〈采桑子〉：「初離蜀道心將碎，離恨綿綿。春日如年，馬上時時聞杜鵑。」

⊙傷心豈獨息夫人

經過顛沛流離，孟昶一行來到宋都汴梁。宋太祖待孟昶非常寬厚，授檢校太師，兼中書令，封秦國公，並在汴河畔賞賜一座新造府第。不久，孟昶患病去世，宋太祖愛惜花蕊夫人的殊色與才藝，將其納入宮中。

花蕊夫人很有才名，在蜀中時，曾作宮詞百首。某次，宋太祖特意賜宴，詢問後蜀亡國之事，要她即席吟詩，以顯才華。花蕊夫人奉旨，立刻寫成一首七絕〈述亡國詩〉：「君王城上樹降旗，妾在深宮哪得知；十四萬人齊解甲，更無一個是男兒。」由此得到宋太祖的寵愛。

沒入宋宮的花蕊夫人並沒有忘記孟昶，每當夜深人靜，便拿出孟昶的畫像，流淚訴說思念之情。一次，宋太祖無意撞見，花蕊夫人急中生智，推說：「此即俗傳之張仙像，虔誠供奉可以得嗣。」躲過了一場災難。

其後，花蕊夫人捲入北宋宮廷政治糾纏，被宋太祖之弟趙光義射殺。

歷史詞典

《花間集》與花間詞派

後蜀廣政三年（九四〇年），趙崇祚編纂《花間集》十卷，選錄自唐開成元年（八三六年）至後晉天福五年（九四〇年）間的詞家溫庭筠等十八人詞作共五百首，其中溫詞最多，共六十六首。

這是中國最早的一部詞集，也是千百年以來一直流行的地方性豔詞選集，集中了晚唐五代一批重要詞人的佳作。這些作品以獨特的體式優勢專注於女性美的描摹，男女情思的刻畫，酣暢淋漓宣洩冶豔的「花草情思」，創立了「詞為豔科」的題材規範，並發展為詞體創作的「當行」、「本色」，為「近代依聲填詞之祖」。

花間詞派即因《花間集》而得名。又因為作者大多生於蜀或仕於蜀，其詞亦多與蜀地有關，故又稱西蜀詞派。是一個時間跨度長達百年，詞人之間無甚聯繫而又個性風格不同的創作群體，一個代表時代風尚的文學流派。

嵌螺鈿經箱　唐

一九七八年江蘇蘇州瑞光塔出土。經箱製工精緻，木胎，箱板上貼麻布，髹灰漆。表面髹黑漆，上嵌出精美螺鈿紋飾，圖案以花鳥為主，邊飾則是菱形等幾何紋樣。其中有的螺鈿中還嵌有珠寶，更顯華麗。出土於瑞光塔第三層塔心的窨穴內，應瘞於北宋時期，但出土物有年代較早的，這件經箱應為唐至五代作品。

五代繪畫

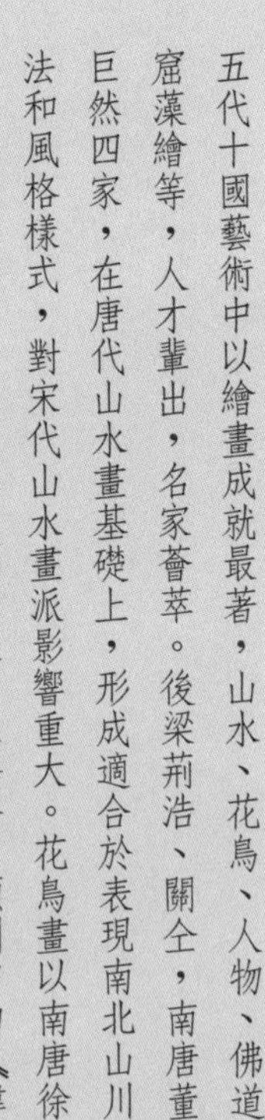

五代十國藝術中以繪畫成就最著，山水、花鳥、人物、佛道、石窟藻繪等，人才輩出，名家薈萃。後梁荊浩、關仝，南唐董源、巨然四家，在唐代山水畫基礎上，形成適合於表現南北山川的皴法和風格樣式，對宋代山水畫派影響重大。花鳥畫以南唐徐熙和前後蜀黃筌最為知名。人物畫同樣名家濟濟，顧閎中的《韓熙載夜宴圖》更是傳世名作。

十六羅漢圖

貫休（八三二～九一二年），唐末五代初畫家、詩人。和安寺僧人，俗姓姜，字德隱，一字德遠，婺州蘭溪（今屬浙江人）。貫休善書畫，書比懷素，畫比閻立本。所繪羅漢真容，悉是梵相，粗眉大眼，豐頰高鼻，形骨古怪。

《十六羅漢圖》相傳為其所作。傳說諾距羅尊者原是一名勇猛的戰士，為摒棄他當兵時的粗野性格，佛祖讓他靜坐修行，後雖修成羅漢，但靜坐時仍有一股威猛之氣。畫中羅漢鷹目高鼻，雙手合十做拜謁狀，氣宇軒昂，形態生動，與人物造型和諧一致。畫家對人物頭、手的骨骼造型作誇張處理，且以墨色染出凹凸，極具立體寫實效果。

瀟湘圖卷

董源（？～約九六二年），為南唐畫家，他發展了王維的水墨一脈，深刻影響宋、元兩代士大夫的文人山水畫興起。此圖畫江南景色，山巒連綿，雲霧顯晦，山腳平林洲渚，平淡幽深，蒼茫渾厚。

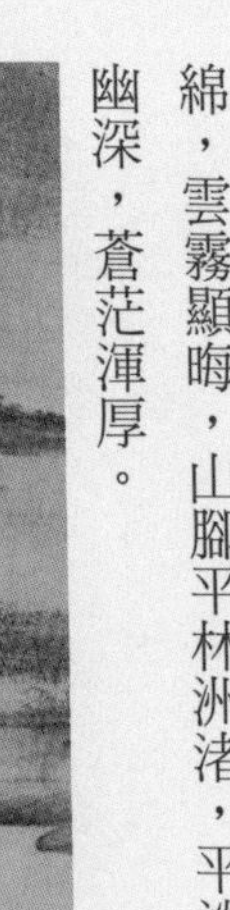

寫生珍禽圖卷

黃筌（？～九六五年），五代後蜀畫家。其作品多描繪宮廷中的異卉珍禽，畫鳥羽毛豐滿，畫花瑰麗工致，勾勒精細，幾乎不見筆跡，而以輕色染成，謂之「寫生」。《寫生珍禽圖卷》畫各類飛禽、昆蟲、龜等二十餘種。形象準確生動，筆法工細，色調柔麗協調，可看出寫生功力之深。

玉堂富貴圖軸

徐熙是五代南唐畫家，善畫江湖間汀花、野竹、水鳥、魚蟲、蔬果。《玉堂富貴圖軸》中所畫的花鳥都非常活潑輕快，作者擺脫了當時畫院裡柔膩綺麗的作風，大膽表現出「江湖之間」的形態，「學窮造化，意出古今」。

隋 西元五八一～六一八年

廟號	帝王原名	年號	西元
文帝	楊堅	開皇（二十年）	五八一～六〇〇年
		仁壽（四年）	六〇一～六〇四年
煬帝	楊廣	大業（十四年）	六〇五～六一八年
恭帝	楊侑	義寧（二年）	六一七～六一八年

廟號	帝王原名	年號	西元
則天后（武周）	武曌	光宅（一年）	六八四年
		垂拱（四年）	六八五～六八八年
		永昌（一年）	六八九年
		載初（二年）	六八九～六九〇年
		天授（三年）	六九〇～六九二年
		如意（一年）	六九二年
		長壽（三年）	六九二～六九四年
		延載（一年）	六九四年
		證聖（一年）	六九五年
		天冊萬歲（一年）	六九五年
		萬歲登封（二年）	六九五～六九六年
		萬歲通天（二年）	六九六～六九七年
		神功（一年）	六九七年
		聖曆（三年）	六九八～七〇〇年
		久視（二年）	七〇〇～七〇一年
		大足（一年）	七〇一年
		長安（四年）	七〇一～七〇四年
		神龍（一年）	七〇五年

唐

西元六一八～九〇七年

廟號	帝王原名	年號	西元
高祖	李淵	武德（九年）	六一八～六二六年
太宗	李世民	貞觀（二十三年）	六二七～六四九年
高宗	李治	永徽（六年）	六五〇～六五五年
		顯慶（六年）	六五六～六六一年
		龍朔（三年）	六六一～六六三年
		麟德（二年）	六六四～六六五年
		乾封（三年）	六六六～六六八年
		總章（三年）	六六八～六七〇年
		咸亨（五年）	六七〇～六七四年
		上元（三年）	六七四～六七六年
		儀鳳（四年）	六七六～六七九年
		調露（二年）	六七九～六八〇年
		永隆（二年）	六八〇～六八一年
		開耀（二年）	六八一～六八二年
		永淳（二年）	六八二～六八三年
		弘道（一年）	六八三年
中宗	李顯	嗣聖（一年）	六八四年
睿宗	李旦	文明（一年）	六八四年
中宗	李顯	神龍（三年）	七〇五～七〇七年
		景龍（四年）	七〇七～七一〇年
睿宗	李旦	景雲（三年）	七一〇～七一二年
		太極（一年）	七一二年
		延和（一年）	七一二年
玄宗	李隆基	先天（二年）	七一二～七一三年
		開元（二十九年）	七一三～七四一年
		天寶（十五年）	七四二～七五六年
肅宗	李亨	至德（三年）	七五六～七五八年
		乾元（三年）	七五八～七六〇年
		上元（二年）	七六〇～七六一年
		寶應（二年）	七六二～七六三年
代宗	李豫	廣德（二年）	七六三～七六四年
		永泰（二年）	七六五～七六六年
		大曆（十四年）	七六六～七七九年
德宗	李适	建中（四年）	七八〇～七八三年
		興元（一年）	七八四年
		貞元（二十一年）	七八五～八〇五年
順宗	李誦	永貞（一年）	八〇五年
憲宗	李純	元和（十五年）	八〇六～八二〇年
穆宗	李恆	長慶（四年）	八二一～八二四年

廟號	帝王原名	年號	西元
敬宗	李湛	寶曆（三年）	八二五～八二七年
文宗	李昂	大和（九年）	八二七～八三五年
		開成（五年）	八三六～八四〇年
武宗	李炎	會昌（六年）	八四一～八四六年
宣宗	李忱	大中（十四年）	八四七～八六〇年
懿宗	李漼	咸通（十五年）	八六〇～八七四年
僖宗	李儇	乾符（六年）	八七四～八七九年
		廣明（二年）	八八〇～八八一年
		中和（五年）	八八一～八八五年
		光啟（四年）	八八五～八八八年
		文德（一年）	八八八年
昭宗	李曄	龍紀（一年）	八八九年
		大順（二年）	八九〇～八九一年
		景福（二年）	八九二～八九三年
		乾寧（五年）	八九四～八九八年
		光化（四年）	八九八～九〇一年
		天復（四年）	九〇一～九〇四年
		天祐（一年）	九〇四年
昭宣帝	李柷	天祐（三年）	九〇五～九〇七年

五代・後梁

西元九〇七～九二三年

廟號	帝王原名	年號	西元
太祖	朱溫	開平（五年）	九〇七～九一一年
		乾化（三年）	九一一～九一三年
末帝	朱友貞	乾化（三年）	九一三～九一五年
		貞明（七年）	九一五～九二一年
		龍德（三年）	九二一～九二三年

五代・後唐

西元九二三～九三六年

廟號	帝王原名	年號	西元
莊宗	李存勗	同光（四年）	九二三～九二六年
明宗	李嗣源	天成（五年）	九二六～九三〇年
		長興（四年）	九三〇～九三三年
閔帝	李從厚	應順（一年）	九三四年
末帝	李從珂	清泰（三年）	九三四～九三六年

歷史詞典

唐玄宗作《霓裳羽衣曲》

《霓裳》又稱《霓裳羽衣舞》或《霓裳羽衣曲》，是一部法曲，樂舞婉轉飄逸，淡麗典雅，表現了道教羽化飛升的思想。這個歌舞大曲在唐代極負盛名。傳說這個曲子是唐玄宗創作的。玄宗和著名道士葉法善到月宮遊玩，玄宗回來後用笛子追記在月宮中聽到的音樂。正在這個時候，西涼都督楊敬述進獻《婆羅門曲》。二者的聲調很吻合，於是就以月宮中聽到的部分作為散序，以《婆羅門曲》為其後的腔調，製成《霓裳羽衣曲》。

五代・後晉 西元九三六～九四六年

廟號	帝王原名	年號	西元
高祖	石敬瑭	天福（七年）	九三六～九四二年
出帝	石重貴	天福（三年）	九四二～九四四年
		開運（三年）	九四四～九四六年

五代・後漢 西元九四七～九五〇年

廟號	帝王原名	年號	西元
高祖	劉知遠	天福（一年）	九四七年
		乾祐（一年）	九四八年
隱帝	劉承祐	乾祐（三年）	九四八～九五〇年

五代・後周 西元九五一～九六〇年

廟號	帝王原名	年號	西元
太祖	郭威	廣順（三年）	九五一～九五三年
		顯德（一年）	九五四年
世宗	柴榮	顯德（六年）	九五四～九五九年
恭帝	柴宗訓	顯德（二年）	九五九～九六〇年

歷史年表

隋			
隋文帝	開皇元年	五八一年	楊堅稱帝建隋。頒行《開皇律》。
隋文帝	開皇三年	五八三年	遷都大興城。隋軍大敗突厥，突厥分裂為東、西兩部。
隋文帝	開皇五年	五八五年	頒行「大索貌閱」和「輸籍定樣」。
隋文帝	開皇九年	五八九年	隋滅陳，南北統一。
隋文帝	開皇十年	五九〇年	平定嶺南，封冼夫人為譙國夫人。
隋文帝	開皇十一年	六〇〇年	廢太子楊勇為庶人，立晉王楊廣為皇太子。
隋文帝	仁壽四年	六〇四年	隋文帝死，太子楊廣繼位，是為隋煬帝。
隋煬帝	大業年間	六〇五～六一〇年	開鑿大運河。
隋煬帝	大業六年	六一〇年	王薄起兵於長白山，隋末大戰爆發。
隋煬帝	大業十二年	六一六年	各路軍隊逐漸聯合，形成了瓦崗軍、河北軍和江淮軍三個強大的集團。
隋恭帝	義寧元年	六一七年	李淵起兵於太原，進軍關中，攻占長安，立代王楊侑為帝。

唐			
唐高祖	武德元年	六一八年	李淵廢楊侑，稱帝建唐，是為唐高祖，改元武德。
唐高祖	武德二年	六一九年	初定租庸調法。
唐高祖	武德九年	六二六年	玄武門之變，李淵傳位於太子李世民，李世民即位，是為唐太宗。
唐太宗	貞觀二年	六二八年	《大唐雅樂》修訂完成。
唐太宗	貞觀四年	六三〇年	西北各族酋長尊唐太宗為「天可汗」。
唐太宗	貞觀九年	六三五年	李靖大敗吐谷渾。
唐太宗	貞觀十一年	六三七年	頒行貞觀律、令、格、式。
唐太宗	貞觀十四年	六四〇年	置安西都護府。
唐太宗	貞觀十五年	六四一年	文成公主入吐蕃，與松贊干布和親。
唐太宗	貞觀二十年	六四六年	《大唐西域記》撰成。
唐太宗	貞觀二十二年	六四八年	平龜茲，唐始置安西四鎮。
唐高宗	永徽二年	六五一年	頒行《永徽律》。
唐高宗	永徽三年	六五二年	孫思邈撰《千金方》。
唐高宗	永徽六年	六五五年	廢王皇后，立武則天為皇后。
唐高宗	顯慶四年	六五九年	頒行世界上第一部官修藥典《新修本草》。
周武則天	天授元年	六九〇年	武則天廢睿宗李旦，稱帝，改國號為周。
周武則天	長安二年	七〇二年	置北庭都護府。
唐中宗	神龍元年	七〇五年	張柬之等發動政變，唐中宗李顯復位，復國號唐。
唐中宗	景龍三年	七〇九年	金城公主入藏與吐蕃贊普和親。
唐中宗	景龍四年	七一〇年	劉知幾撰成《史通》。
唐玄宗	開元元年	七一三年	封大祚榮為渤海郡王。
唐玄宗	開元二年	七一四年	廣州設市舶使。
唐玄宗	開元十二年	七二四年	僧一行製成銅黃道游儀，實測子午線。

唐			
唐玄宗	開元二十六年	七三八年	冊封南詔皮羅閣為雲南王，賜名蒙歸義。
唐玄宗	天寶十載	七五一年	高仙芝遠擊大食，大敗而歸。
唐玄宗	天寶十二載	七五三年	高僧鑑真東渡成功，抵達日本。
唐玄宗 唐肅宗	天寶十四載 ～寶應二年	七五五～ 七六三年	安史之亂。
唐德宗	建中元年	七八〇年	廢除租庸調制，實行「兩稅法」。
唐德宗	貞元四年	七八八年	回紇改名回鶻。
唐德宗	貞元十二年	七九六年	置左右神策軍護軍中尉，以宦官為主。
唐德宗	貞元十七年	八〇一年	賈耽繪《海內華夷圖》，杜佑撰《通典》。
唐順宗	永貞元年	八〇五年	永貞革新。
唐憲宗	元和八年	八一三年	李吉甫撰成《元和郡縣圖志》。
唐憲宗	元和十二年	八一七年	李愬雪夜襲蔡州。
唐穆宗	長慶三年	八二三年	立唐蕃會盟碑。
唐文宗	大和九年	八三五年	甘露之變。
唐武宗	會昌五年	八四五年	會昌滅佛。
唐宣宗	大中二年	八四八年	張義潮率沙州人民光復唐土。
唐宣宗	大中五年	八五一年	唐以張義潮為歸義軍節度使。
唐僖宗	乾符年間	八七四～ 八七五年	王仙芝、黃巢叛亂。
唐僖宗	廣明元年	八八〇年	黃巢大軍入長安，黃巢稱帝，國號大齊。

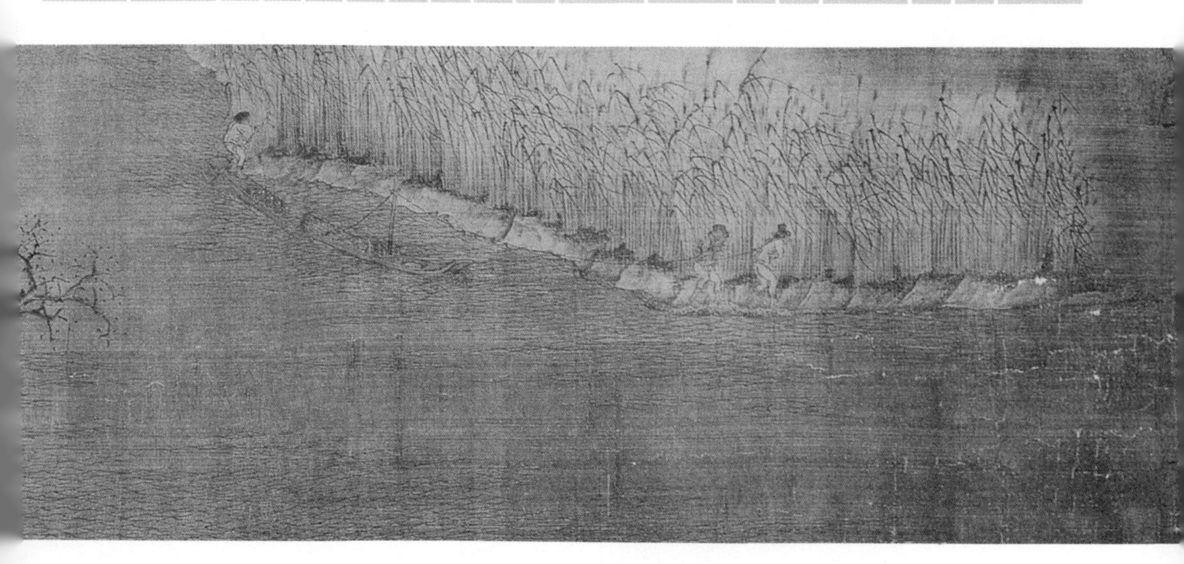

五代			
後梁太祖	開平元年	九〇七年	朱溫稱帝，建立後梁，唐亡。王建稱帝建前蜀。
後唐莊宗	同光元年	九二三年	李存勗建後唐。
後蜀高祖	明德元年	九三四年	孟知祥建後蜀。
後晉高祖	天福元年	九三六年	石敬瑭建後晉。
南唐烈祖	升元元年	九三七年	李昪建南唐。
後漢高祖	天福十二年	九四七年	劉知遠稱帝，定國號為漢，史稱後漢。
後周太祖	廣順元年	九五一年	郭威稱帝，次年定國號為周，史稱後周。
北漢世祖	乾佑元年	九五一年	劉崇建北漢。
後周世宗	顯德六年	九五九年	周世宗北伐。
宋太祖	建隆元年	九六〇年	陳橋兵變，趙匡胤建北宋。

圖說中國 05

隋・唐・五代

主　　編　龔書鐸　劉德麟

封面設計　陳朗思

出　　版　智能教育出版社
香港北角英皇道四九九號北角工業大廈二十樓
INTELLIGENCE PRESS
20/F., North Point Industrial Building,
499 King's Road, North Point, Hong Kong

香港發行　香港聯合書刊物流有限公司
香港新界荃灣德士古道二二〇至二四八號十六樓

版　　次　二〇一四年一月香港第一版第一次印刷
二〇二二年七月香港第二版第一次印刷

規　　格　十六開（170 × 230 mm）二四〇面

國際書號　ISBN 978-962-8904-55-6